中公文庫

禅とは何か

それは達磨から始まった

水上　勉

中央公論新社

目次

第一章　それは達磨から始まった　13

Ⅰ　面壁九年が目指したもの……13

不立文字の世界　13／南天竺香至国の第三王子　15／慧可の断臂入門　17／皮肉骨髄の戒　19／二入四行の理論　21／老子荘子は達磨にそっくり　24

Ⅱ　不安と動乱の中の知識人……28

北宗禅南宗禅への分裂　28／風が先か旗が先か　30／坐禅は悟りの手段に非ず　32／三十棒をくらった臨済義玄　33／「会昌の破仏」を逃れて　37／禅のバイブル『臨済録』　39／日常徒手の修行　42

第二章　臨済禅を築いた祖師たち　44

Ⅰ　鎌倉五山と京都五山……44

北条父子を捉えた峻厳孤高の魅力　44／足利尊氏の天竜寺造営と夢窓国師　45

Ⅱ　大応国師の「平常心是道」……48
師を求め宋に渡る　48／九州太宰府での韜晦生活　50／日常喫飯こそ大事　53
Ⅲ　大燈国師五条橋下の二十年……56
純禅一途のすばらしい人　56／乞食の群れの中の聖胎長養　60／天台学僧を論破す　62／南北朝の乱と禅者の立場　64／応・燈・関という純禅の道　67
Ⅳ　関山慧玄と妙心寺……69
「雲門再来」の入門　69／美濃伊深山中韜晦の理由　73／ひたすら百姓になること　75／花園上皇の使者、出山を請う　77／夢窓国師も脱帽　79／文芸サロン五山派へのアンチテーゼ　81
第三章　反時代者道元希玄の生き方　84
Ⅰ　生涯を決した渡宋体験……84
源平政変期の不幸な出自　84／入門先の比叡山は名利の巷　87／二十四歳、入宋求法の旅　88／老典座に教えられる　90

Ⅱ　長翁如浄に至る曹洞山脈……92
天童山の出会い　92／眼で声を聴くべし　93／自己は真の影なり　97／曹山の師弟問答　99／洞山の師弟問答　102／身心脱落の境地と只管打坐　103／徒手空拳の帰国　106

Ⅲ　『正法眼蔵』の厳しい道……109
坐禅の革命的指導書が起こす波紋　109／男女貴賤を選ばず　112／道元禅林の開単　114／詩人思想家の誕生　115／修行の心得書『学道用心集』　118／臨済派の新指導者円爾の登場　119／越前移住と永平寺の建立　121／国王大臣に近づくなかれ　124

第四章　曹洞大教団の誕生　127

Ⅰ　二人の天才的な組織者……127
徹通義介の拡大策　127／瑩山紹瑾の教団のつくり方　129／「月は二つあり」という公案　132／峨山韶碩の天台・真言侵攻作戦　135

Ⅱ　道元の歎きが聞える……138
孤塁永平寺も総持寺の軍門に　138／曹洞の密教化民衆化の功罪　141／私的・曹洞変質論　143／もう一度、道元に　146

第五章　一休宗純の風狂破戒　149
Ⅰ　禅林を覆う〝色〟と〝欲〟……149
伽藍護持派を罵倒　149／天才詩人の萌芽　152／師の死と自殺未遂　155／大徳寺内の俗悪な日常風景　157／清貧の師華叟宗曇　159／痛罵慷慨の詩三百　161／一所不住の放浪旅　162／強盗、強姦、殺人横行の世の中　165／養叟攻撃の異常　166／負けず劣らず各派本山の堕落ぶり　170／ある外国人宣教師の報告　172
Ⅱ　唐の高僧、臨済と普化の行実……174
膳を蹴った理由　174／馬鹿か、大悟か　177／「明頭来、明頭打」の出来たヤツ　179／欲しかった麻衣は棺桶　180
Ⅲ　腐敗の室町禅への逆行三昧……183
師弟間の勘弁とは　183／巌頭和尚の一文にもならん禅　185／心惹かれる中国禅師の姿　187／禅録より軍書に熱中する坊主たち　191／たちまち復興する酒肆婬坊　192／盲目の芸人森女との愛　194／若い女性の心身に酩酊　196／凡俗を超えた自由奔放　198
第六章　三河武士鈴木正三の場合　201

Ⅰ　理解しにくい四十五歳からの出家……201
武家出身では異例のパターン　201／死生観をつくった幼時体験　203／大坂冬の陣で初めて人を殺す　205／愚堂東寔と大愚宗築　207／「不図のりてより」の出家　209／故郷に庵を構える　212／キリシタン排斥と多彩な文筆活動　214
Ⅱ　庶民的な仏法解説……216
徳川体制下のユニークな禅　216／歯に衣きせぬ道元批判　217／不自由の中に求める自由とは　219／念仏往生は坐禅の機にかなへり　221／いまの用に立てる禅　223／他人には寛容、自らには厳しく　225
Ⅲ　現実肯定のリアリズム……228
「仏法は世間法と異ならず」　228／武士のための十七の徳目　230／慈悲の殺生は菩薩　232／百姓は世間養育の役人　235／現世の苦労は超越すべし　238／儒仏混淆のイデオロギー　241
第七章　沢庵宗彭体制内からの視線　243
Ⅰ　吾れ是れ水雲の身……243
幼少期に見た戦乱の無常　243／「春翁」改メ「秀喜」改メ「宗彭」　245

／当代最高のサロン大徳寺　248／貧しい筆耕生活　250／石田三成の死に方　253／細川幽斎が認めた百首の和歌　256／三日で下りた大徳寺住職の座　258
Ⅱ　幕藩体制強化の下で……261
出羽への流罪　261／恵まれた配流生活　264／折檻あれば赦免ありの心境　265／柳生宗矩のために書いた武術の書　268／鈴木正三との違い　271
Ⅲ　寡黙な東海寺閑居の意味……273
将軍家光、東海寺を建てる　273／将軍に帰依される孤独　276／乞食を夢みる閑居の人　278／葬儀もいらぬ読経もならぬ　280／葬式仏教の始まり　282
第八章　雲渓桃水と白隠禅師の自由自在　286
Ⅰ　〝乞食桃水〟といわれて……286
出生も幼名も不明　286／町家の戸口に立つ　288／弟子も乞食に　290／法弟の大名仕官を笑う　292／最後はその名も酢屋道全　294
Ⅱ　知的増上慢が崩れるとき……295

熊野旧三家の末裔　295／出家を志し文芸に迷う　297／『虚堂録』に学ぶ　299／富士山大爆発下の端座　302／法友、信州に誘う　304／至道無難の嗣法　306／正受老人の禅問　309／城下町の老婆よりの一撃　311
Ⅲ　破庵在住の宗教改革者……314
白隠流ノイローゼの治し方　314／生類憐れみの令下の憂鬱　316／底にある末世思想　318／貧困の極の達磨姿　320／地から湧くほどの禅のために　322／公案「隻手の工夫」の独創性　325／死三日前の予告　326
第九章　日本禅の沈滞を破る明国からの波　330
Ⅰ　盤珪永琢を刺激した明僧……330
播磨訛りで説く禅　330／痰を吐いたら眼が開けた　331／満たされなかった聖胎長養の旅　334／明僧道者超元との貴重な出会い　336／何事も仏の心よりの不生禅　338
Ⅱ　隠元隆琦の禅と念仏との合体……341
同行三十人の大移動　341／戒律の尊重と念仏のすすめ　342／来日をめぐる妙心寺内の確執　343／日本黄檗宗の創立　345

第十章　大愚良寛「無住の住」の生涯　347

Ⅰ　「任運騰々」放浪者への変身……347
没落名主の跡取り　347／出家四つの動機　349／国仙禅師と出会う　351／備中玉島の風土が与えた影響　353／茫洋たる男の誕生　357

Ⅱ　故郷乞食行の胸の内……360
「帰ってきた栄蔵」　360／実家への帰宅拒否　362／寺院仏教の否定者として　366／耕さずに喰う決意　368／農婦の涙を見ながら　369

Ⅲ　心ひとつを定めかねつも……372
方二間の破れ小舎　372／村人とともにの知足接化の生活　374／生活品無心の手紙　376／忍び寄る老の足音　378／七十歳で得た女の友　380

終章　民衆が純禅を支える……383
市井の禅者龐居士の影響力　383／日本純禅二つの型　386／何が〝禅浄一致〟をもたらしたか　388

あとがき……392

参考文献　394

禅とは何か――それは達磨から始まった

第一章　それは達磨から始まった

Ⅰ　面壁九年が目指したもの

不立文字の世界

はじめに、日本禅宗の源流を中国にさかのぼってみるのは、ここに登場する一休和尚も良寛和尚も正三《しょうさん》和尚も、よく中国祖師禅に還れ、純禅にもどれといい、中国高僧たちの行実や語録をふまえて己れの詩偈《しげ》に、歌に托されたからである。

考えてみると、いま野僧として登場させる和尚たちは、正統派（というようなこともおかしくなるのだが）といわれる伽藍《がらん》組織派（五山）に向って、なぜか激しい「対立」を見せた。伽藍派にももちろん中国禅の祖師や本邦立宗の祖師への畏敬は失われていないが、それにしても禅は不立文字《ふりゅうもじ》、教外別伝《きょうげべつでん》の世界なので、同じように祖仏に回向《えこう》し香を焚いて拈《ねん》じても、あしらいやとらわれがあれば形骸化しているといえる。宗派が隆昌し、組織をもち、宮廷や武将に外護者がふえれば、修行専一とはゆかぬ僧も出てくるし、また、純一なる修行にも、新形式が生じたようだ。そんな寺へ雲水《うんすい》があつまれば、同じように仏法の真実を求める道に差異が云々《うんぬん》されてゆくのも自然で、誰それは正統派、誰それは異端派とかんたんにいえないようになってくる。厄介なところだ。こだわってゆけば、きりのないおもしろさでもあるのだけれど、いまはそこのところはたとえていえば、花畑にまかれていた由緒正しい品種の花が、風にふかれて雑草の野にこぼれて種子をつける姿を想像してもらえばいい。あるいは芽立ちして根をかまえて枝を張り、咲きさかり、正統な畑の時よりも強靭《きょうじん》な香りと色彩を発育させて、野の世界に君臨する姿を想像してもらえばいい。

和尚たちは、花ではなく人間だから、しきりと本山派にたてついた。なかでも、一休和尚などは、生涯をかけて大徳寺を守る養叟《ようそう》や春浦《しゅんぽ》に憤りをぶちまけているが、なぜに、正統派は、そのように、野に咲いた僧たちから罵倒をあびねばならなかったのだろう。ここらあたりの事情も、つぶさに見てみたいというのが、本書の目的の一つである。

それゆえ、野僧派も、正統派も、ともに重んじた立宗の祖師禅をいちおう源へ戻ってさぐってみる必要がある。また、日本禅宗の祖師たちは天台《てんだい》や真言《しんごん》が優位をしめた山上仏教に大いにその教学を学んだけれど、日が満つうちその山上生活に疑問を抱いた人たちだった。つづめていえば、新しい仏法を求めて中国へ渡って、純禅を学び、かつ宋代の禅院を見聞して自分の信ずるべき仏法を得たのである。またそれぞれ、印証をもらった師匠も、唐に起きた禅の源流から師資相承《ししそうしょう》されてきた「禅」を守る高僧たちであった。厄介な仕事だけれど、その伝来された禅が、どのように日本流に変容せねば、組織教団となり得なかったのか、ここらあたりの事情が肝心になってくるので、しばらく、つきあっていただきたい。

南天竺香至国の第三王子

日本禅宗は、臨済《りんざい》宗、曹洞《そうとう》宗、黄檗《おうばく》宗の三宗をいうのである。臨済宗は明庵栄西《みょうあんえいさい》が仁安三年（一一六八）と文治三年（一一八七）に入宋して虚庵懐敞《きあんえしょう》から中国臨済宗黄竜《おうりゅう》派《は》の禅を伝来してひろめたものだ。曹洞宗は道元希玄《どうげんきげん》が貞応二年（一二二三）に入宋して、青原派《せいげんは》の長翁如浄《ちょうおうにょじょう》の許で修行し印証を得て帰朝して開宗している。また黄檗は江戸時代に入ってからだが、明僧隠元《みんそういんげん》が帰化して同じ禅でも念仏禅といえる新しい禅を開宗したもので、日本禅宗教団の寺院はこの三宗のいずれかに属する。もっとも、栄西が臨済禅をもちきたる以前に、義空、覚阿、能忍といった学僧が中国から禅をつたえていたが、栄西の臨済宗創立から、日本禅宗は黎明《れいめい》期をむかえたといってよく、つづいて伝来された二派も、共通して中国禅を移入しているのである。

そこで、この三宗の中国における祖師たちの源流を辿《たど》ってみると、当然、中国禅の始祖は達磨《だるま》である。

達磨はいったいどういう人だったか。南天竺《てんじく》の香至《こうし》国の第三王子で、菩提多羅《ぼだいたら》というのが本名である。生年も詳《つまびら》かでない。ざっと千五百年も前のことだ。いくつの頃かしらぬが、中国の梁《りょう》の時代、普通元年（五二〇）に印度からやってきた。一説では、広東省広州に上陸。あるいは大理国（雲南省）を経てきたなどといわれているが、とにかく、広州の刑吏が目撃して、印度からかわった沙門《しゃもん》がやってきたと、梁国の武帝に報告したという。武帝は熱心な仏教信者だった。梁都金陵で達磨をむかえた。今の南京である。

有名な問答が『続高僧伝』に出ている。

「貴僧はどんな教法をもって、衆生を済度されるのか」

「一字の教えももってきていません」

「朕《ちん》は、即位以来、寺を建て、人を救い、写経もし、仏像もつくったが、いかなる功徳があるだろうか」

「無功徳」

達磨は、さらにいい足した。

「それらのことは、みな形にあらわれた有為の善行ではあるが、真の功徳とはいえません」

「真の功徳とはどういうものか」

むずかしくいうと、如何なるか是れ聖諦《しょうたい》第一義ということになる。つまり、仏法のぎりぎりのところ、真に尊いところのものはどんなものなのか、と武帝は問うたのだ。

「廓然無聖《かくねんむしょう》」

と達磨はこたえた。廓然とは、からりとして何もないことをいう。無聖とは、聖《ひじり》なんていうものはない、というのである。からりとして、聖も賤もないところ、というふうに解してよいか。武帝は声をあらげて、

「朕に対する者は誰だ」

といった。達磨は、

「不識」

とこたえただけであった。武帝は、達磨のいったことが理解できなかった。達磨は仏法に縁のない帝王だとわかったか、梁都を去って揚子江をわたって洛陽《らくよう》にゆく。魏の国へ行ったのだ。よく達磨図に、葦の葉にのって川をわたる姿がえがかれているのはこの時のことだという。

慧可の断臂入門

洛陽にゆくと、近くの嵩山《すうざん》少林寺に入って、終日壁に向って坐禅していた。印度からきてただすわっている髭むじゃらの僧を、人々はオカシイと思うだけで、理解できなかった。ところが、神光《じんこう》という沙門がいた。勉強家だった。

「孔子や老子は礼の風規だ。荘子も易経も妙理をつくしていない。きくところによると、

少林寺の岩窟で座ってばかりいる僧がきたという。彼にあって玄境をきわめてみたい」

神光は少林寺に行って教えを乞うが、達磨は面壁端座するのみで、何もいわぬ。雪がふる夜だったという。夜あけまでずぶぬれで門前に立っていると、達磨がようやく口をひらいた。

「お前さん、雪の中に夜通し立って何を求めているのか」

「和尚さま、慈悲を以て甘露門をひらいて、迷える人々を度して下さい」

そこで達磨はいう。

「諸仏の妙道は精勤して行じ難きをよく行じ忍び難きをよく忍び、小智、小徳、軽心、慢心をもって、真実の道を求めようと願うなら、いたずらに苦労するばかりだ」

神光は、この時、かくしもった刀で、左臂《さひ》を断った。雪に血が散った。求道の誠意を見せたのだ。達磨は、なかなかの男だとみて、

「諸仏ははじめに道を求めるにあたって、真理のためには身命をわすれられた。今、お前さんは私に臂《ひじ》を断ってみせて道を求めている。その求道心はよろしい」

神光は弟子になれた。慧可《えか》という名をもらった。道原という人の書いた『景徳伝燈録』という本に以上のようなことが書かれている。また、この本に、慧可がある日、達磨に向って、

「諸仏の法印は得聞することが出来ましょうか」

ときいた。すると、

「諸仏の法印は人から得聞することは出来ない」

と達磨はこたえた。魏の孝明帝は達磨の徳をきいて使者をつかわして三度に及んだが、達磨は山を降りなかった。当時の僧たちはみな帝王に招かれることを望んでいた。達磨には名聞心はなかったのである。そのため、いっそう道俗の帰依を得た。しかし、達磨は慧可ひとりをみとめただけで、嵩山に九年間端座した。

皮肉骨髄の戒

慧可のほかに、道育、尼総持《にそうじ》、道副という三人の弟子がいた。有名な皮肉骨髄の訓戒というのがある。道副がいった。

「私は、文字にとらわれず、また文字をはなれないで、仏道を行じます」

「汝《なんじ》はわが皮を得たり」

と達磨はいう。尼総持がいった。

「私が理解しておりますところは、愛欲も怒りもしずまって、よろこびは、仏国を見るようです」

「汝はわが肉を得たり」

と達磨はいう。ついで道育が、

「物を構成する地水火風の四大も、因縁がつきますと空となり、またすべての事物は、色受想行識の五蘊《ごうん》が仮りに和合してできているので、もともと有ではなく、一法として得べきものはありません」

「汝はわが骨を得たり」

と達磨はいう。最後に慧可が、ただ黙って達磨に礼拝して、もとの位置につく。それをみて、

「汝はわが髄を得たり」

と達磨はいう。

「むかし、如来は正法眼を迦葉大士《かしょうたいし》に付し、転々としてわたしに至っている。いま、お前に付すから護持しなさい」

達磨は袈裟《けさ》を慧可にあたえて、

「法信とする」

といい、伝法の偈を示した。

我本慈土に来り　法を伝え迷情を救う
一華五葉を開き　結果自然《じねん》成

この時、『楞伽経《りょうがきょう》』四巻も慧可にあたえ、千聖寺《せんしょうじ》へゆき、三日目に示寂《じじゃく》した。永安元年（五二八）十月五日だといわれる。唐の代宗から、円覚大師と諡号《しごう》された。

以上のことが、いわゆる達磨伝といわれる『続高僧伝』『景徳伝燈録』『歴代法宝記』などからの孫びきで私にわかっている事である。

二入四行の理論

達磨の行状をふりかえっていると、この行実《こうじつ》に、禅の核のところが語られている気がする。慧可の命がけの入門も、ほかの弟子との問答も、のちの祖師たちが、形式はかえるけれども踏襲するところだし、また、武帝や孝明帝に対した態度も、さすがは始祖だけのことはあって、純禅の源流に泰然と端座している。達磨の思想は、『二入四行論《ににゅうしぎょうろん》』でつきるようだ。真理にいたる方法に、二つの立場と四つの実践が要るというのである。

二入の一つは、原理的ないたり方で、経典をよく学んで、仏法の大意を知って、生きとし生けるものすべては、平等な真実をもっているけれど、外来的な妄念にさえぎられて、本質を実現できないでいることを確信せよ、というのである。もし妄念を払って、本来の真実にかえって、身心を統一して壁のようにしずかな状態を保っていたら、自分も他人も、凡人も聖人もひとしく一なるものであることがわかってくる。分別を加えるまでもなく、しずかに落ちついてきて作為がなくなる。これが原理的ないたり方だ。

もう一つの実践的ないたり方には四つの実践方法がある。第一は前世の怨みに報いる実践である。第二は因縁にまかせる実践である。第三は、ものを求めない実践である。第四は、あるべきようにある実践だ。

前世の怨みに報いる実践的ないたり方というのは、修行者が苦しみに出あったとき、自分の心につぎのように反省せよというのである。自分はずっと昔から無限の時間にわたって本当の自分を忘れて、末端を追ってばかりいて多くの迷いの世界をさまよい、多くの怨みや憎しみの心をおこし、限りなく他と対立してきた。この苦悩はすべて、自身の前世の宿業がみのったものだ。神や悪魔があたえたものではない。それ故甘んじて忍従し、怨んだり、いいわけしたりせぬことだ。

つぎの因縁にまかせるというのは、生きとし生けるものには自我がなく、すべて因縁に左右されている。苦楽すべて因縁による。だから好ましい報いや晴れがましい栄誉も、すべて過去の宿命的な要因がもたらしたものだから因縁がつきれば無に帰るものだ。決してよろこび、有頂天になっておれるものではない。世間的な失敗や成功はすべて因縁による。いくら物質的な栄誉を得たって自分の心にちっとも増減はないのだから、それに動かされずに縁にまかせるのである。

第三のものを求めぬ実践はよんで字の如しだ。世間の人はつねに迷ってものをむさぼる。つまり希求だ。智恵のある者は、真実を悟り、世俗と次元を異にしているので、心を自然に作為なきところにおちつけ、身体も運命のはたらきにまかせて、あらゆる存在を実体なきものと考えて、物質的な欲をもたない、希求すれば苦しくなる。希求せぬときこそ楽しい。希求せぬことこそ、まさに真理の実践である。

四つめのあるべきように生きるというのは、万物が本質的に清浄であるという原理をあるべき法と名づける。この根本原理からすると、あらゆる現象はすべて空しく、そこには汚れもなく、執着もなく、此《し》と彼《ひ》の対立もない。経典にもいっている。「理法は生存者としての実体をもたぬ。生存者としての流れをこえているからだ」。智恵ある人は、もしこの原理を体験したら、必らず、あるべきように生きるだろう。

達磨のこの『二入四行論』は、禅宗の宗旨の根元といっていいか。当然だろう。始祖のことばだから。

梁の武帝に、いくら寺を建て、写経をしても「無功徳」とこたえた達磨の考えの根がここにある。達磨はつまり、壁のように座って不動の心で生きよ、と説いた。物事を対立的にとらえないで、直覚的に見つめてとらえよという。むずかしい理論のようだが、何どもかみしめていると、わかってくる。中国の風土に、この達磨の思想はよく根づいた。

老子荘子は達磨にそっくり

さらに慧可が、少林寺の達磨に入門する時に、「孔子や老子は礼につきすぎているし、荘子や易経も自分の求める道でない気がする」と考えていたように、中国には、儒教や、道教の師がいて、生きとし生けるもの、いかに生くべきかの指針を示す思想家がいた。老子や荘子の所説は、達磨の禅をひき入れる要素を充分にもっていた。本書の日本の禅僧たちも、よく、この老荘の行実や、ことばをひいて、詩偈にも托した。老、荘が実践したのは自然回帰である。禅もまたそれを尊んだ。あるべきように生きるとすれば、当然、自然法爾《じねんほうに》であろう。

孔子も老子も荘子も、中国仏教が盛んになる頃、同時に生存し、所説を張っていた。人間に上下をみて礼節や仁の道を説く孔子はべつとして、荘子は人間を平等に見る無為自然の人であったから、達磨の思想に近かった。ある学者は中国に達磨禅が根づくのは当然で、むしろ禅は印度仏教よりも中国仏教的だとされ、禅は老荘の学に通じる人々によって理解されたという。たとえば、禅は不立文字を尊ぶ。以心伝心を尊ぶ。さきに達磨の皮肉骨髄の訓戒にふれたとき、慧可が黙ってただ礼拝しただけなのに達磨が「汝わが髄を得たり」といって、論を立てた三弟子よりも無言だった弟子に伝法衣を授けた一事などは、不立文字をあらわすのだけれど、荘子にも次のような話がある。少し長くなるが、ここらあたりのところは肝要なので、書いておく。荘子「天道篇」の一節だ。

世間の人が尊ぶものは書物である。だが、真に尊ばれているのは書物そのものではなく、書かれている言葉である。その言葉自体も尊いのではない。言葉のふくむ意味の方が尊い。しかし、その意味も、また究極のところではなく、指向している事実こそ尊いのである。ところで、この事実というものは、言葉ではなかなかとらえにくいものだ。言葉でつたえるのは、物と名と声にすぎぬ。名と声で、物の真相はつたえられるだろうか。ある時、斉の桓公《かんこう》が、堂上で読書していた。その堂の下で仕事していた車大工の輪《りん》扁《ぺん》が、

「殿さまが読んでおられるのには、誰の言葉がかいてありますか」

ときいた。桓公はいった。

「昔の聖人の言葉だよ」

そこで輪扁はいう。

「それでは殿さまは、むかしの人の意見ののこりかすを読んでおられることになりますな。わたしの仕事の経験から申しますと、車輪をうまくつくるコツは、言葉ではうまく表現することができません。そのためむすこにこの仕事を伝えることが困難で、七十のとしになる今日まで、いまだに私ひとりがやっている始末です」

荘子のこの話はまるで、禅話をきくようだといえばいいすぎだろうか。言葉をたてることで、自然からはなれてしまう、ということを荘子はいいたかったのだろうか。ここ

には、「不立文字、教外別伝」の禅の宗旨が語られている。ことばではつたわらないところのものが大切。ありのまま生きよ、と達磨はいった。ありのままなら、文字や言語は必要ではない。それでは真実はつたえられない。人為や人工の加わらない、ものごとの自然の姿こそ、ありのままというなら、達磨の二入四行のうち、四つめの実践は荘子の無為自然と合致しないか。また荘子の「知北遊篇」では次のような問答がある。

東郭子が荘子にきいた。

「道はどこにありますか」

「どこにだってないところはないさ」

と荘子はこたえた。

「もう少し限定してもらえないですか」

「道は螻《けら》や蟻《あり》にだってあるじゃないか」

「ひどく下等なものにもあるんですね」

「稊《いぬびえ》や稗《くさびえ》にだってあるよ」

「いよいよ下等になってきましたな」

「屋根瓦や敷き瓦にだってあるよ」

「それじゃ、下等も底無しだ」

「それどころか、糞《くそ》や小便にだってあるよ」

東郭子はもう返事しなくなった。

物みなが自然である時には上下の差がない。米も稗も同格である。東郭子は下等の者には道はないと、対立的に考えていたようである。儒教的な考えを荘子はとっ払ってしまう。糞小便にだって道はあると。これも禅の流れをさかのぼれば、似たような祖師の言葉に出喰わすだろう。糞べらや、尿は、真理を説得するのによくつかわれた。不立文字の禅が文字をたて、言葉をたてるのだから、平等一切のものをもち来って道《い》うのは自然であった。ながながと達磨のはなしが、荘子の言行に及んでしまったが、じつは、何どもいうように中国純禅を語るには、またいで通れないところだからだ。というのも、中国禅宗も、達磨には清流をみるような廓然たるものを感じさせるけれど、やがて、宗団が組織されて、つまり、道場というものが生れて、大勢の雲水が集まって、不立文字の禅を、いろいろとはからいはじめるからだ。

　もともと達磨がひとりの弟子につぶやくようにあたえた仏法だったのが、果てには、禅は宋代に入って国家宗教といっていいぐらいに隆昌し、国家鎮護の仏教として役立ってゆく。このあたりも日本の事情とかさねあわせねばならない肝要なところである。

Ⅱ　不安と動乱の中の知識人

北宗禅南宗禅への分裂

達磨禅は二祖慧可から、三祖僧璨《そうさん》、四祖道信《どうしん》、五祖弘忍《こうにん》とつたわって六祖慧能《えのう》にいたる。慧可は、北周武帝の法難を避けて山中に、僧璨もまた幽谷に韜晦《とうかい》したといわれる。道信は逆にひろく道俗の帰依を得て、廬山の大林寺に十年、黄梅県の双峯山《そうほうざん》（西山）に三十年住んで、学徒《がくしょう》五百人を育てた。弘忍は、黄梅県東山に学徒七百、あるいは千人をこえる門弟を育てる大叢林《だいそうりん》をもったといわれる。少林寺の洞窟に端座九年だった達磨の宗旨が、五代目の法衣をついだ弘忍にいたって、そのような大道場をもつほど伝播していた。この世の空、無を説くに、ユニークな言葉をもってする禅の宗旨は、中国の大衆を魅了したといえる。しかも、五祖弘忍の道場では、貴族、武将出身の知識人が雲集していた。これにならって日本でも禅は知識人が好んだのである。五代目の弘忍が六祖慧能を法嗣とした時に二派に岐《わか》れた。神秀《じんしゅう》の北宗禅、慧能の南宗禅が競いあった。日本禅の師匠たちがもち帰ったのは六祖慧能の系統で、世に曹溪《そうけい》の道といわれる禅流である。慧能は神秀と対立する有名な詩偈をのこした。五祖弘忍から法を嗣《つ》ぐ時、五祖が弟子たちに詩をつくって真理を表現させた際、神秀が、

身は是《こ》れ菩提樹《ぼだいじゅ》、心は明鏡台の如《ごと》し
時々に勧めて払拭《ふっしょく》して、塵埃《じんあい》をして惹《ひ》かしむる勿《なか》れ

といったのに対して、慧能は、

菩提もと樹なし、明鏡もまた台に非《あら》ず
本来無一物、いずれの処《ところ》にか塵埃を惹かん

といった。五祖は慧能の偈の方に軍配をあげて嗣法とした。のちこのことは、日本でもいろいろともめごとがある際に重要な意味をもってくり返されるので、私流に二人の偈を解釈してみたい。

この身体は菩提樹のように尊く、心もまた鏡のように清浄なものである。それ故に日々拭きよめて、塵がつかぬようにしておかねばならない、これが神秀の偈だし、慧能の方は、身心のどこをさがして、菩提とか明鏡とかいったものがあり得よう。本来何もないのである。塵のつきようもあるまい。

先に対立といっておいたが、まことにその通りで、神秀が真理に至るためには、坐禅をはげみ、本来の清浄心を発露させねばならぬ、心の塵を払わねばならぬといったのは、

達磨の思想に従順でもあったろう。達磨も『二入四行論』でそのことをいっている。人間誰もがもつ仏性について、「客塵妄想のために覆われて魅了することあたわず」である。ところが、慧能は、本来、清浄とか塵埃とか二元的に分けて身や心を考えるようなことは真っ向から否定した。浄も穢もともに否定した。したがって、迷も悟もないのである。穢の中に浄があり、浄の中に穢があり、悟りの中に迷いがあり、迷いの中に悟りがあるというのである。本来は無一物なのだから。神秀のいうように、修行して立ち至るべき悟り世界などはなく、先の方にそれを立てて求めるべきものでもないのである。かりにやってみたとしても、悟りの世界へは永遠にたどりつかないだろう。これは根本的な対立であった。神秀の禅がやがて、北宗禅といわれて、漸修漸悟《ぜんしゅうぜんご》を標榜《ひょうぼう》して修行三昧の宗旨を歩むに対し、慧能の禅は、南方、つまり江西、湖南にひろがって、穢濁のまっただ中に浄を、迷いと苦しみの中に悟りを見出そうとする頓修頓悟《とんしゅうとんご》の禅を標榜するようになった。五祖から衣鉢《いはつ》をうけた慧能は禅宗六祖となり、生誕地の広州にもどって、南宗禅を大いにひろめるのである。

風が先か旗が先か

余談を承知でつづければ、慧能と神秀の対決のあった五祖弘忍の寺は、九江の北岸に位置する黄梅県東山であった。中国地図でいえばどまん中である。山は別名憑茂山《ひょうもざん》といい、今日もこの地に弘忍の禅庵跡が残っているが、私も先年訪問して、六祖が遠い南方の広州からきた文盲の貧書生だったために、学僧らから一段ひくい人間とみられ、道場へ入れてもらえず、庫裡で米搗《こめつ》き作務《さむ》ばかりさせられていたといわれる名残りの重石も見てきた。重石というのは、小男だった慧能が、自力で七百人の学僧の米が搗けなかったので、腰に石をくくりつけて重みとした、その石だった。共産主義の中国の今日でも、慧能が労働につとめて、真理に立ち至ったことは評価されているようで、案内者は弁証法的に慧能禅を説いてくれたことが記憶にのこっている。また、私は広州の六榕寺や、光孝寺にも行って、慧能の旧跡地を探ったが、ここでも仏教に関心を示す人々は口ぐちに慧能を尊崇しており、黄梅県から帰郷した当時の逸話も教えてくれた。

慧能は弘忍から頂戴した衣鉢をもって広州に帰ってきたけれど、その途中で何年間か山で木樵《きこ》りをやった。弘忍の法をうけた悟りの境涯を山にこもることで聖胎長養したのである。それで、広州に現れた時は貧相なボロ衣をまとっていた。光孝寺にゆくと、ちょうど学僧たちが、風に吹かれてうごく旗をみて論争していた。風がうごくから旗がうごくのだ、という者。旗がうごくから風が見えるのだ、という者。論争はなかなかけりがつかない。ボロ衣の木樵り男は、仲に入っていう。「風がうごいているから旗がうごくのではない。旗がうごくから風のうごきが見えるのでもない。それは、見ている人間の、こちら側の心がうごくからだ」と。学僧たちは、慧能に向って合掌する。頓悟禅が南の広州に芽をふく一日をこのように云いつたえるのである。六祖は、南華寺で法筵《ほうえん》をしくと、大勢の弟子が雲集する。中国禅宗はこの日から頓悟禅をもって正統と伝えるようになり、神秀の北宗禅はなぜか力を弱めてゆく。

坐禅は悟りの手段に非ず

この六祖慧能から法をついだのは南嶽懐譲《なんがくえじょう》である。南嶽は慧能の思想をうけて湖南の地に流布するのだが、弟子の馬祖道一《ばそどういつ》との逸話に、ある日、馬祖が道場で坐禅につとめていると、南嶽がやってきて、

「おまえさん何のためにそんなに坐禅しておるのか」

ときく。馬祖はこたえる。

「いっしんに坐禅して、仏にいたりたいのです」

南嶽は足もとにあった瓦のクズをつかんで馬祖の前でしきりとみがきはじめた。

「瓦をみがいてどうなさるのですか」

「鏡をつくろうと思う」

「それは無理でしょう。瓦をいくらみがいたって鏡にはなりますまい」

「そのとおりだな。それなら坐禅してどうして仏になれるのか。おまえのやっていることは車をひいた牛がとまったとき、牛を打たずに車を打っているようなもんだ」

坐禅を悟りの手段ときめこんだ馬祖を突いたのである。慧能のいったのは、悟りは迷いの中にあるということだった。悟りは迷いの中にこそあって、坐禅をして求められるものではなかった。南嶽は六祖の嗣法らしく、坐禅することが悟りだ、坐禅して求めるものではないと説いたのである。このあたりの事情をよくつかんでおく必要がある。中国禅のもっとも活発だった時代をつたえて興味をそそるし、日本の禅僧たちもよくこれでつまずくからである。馬祖は南嶽の法をつぐ。馬祖の禅は、南嶽の思想をうけたものにさらに日常生活の中での禅を実践しようとするものだった。「平常心是道」は馬祖のことばである。煩悩をもちつつ悟りに入れ。この思想を生活的に極めたのが馬祖だ。わが国の栄西が虚庵懐敞からもちきたった禅は、つまり、これである。道元の嗣法した天童山の長翁如浄の禅もこの流れである。日本禅宗の二宗は、この馬祖の、日常生活で禅を実践するという宗旨を踏まえている。もっとも、馬祖から臨済義玄《ぎげん》にいたるまでに、百丈、黄檗と法はつがれ、道元の嗣法する長翁如浄の法流も、さきにものべた慧能の弟子青原の流れであって、中国では、頓悟禅は「五家七宗」といわれるほどに盛況を呈し、江南、江西の山嶽を中心に伝播していた。

三十棒をくらった臨済義玄

ここで臨済宗の源流となる臨済義玄についてのべねばならぬ。馬祖から三代目の嗣法だった。彼の師は黄檗である。河南省曹州南華の人で、姓を荆氏《けい》というだけで、あまり出自についてはくわしいことはわかっていない。幼少より人にぬきんでて、長じて親孝行だったと『臨済録』（弟子の慧然《えねん》がまとめた臨済の生活の記録）に出ているぐらいで、「行業純一の人」だったと書かれてある。その記録によると、臨済の大悟は次のようであった。

臨済は黄檗のもとで三年修行していたが一ども師の隠寮へ入ったことがなかった。首座弟子の道明がこれをみて、なぜ師のところへゆかぬのかときいた。臨済は「何をたずねたらいいのかわからないので」とこたえた。「なぜ入堂して仏法とは何かをきいてみないのか」。臨済は兄弟子のすすめなので、意を決して黄檗の隠寮へ入った。すると、臨済が何もいわぬうちに、黄檗は三十棒を喰わした。三十ぺん棒でなぐりつけたのである。臨済は質問もしないうちになぐりつけられたのだから退散するしかなかった。帰ってきて首座にそのことを告げると、「もう一ど入堂してこい」といわれる。臨済はつごう三ど入堂するが、三どとも痛棒を喰った。これでは話にならない。師に見すてられたにきまっている。臨済は、自分に禅をやる資格がないのだろうと判断し、師のもとを去る決意をする。そこで黄檗のところへ別れのあいさつにいった。黄檗はいう。

「出てゆくのもよいが、高安の灘に大愚和尚がおられる。そこへゆくがよい」

臨済は大愚和尚をたずねて、いきさつを話して、自分のどこがまちがっているのかをきく。大愚はいうのだ。

「黄檗和尚は親切なお方だ。まるで婆さんが孫をかわいがっているようだ。お前のために、そんなにまで心をつくしておられるのに、お前さんはどこがまちがっているのかなんぞといっておる。ばかなヤツだ」

臨済はこの大愚の一言で悟ったという。そしていった。

「黄檗の仏法とは、こんなことだったのか」

すると大愚は、臨済の胸ぐらをつかんで、

「この寝小便たれめが。さっきは自分のやり方がわからない、といっておきながら、いまは、黄檗の仏法などはこんなものだったかとは何だ。いったい何がわかったのか、いうてみい」

臨済は、大愚の脇の下をコツコツと三どたたいてみせた。大愚は臨済をつき放して、

「お前の師匠は黄檗だ。わしの知ったことか」といったという。そこで臨済はまた黄檗のもとへ帰ってゆくのである。すると黄檗はいう。

「お前さんは、うろうろするばかりでいつ問題を解決できるのか。歩いてばかりではどうもなるまいが」

「今日あるのは、老師さまのご親切のおかげです。そのほかに何も申しあげることはありません」

「どこへ行ってきたのか」

「先日、老師さまからいわれた大愚老師のところへ行ってきました」

「大愚はお前に何といった」

臨済は、子細をはなした。黄檗はいう。

「馬鹿なヤツだ。何とかして、大愚のヤツをひっつかまえて一発喰わせてやりたいものだ」

するとは臨済は、

「老師、一発喰わせてやりたいなどというお暇がありますなら、これでも喰われたらどうですか」

いいざま、師の横っ面をひっぱたいた。

黄檗はいった。

「こやつ、もどりやがって、よくも虎のヒゲをなでおったな」

臨済はこのとき、

「喝——ッ」

と一喝を吐いたという。黄檗は、従者に命じ、

「この狂ったヤツを坐禅堂へつれてゆけ」

といった。入門がゆるされたのである。

以上は『臨済録』の序文にある臨済大悟のあたりを私流に簡略記してみたのだが、じつは、この序文は、中学を卒業して僧堂に入る準備に忙がしい小僧たちは、よく読まされたので、暗誦するぐらいにおぼえたものである。流暢な漢文だと思う。

「黄檗山頭に曾《かつ》て痛棒に遭い、大愚の肋下に方《まさ》に築拳を解す。饒舌の老婆尿牀の鬼子、這《こ》の風顛漢、再び虎鬚《こしゅ》を捋《な》ず。巌谷に松を栽《う》う。後人の標榜、钁《かく》頭地を劚《ほ》る。幾《ほと》んど活埋せらる……」

日本禅宗では小僧も雲水もこの文章をバイブルのように暗記するのである。バイブルのようにしたしみ読んでも、それはどういうこともないのだけれど。

「会昌の破仏」を逃れて

ところで、大悟した臨済は、江南をまわって、聖胎長養し、やがて河北の故郷へ帰って、正定県のコダ河岸に小庵をむすび、独自の禅を挙揚するのである。庵が川岸にあったから、臨済院と称した。近在の人も臨済和尚とよんだ、と『臨済録』にある。

ところで、この臨済の帰郷は、唐の武宗による破仏の弾圧をのがれるためだったといわれている。「会昌の破仏」といわれる弾圧事件がそれだが、資料によると、四千六百の寺院がこわされ、僧尼二十六万五百人が還俗を強要されている。寺院の銅像や鐘磬は一所にあつめられて鋳直され、市民の家具になった。激しい廃仏運動とみてよいが、これは唐が安史《あんし》の乱後末期にきて、従来の貴族王侯に権力が失せて地方領主に力が起きたためで、没落する旧勢力の貴族たちは、嘗《かつ》て寄進した鋳鐘や什器《じゅうき》まで没収して金にかえねば生きてゆけなかった。下剋上の時代が訪れていた。地方に割拠する新興勢力は長安を脅かした。わが国でも室町から鎌倉時代がそれに似ている。応仁の乱で焼ける京の本山を想起してもらってもいい。また徳川末期から明治にかけて似たようなことは起こった。明治は廃仏の季節で国内寺院の多くが神職に転じ、何百という寺院が破却された。鐘や火鉢が富国強兵策をとる政府にめしあげられて大砲になった。奈良の五重塔が三十円で競売に付された。買ったのは大阪の銅屋さんだった。『臨済録』は、正しく、そのようにこの仏法受難時代を生きた臨済義玄の面目を詳《つぶ》さに記録する。日本臨済宗で先にのべたように『臨済録』をバイブルのように読まされるのは、臨済の禅こそ純禅だとする宗旨であるからだが、読んでいてその人間の凄さにも感動する。臨済の死はまたふるっていた。

咸通七年（八六六）四月十日だった。病気でもないのに、にわかに衣を着がえて端座して弟子にいった。

「わしが死んでも正法眼蔵《しょうぼうげんぞう》（仏のつたえた法）はほろぼしてはならんぞ」

弟子のなかで最上位だった慧然《えねん》が師のそばへゆき、

「どうして、老師のありがたい法をほろぼしたりなどしましょう」

するとと臨済が問うた。

「それでは、お前、こののち人がお前に正法眼蔵をたずねたらどうこたえるか」

慧然は、「喝——ッ」と一喝した。すると臨済はいった。

「わしの正法眼蔵がこの馬鹿野郎のところでほろびようとは知らなかった」

いいおいて、端然と示寂した、と『臨済録』はつたえるのである。慧然がこたえたところの決意を否定した臨済は、正法はそうかんたんにつたえうるものではないといったのだろう。つたえることのできるようなものがあれば、それは真理ではないのである。その人の真理はその人のもので終るというのである。この読みが肝要だと思う。臨済のきびしい真理への態度は、臨済禅の根本であって、日本臨済宗の僧となる者は誰しもこのところをうけつぐはずである。

禅のバイブル『臨済録』

やがて詳細に見なければならぬ一休宗純や大愚良寛が弟子をもたず、師匠よりの印可をも重視せず、説教や寺院経営もやらず、自己一代のオリジナルな仏法で終るのは、この臨済の思想といってもいいだろう。その人の仏法はその人のものでかんたんにわかったりうけついだりできるものではない。あれば嘘だ。『臨済録』から、のち日本の野僧派たちがバイブルとして尊重した段を披露すれば次のようになる。

「修行者たちよ。本当の正しい見解（真正の見解という）を手に入れて天下を大手をふって歩きたまえ。一群のばけものどもに惑わされぬことが肝要だ。無事こそ貴人だ。けっしてあれこれ造作するな。ひたすら平常であるにこしたことはない。諸君は外に向って求めまわって、手がかりをつかもうとしておる。だが、それはまちがっておる。仏を求めようとしたって、仏はただの名称にすぎないではないか」（十二段）

「修行者たちよ。仏法は営為を用いるところのない世界なのだ。平常でいいのだ、無事でいいのだ。小便したり、着物をきたり、めしを喰ったり、疲れたら横になって休む。ただそれだけのことだ」（十三段）

「修行者たちよ、たやすく、諸方の師家たちにたよって、眉間に印可の判を押させたうえに、自分こそ禅がわかった、悟った、道を得た、なんぞと滝水のおちるような口舌をやってはならんぞ。それはみな地獄ゆきの業だ。本当の正しい修行者なら、まちがった法を求めないものだ。真正の見解を求めて一心になっているものだ」（十四段）

臨済は「無依の達人」「一無依の真人」を手にせよ、ともいった。真正の見解によって得るものの正体をそういったのである。その正体とは、経典や、語録や、師家にひきまわされるところのないもので、よくいわれるむずかしいことばでいえば絶対無的主体性なのである。このようなはからった云い方も臨済さんからまた叱られる気がするのだけれど。

「われわれのこの肉体の中には一人の無依の真人がいて、われわれの感覚器官を通して出たり入ったりしている。それを自覚体認できる者はよく見るがいい。見よ」(三段)
「無依の達人」は、われわれ肉体の中にちゃんと存在していて、日常生活の中に活発に働いているそれのことだ。「それ」とは、どう説明しようもないものゆえ「無依」なのである。無依ゆえに、また無限に相を変えもする。
「もし君たちが生死の自由、去《ゆ》くととどまると、または、生命の衣をぬいだりきたりすることで自由をねがうなら、わしの説法をきいている人が形相もなく、根本もなく、住する所もなくて、しかもぴちぴち躍動していることをすぐ見てとれ。すべての働きの場はただ『無』の『場』である。さがそうとすれば遠ざかり、求めようとすれば、いよいよずれてゆくものだ」(十五段)
「修行者たちよ、真の仏には形はなく、真の法には相はないのである。君たちは、ひたすら幻化の上に憶測を加えているだけなのだ。求め得たとしても、それは、野狐のばけもの、断じて真の仏ではない。外道の見解である」(十九段)
「諸君、どこでも自己が主人公となれば、立っている所がすべて真実である。どんな境にきても君たちをひきまわすことはできぬ」(十三段)
「随所《ずいしょ》作主《さしゅ》」はここから出てくる。また、有名な「殺仏殺祖」も十九段の二に出る。
「修行者たちよ、ただただ、他人の惑わしをうけてはならぬ。内においても、外においいても、出あったものはすぐ殺すことだ。仏に逢えば仏を殺し、祖師に逢えば祖師を殺し、羅漢に逢えば羅漢を殺し、父母に逢えば父母を殺し、親類縁者に逢えば親類縁者を殺してこそはじめて解脱《げだつ》できよう。何者にも拘束されず、一切に透脱した自由を得るだろう」

日常徒手の修行

臨済は、一無依の真人を手にするためには、外的な権威をすべて否定せよ、というのである。気づかれたろうが、六祖慧能の頓悟禅が、南嶽、馬祖を経て平常心の究明に向い、ここではさらに、その思想が深まっているように思える。ここらあたりもこれから純粋禅の系譜を見てゆくためにも時々ふりかえらねばならないところだろう。

ところで、臨済の生きた時代は唐末期の大きな下剋上の動乱期だったといったが、各地で大規模な農民の反乱があった。長安の都はその戦乱にまきこまれ、数百年の権力を維持できた王侯貴族や地主は没落してゆく。そのため権力とむすび安穏をむさぼっていた寺院は、唐政権の危機脱出のいけにえになって、弱体化したことは先にのべた。廃仏の波も仏教を育てた王侯の手によってだった。だが、この時、禅宗だけはその被害から脱出していた。経本や寺が焼かれて困るのは他宗の教護派や祈禱《きとう》派であって、「不立文字」の世界で、坐禅と知恵とを根本としている宗旨には物質の破壊は意味をもたなかった。もともと、伽藍も、什器も、道場もなくてよかった。「随所作主」が信条だった。六祖は木樵りだった。馬祖はとうみ屋の倅だった。もともと大寺院には縁がなかった。それゆえ、この動乱期こそ彼らの禅の復興期といってよかった。

臨済の宗旨が、仏法全体が衰退する時期に活発だったのは、「無依の真人」を日常徒手でとらえるのが修行だとしたユニークさにあったろう。ここに禅の真姿があるとみてよい。やがて日本禅宗にも似たような弾圧があって権力への媚《こ》びを強要される時代がやってくる。本書に登場する野僧たちはみないいあわせたように、動乱期に誕生している。これも、臨済と唐末の背景をかさねて考えておく必要があろう。

ところで、栄西、道元のつたえた禅は、唐代がすぎ、五代の動乱期も終え宋代に至って栄えていた禅であった。唐代のように貴族や王侯の信仰にのみよるのではなく、地方に生れた新興武士階級や豪族の加護帰依で隆昌をみていたものだ。虚庵懐敞も、長翁如浄も地方の山寺にいた。日本の山上仏教を脱して、新宗教に接すべく渡宋した栄西と道元は、中国仏法の主流としてあったこの純禅の道に魅きこまれた。ふたりとも六祖慧能の禅流に没入してゆく。

第二章　臨済禅を築いた祖師たち

Ⅰ　鎌倉五山と京都五山

北条父子を捉えた峻厳孤高の魅力

栄西《えいさい》が立宗した禅が臨済宗として独立するのは鎌倉であった。栄西は寿福寺を建て、天台、真言、禅の兼修を行ない、北条時頼の信仰を得た。栄西は禅を伝来したが、天台や真言の弾圧をうけてそのような兼修の立場をとらざるを得なかった。『興禅護国論《こうぜんごこくろん》』がそれである。栄西の禅にひかれた時頼が建長元年（一二四九）になって宋僧蘭渓道隆《らんけいどうりゅう》を招いた。建長寺を建てて、開山に請うた。つづいて北条時宗が、弘安二年（一二七九）に宋から無学祖元を招いて、父にまさる禅信仰をふかめた。弘安の役後に、円覚寺を建立して無学を開山第一世にした。いわゆる鎌倉五山の隆昌である。北条父子の禅への帰依がものをいって、地方武将も帰依してゆく。日本臨済禅は天台、真言の既成宗団を尻目に、鎌倉幕府の力をテコに大きくなってゆく。時頼は参禅二十年といわれ、三十七歳で死んでいるから、十七歳からの禅修行だった。

業鏡《ごうきょう》高懸《こうけん》三十七年
一槌《いっつい》打砕大道坦然

死ぬ時にこんな遺偈をのこした。時宗も弘安七年（一二八四）四月四日に剃髪、法衣をつけて死んだ。父と同じく三十四歳の若死であった。彼もまた参禅求道の生涯だった。なぜ北条父子が、臨済禅に深入りしたのか。かんたんにいえば、臨済の峻厳孤高の境地が魅力だったのだろう。一無依の真人が体内に棲んでいる。ありのままの日常を裁断して生きてゆけ。武将の魅かれる世界だ。どこにも抹香くさいものはない。とらわれるところがない。形式がない。ずしりと大地をふんで生きておればいい。北条父子と禅の逸話を、調べれば枚数がつきぬほどあるはずだ。

これを見てもわかるように、鎌倉五山禅は、北条政権の外護によることが一目瞭然だし、しかも帰化僧の活躍で隆昌したとみてよい。一時の鎌倉は宋の町が門前に生れ、町は宋ふうに変貌、何もかも宋かぶれの生活をやる武将もいたそうだ。

足利尊氏の天竜寺造営と夢窓国師

京都五山は、夢窓疎石《むそうそせき》が中心で起こった。夢窓は、天竜寺と相国寺を開創して、後醍醐帝から夢窓の国師号をうけている。朝廷ばかりでなく、北条を倒した足利尊氏の帰依をもうけて、日本禅界に君臨した。

建治元年（一二七五）伊勢で生れ、四歳の時に母方に事情があって、父は甲斐にうつった。その年母が死亡。夢窓は土地の平塩山寺で出家する。薄幸な身の上だった。十八歳で東大寺の戒壇にのぼって真言僧となったが、のち、宋から帰ったばかりの由良興国寺の心地覚心の門をたたこうとする。覚心は在宋六年で、無門慧開《むもんえかい》から印証をもらって帰国していた。「無門関」をもち帰った人だ。ところが、夢窓は京都で帰化僧一山一寧《いっさんいちねい》の門に入ることになった。夢窓は、また、それから鎌倉にゆくが、そこで見た禅は、俗臭くさいものだった。ありていにいえば国家鎮護の祈禱《きとう》ばかりやる僧集団で、真の修行僧はいなかった。絶望した夢窓は、旅に出て、那須黒羽の雲巌寺に高峰顕日《こうほうけんにち》の門をたたいた。高峰は無学祖元の法嗣で、後嵯峨天皇の王子であった。

建武元年（一三三四）、建武中興があった。ながくつづいた南北朝の戦乱は一応しずまるが、後醍醐帝の追福のため、足利尊氏は天竜寺を造営し、夢窓を開山とする。五山禅林の根本道場がここに生れたのである。博学多才で、夢窓は詩歌をよくし、作庭もなした。門人一万三千百四十五人と「門人帖」にのこすほどの大師匠だった。足利将軍も帰依した。財界、町人も帰依した。弟子に第二世の春屋妙葩《しゅんおくみょうは》（相国寺一世）、天竜寺を継いだ無極志玄《むきょくしげん》、相国寺の絶海中津《ぜっかいちゅうしん》、義堂周信《ぎどうしゅうしん》らがいて、みな多士済々の高弟である。絶海と義堂は五山文学の双璧となった。不立文字・教外別伝の禅にも、その境地や思想の表現を、詩文の世界で開花させる趣向が生じたのである。宋禅界の四六文移入による外国文学礼賛時代でもあった。中世文学史上にこの禅文学が重要な地位を占めるのは絶海と義堂の力であろう。夢窓はしかし、次のようなことばを「遺戒《ゆいかい》」としてのこしているのだが。

「我に三等の弟子あり。いわゆる猛烈にして諸縁を放下し、専一に己事を究明する、是を上等と為す。修行純ならず雑駁にして学を好む、これを中等という。自ら己霊の光輝をくらまして、只、仏祖の涎唾《せんだ》を好む、これを下等と名づく。もしそれ心を外書に酔わしめ、業を文筆に立つる者、こはこれ剃頭の俗人なり。以て下等と為すに足らず、いわんや飽食、安眠、放逸にして時をすごす者、これを継流といわんや」

夢窓が己れに遺戒としたこの文章は皮肉であった。絶海も義堂も、何等の弟子であったろうか。五山文学の隆昌は本山塔頭《たっちゅう》をやがてファミリー化し、文化僧の巣と変えてゆく。画僧も生れた。周文や如拙の誕生だ。これらはみな夢窓下に起きているので、あまたの弟子は師の遺戒にそむいたことになろう。それとも、新しい宗教芸術のはじまりといっていいか。やがて、一休などから、きびしい批判をうける種子がここに存する。

夢窓は、観応二年（一三五一）に臨川寺で七十七歳で入寂したが、栄西や道元のように、入宋はしなかった。あくまで国内にいて、臨済禅を信じ、根本道場とした天竜寺、相国寺を興隆させて、文芸僧の巣をのこして去ったのである。同時代に入宋して純禅をたずさえて帰朝、中国唐代の禅を日本で復興しようとした大応《だいおう》とはまことに対立的であった。

Ⅱ　大応国師の「平常心是道」

師を求め宋に渡る

大応は三十年ほどさかのぼるが、夢窓と同じように、鎌倉で蘭渓道隆の門をたたいていた。二十五歳の時、蘭渓のすすめで中国純禅中興の祖虚堂智愚《きどうちぐ》の門を、杭州を訪れて、径山《きんざん》万寿寺（中国五山の第一名刹《めいさつ》）にたたいた。虚堂智愚は中国宋禅の虎丘《こきゅう》派といわれた松源嵩嶽《しょうげんすうがく》の流れである。大応が渡宋した頃は、この派は大慧宗杲《だいえそうこう》の羽ぶりに押されて、凋落していたといわれるが、その凋落には理由があった。大慧派は南宋の高宗の庇護を一手にうけて、公案禅を流布させていた。つまり、同じ禅修行をするのに坐禅三昧だけでなく、先人の言行を重視して、それを護ることで己れの分別をはらいのけ、仏法の道理に一則ずつ追いついてゆく。果てに大悟を得るという方法を説いた。日本の江戸期の白隠慧鶴《はくいんえかく》につながる公案禅である。虚堂智愚は、この大慧の住した径山万寿寺には住していたけれど、臨済義玄のひたすら己事の究明に徹することを修行の根本にすえていた人で、正統派といえるかもしれない。蘭渓道隆が大応をして、この虚堂に紹介した理由はふかい。大応は径山に六年いて虚堂から印可をうける。有名な大徳寺にのこる虚堂の詩と称せられる偈がある。

門庭を敲磕《こうかつ》して細かに揣磨《しま》し
路頭つくるところ　再び経過す
明明に説与す　虚堂叟《きどうそう》
東海の児孫《じそん》　日にうたた多からむ

これまでの学者の訳では「明明に説与す　虚堂叟」とよまれていたが、入矢義高氏によって、このよみが文法上おかしいと改められた。私も誤読していた者の一人だが、よく「明明説与虚堂叟」の文字を見すえると、入矢氏の次の解釈に納得がゆくのである。この詩偈は、虚堂が大応の修行のしあがりをみとめ、

「お前さんはいろいろの門をたたいて、たしかな禅のこまかいところまで透過してしまった。大応よ。お前にさずけるものはもうわしには何もない。日本へ帰ってしっかりやれ。日本で真の禅がさかえるにちがいない」

といったように解されてきた。ところが、虚堂叟が主語となり得ない文なので、これは大応の作偈とみる方が正しいだろう。そういえば、諸所の門をたたいてきたという述

懐も生きてくる。虚堂には一ヵ所だけで大応は師事しているので、虚堂がいろいろというのもおかしくなる。とすると、どういうふうによめばいいか。大応自身が、諸所をたずね、とうとう中国径山にきて、虚堂和尚に会うことで眼がひらけた。これから早く帰って日本で虚堂禅を興隆させたいものだ、とでもよめばいいか。だが、この詩文のよみについてのことはさておき、大応が、不世出の傑僧だったことにまちがいはないだろう。とにかく、虚堂智愚の印可をもらって帰朝してくるのが文永四年（一二六七）だった。夢窓はまだ生誕していなかった。八年後に伊勢に生れているからである。

九州太宰府での韜晦生活

大応は、建長寺へゆき、蘭渓道隆に報告する。三年後、鎌倉をすてて九州筑前の興徳寺に入る。文永九年太宰府の崇福寺《そうふくじ》に住する。なぜ鎌倉を去ったのだろう。これには、北条氏の働きがあって、わずらわしく思えたのだろうという説がある。二年後に蒙古が襲来した。文永の役となる。虚堂に見《まみ》えた径山は南宋の都臨安《りんあん》に近かった。その臨安は、金に亡ぼされ、やがて、その金も蒙古軍にあえなく亡ぼされてゆく。大応勉強の地は戦乱にあけくれていたわけだ。日本へ帰れば文永の役、つづいて弘安の役である。日本国は蒙古軍を近海にむかえ討とうというのである。

外国の高人　日本に来る
相逢うて談笑するに真機を露《あら》わす
殊方異域とても差路なし
目撃して道は存す　更に誰かあらん

大応は外国の要人と歓談する機会があったとみえる。要人は中国人だったか。幕府にはさからえず、渉外役でもやらされていたか。世は禅宗好きな北条時宗の時代になっていた。時宗は無学祖元《むがくそげん》に参禅三昧、宋から帰った大応を重視しないはずはない。鎌倉から太宰府に大応がうつった裏側に、時宗の何かの配慮があったという説も有力だろう。しぶしぶ高人と会ったのだ。「異域とても差路なし」、どこの国であっても、真理の道は一つだといっているのである。径山の師の影がよぎったのだろう。虚堂は大慧の公案禅、権力密着禅から遠ざかり、松源一派の純禅を守った人だ。大応はその道を歩かねばならぬ。元との戦争なら相手は憎い。町人もみなそういう。大応もその町人の中にいる。だが、自分は臨済義玄の法灯を守りつぐ。無依の真人を徒手にもって、松源の禅を見すえねばならぬ。権力に迎合しない道なのである。『大応語録』には、騒然たる国難九州の模様は何も書かれていないのがおもしろい。もし、時宗が、大応を戦意昂揚のために九州へつれてきていたら、大応は役にたたなかったろう。このことは、重要である。大応禅の道を暗示するからである。ということは、夢窓が絶望した鎌倉五山の国家安寧祈禱の権力追随ぶりとは無縁だったということだ。蘭渓道隆も、無学祖元も帰化僧である。彼らは、中国宋禅の伝統を、生活実践、つまり修行坐禅によってつたえたが、前記したように北条政権の帰依なくしては存在しなかった。建長寺も円覚寺も開創されなかったはずであるから、当然、権力との結びつきはあって不思議はない。先にものべた鎌倉の宋町の出現もそれだろう。その幕府が、道隆や祖元の生国である宋を亡ぼした元を敵にして国家的危機を迎えていた。道隆、祖元の道場にあつまる日本僧たちにも、国家危機がしのびより、安泰を願う心はあったろう。ふたりのつたえる宋禅の国家安寧祈禱禅もここでうけつがれていって不思議はない。先にものべたように、中国純禅は、唐末期の動乱期の旧体制崩壊とともに、長安や洛陽から遠ざかって生きた。地方の新興階級の中で活発化したのである。重複するようだが臨済の師であった黄檗の師、馬祖は、四川省のとうみ屋の伜であったし、六祖慧能は木樵《きこ》りだった。とりわけ慧能は貧乏な母とのふたりぐらしで文盲だった。その母を捨てて黄梅県まで歩いて五祖の道場に入ったのだ。しかも、台所の米搗《こめっ》きを日課とされ、それが彼の修行だったのである。ここに、毛並みとか、人間の地位とかいったものは完全に禅から拒けられている。俗界の仮相はみな捨てねばならぬ。

臨済義玄は、その慧能の道（曹渓の道という）を歩いた傑物であった。大応がわざわざ中国に赴いて、径山に虚堂智愚を師に仰いだのは、蘭渓道隆のすすめもあったろうけれど、日本では見つからない本師を中国に求めたのだった。臨済の生れかわりを、である。虚堂智愚は、大慧が宋国の国家鎮護祈禱と、公案禅をたくみに融合させて、漸修漸悟を説くのに抗し、己事究明一途に身心を打ちこむ源流を重んじた人だ。すなわち、臨済の道を求めていた人だ。大応にその法が継がれているなら、日本でも、虚堂禅は、大応の生き方を決定したろう。文永、弘安の役に際して、全国の仏僧が北条政権の使徒と化しても、鎌倉に背を向け、九州太宰府に韜晦していた大応の行動はじつに純禅の人にふさわしい。われわれは、ここにのちの野僧禅の源流を見ていいと思う。

日常喫飯こそ大事

大応は、崇福寺に三十二年いた。だが、やがて京都へゆく。七十歳であった。万寿寺に入り、東山に一寺を建立しようとしたが、叡山の天台派から反対をうけて取りやめた。天台は、国家鎮護を根本としていた。大応がにらまれて当然だろう。そこで、老軀《ろうく》をむちうって昔なつかしい鎌倉へ向い、正観寺《しょうかんじ》に入る。北条貞時は大応が来るときいてさっそく招じて建長寺に迎える。延慶と変った年代（一三〇八）の十二月だ。七十四歳で建長寺で入寂してしまう。思えば、安住の地のなかった人だ。ここがまたすばらしい。

苦海の中流に人を度せんと要《ほっ》す
海の深きも何ぞこの心の深きにしかん
年来老大にして休歇《きゅうけつ》なし
棹《さお》を鼓し高歌して自ら賞音す

中国にわたって、この人ときめた虚堂智愚の許で六年の修行をつみ、印可をもらって帰った。その師から「日本で純禅の道をひらけ。いまや、宋国には真の禅は見あたらない。日本こそ、これからの禅がさかえるだろう」と、いわれた。大応はその別離のことばをあつく心に抱きとり、帰国したのである。ところが、祖国は蒙古襲来の危機をむかえていた。武士も、農民も、町人も一丸となって戦争に立ちむかっていた。この人間業の修羅を見て、人を度すとはどういうことだろうと、大応はこの詩で問うているように私には思える。「海の深きも何ぞこの心の深きにしかん」には、戦争使役に喘ぐ武士、農民の苦悩の真っただ中で、考えつめる人がいる。九州太宰府で閑雅な庵をむすんで、戦争をよそに「平常心是道」の道を求めた大応の気概がここにある。

『崇福寺語録』に、次のような文章をのこしている。

「仏法に秘訣はあるか。九月旦上堂、雨蕭々《しょうしょう》たり、風颯々《さっさつ》たり。黄葉虚庭にみち、鴻《こう》雁《がん》、寥泬《りょうけつ》に鳴く。子細にして好生《こうさん》に観《み》よ。西来《せいらい》に妙訣なきか妙訣あるかを。大衆分明に自ら決せよ。喝《かつ》一喝す」

少しむずかしいので、荒木見悟氏の見事な訳があるから、拝借する。

「雨はしとしと、風はさらさら、黄葉は庭にみち、雁は大空に鳴く。これを子細によく観よ。仏法に秘訣があるかどうかを。君たち自身、きっぱりと決断せよと一喝した」

虚堂忌が来れば香を焚いて供養してこうよんだ。

「生仏未だ具せざる以前、早く這箇《しゃこ》有り。世界わずかに岐《わか》れて、便《すなわ》ち見る天に熏《くん》じ地に炙することを。崇福一年に一度、当陽に拈出《ねんしゅつ》して、這《こ》の老和尚に供養す。要且《ようか》つ、是れ恩を報じ徳にむくゆるにあらざるなり。只《ただ》これ水を借りて、花を献ずるのみ」

衆生と仏があらわれる以前から、本分のものは存在したのである。世界が天地に分れたとたんに天地にたちこめたのである。わしは一年に一どまっとうに香を拈《ねん》じて虚堂和尚を供養しているが、このことはつまり、和尚の恩にむくいようとするためではない。むくいようとするのでは真実は逃げてしまう。ただ、仏前の水をよすがとして、花を供えるだけなのである。

ここには、花を供え、香を焚くことで虚堂和尚と一体となった大応がいる。大応の面目とは、日常喫飯に一大事を手にすることだった。

Ⅲ　大燈国師五条橋下の二十年

純禅一途のすばらしい人

この大応の弟子に、大燈がうち出された。私たちはまた、ここで、純禅一途のすばらしい人をむかえるのである。

大燈は宗峰妙超《しゅうほうみょうちょう》といい、播州揖西郡にうまれている。弘安五年（一二八二）である。母は赤松則村の姉だったから、父の浦上某は武士階級だったとみてよい。弘安五年は大応が太宰府にいた頃である。大燈は十一歳の時、姫路の書写山円教寺にのぼって、戒信《かいしん》律師のもとで学問をならう。経律論を学ぶのである。十七歳で学問の限界がわかると、諸所をたずね歩いて、二十歳で建長寺に入り、やがて高峰顕日にめぐりあう。高峰は後嵯峨天皇の皇子である。聖一国師について剃髪、二十一歳で那須に隠棲して九州の大応と日本臨済禅を二分して名を馳せた人だ。ところが、大燈は、なぜかまた鎌倉を出て、上洛し、韜光庵にいた大応に入参するのである。どうして高峰がいやになったのか調べてみると、平野宗浄氏の説では、高峰の方から大燈に、大応のところへゆけ、お前さんは大応の家風がふさわしい、とすすめたということだ。大燈は二十三歳になっていた。大応はもう七十すぎていた。大応は大燈に「雲門の関」の公案をあたえる。『碧巌録』第八則にみられる公案だ。大燈は、坐禅をつづけて三年の苦修を経る。だが透過できない。徳治二年（一三〇七）に、鎌倉へゆく大応について大燈は従ってゆく。建長寺の一室で、ある日、机の上においた錠をみて、大燈は「雲門の関」の本当のところに気づく。方丈へいって大応に告げた。

「幾《ほと》んど路を同じゅうせんとす」

と大応はいった。この解釈はいろいろある。大応と大燈の偈の難解さは後世の人を困らせる。

ふかく了解するのに時間がかかる。禅語というものは、つきつめてわかるものではなく、茫漠たるところに生命があるような気もしてくる。私の非才に妥当性をみるわけではないが、禅者というものは、人のいいつくせぬ所へ入りこんで自分だけ見たものを他者に教えてくれねばならぬ。そのために厄介な漢字を使う。つくる当人に無理もあるようだ。

それゆえ禅苑で苦労した人は、それなりに、大応のこのことばもおわかりになるらしいが、私には、「幾んど路を同じゅうせん」は、ちょっと似たところを見ているようだが、まちがってはいないぞ、といったふうにうけとれる。ほとんどわしの考えと一しょだ、といったか。

いずれにしても、大燈は大応のもとで、苦しみ闘っている。そのあとで、大応はつぎのようなことをいった。

「昨夜わしは雲門大師が私の部屋に入ってこられる夢をみた。ところが今日はお前が関の一字を透過した。お前は雲門の再来だ」

ほとんど、わしの考えに到達したお前は、雲門の再来だ、と大応はいったとみてよい。路を同じくする弟子の誕生である。印可をもらった大燈は、次の二首を大応に示すのである。

一回雲関を透過し了《おわ》って
南北東西活路通ず
夕所朝遊賓主を没す
脚頭脚底清風を起す

いちど、雲門の関を透過してしまったら、何のことはない、南北東西、どこへも道が通じている。夕べに通り朝にあそぶ路上には主人も客もありはしない。ああ脚のむくところすがすがしい風が吹いている。

雲関を透過して旧路無し
青天白日是れ家山

機輪通変して人到《いた》り難し
金色《こんじき》の頭陀《ずだ》手を拱《たんだく》して還《かえ》る

雲門の関を透ってみたら、ふるい道がなくなってしもうたわい。青天白日、ものみながわが家となった。車輪のようなわしの働きは、自由自在で誰もよりつけやしない。金色の頭陀尊者さえ手をこまねいてひきさがってゆかれた……。

大応は印可証にかき加えて、

「お前は、完全に真理に合した。わしはお前に及ばぬ。わしの宗旨は、お前の力量で、大いに隆昌するだろう。このあと二十年、長養したのちに、この証明を公表するがよい。いっしょに紫衣をおくろう」

この偈は、大徳寺にのこっている。平野宗浄氏は、大応が大燈に二十年の聖胎長養を課したのは、まだ大燈が二十六歳の若さだったからだという。わずかな年数で、大悟を得た大燈は天才といえた。大応はその才の将来を気づかったのである、と。だが、ふと、私は、五祖弘忍が、めしたき男の六祖慧能に法衣をあたえる時、「十数年たったら弘めてもよい」といったことばをかさねないではおれない。大応はそれに五年を加えたのであろうか。

乞食の群れの中の聖胎長養

大応の遷化《せんげ》は、延慶元年（一三〇八）十二月二十九日だった。大燈は師にいわれた通り、翌年から聖胎長養に入った。行先は意表をついた。京都の五条橋下だった。この当時の橋下には、河原乞食といわれる無宿者や、病人や、非人の群れが住んでいた。人間地獄の河原である。大燈はそこにすんで二十年をすごすのである。嘗《かつ》て虚堂智愚から、大応がうけとった「時人相対すれど相知らず」の道を歩んだわけだ。松源一流の禅が脈々とうけつがれてゆく姿は感動的といえる。ここには権力者への追随は微塵《みじん》も存在しない。

また幽谷に住んで俗をはなれ、高貴な風流をむさぼるわけでもない。権力にすすめられ大伽藍に住むわけでもない。大勢の弟子をつくって説法するわけでもない。地獄の最底辺におりたって、乞食とともに自由にくらす。大燈は五条橋上を通る人々を深山木とみたのである。一休がやがて、『狂雲集』で、

大燈を挑起して一天に輝く
鸞輿《らんよ》誉れを競う法堂の前
風飡水宿《ふうさんすいしゅく》　人の記する所なし
第五橋辺　二十年なるを

とよんだのは、この消息である。一休はやがて、松源の禅を一人で荷担して肩が重いとうそぶく詩もつくるようになるが、このことはあとで書くとして、この大燈の五条橋下の聖胎長養は、一休だけでなく、現代仏教者にも手本となった。江戸期に公案禅をひろめた白隠も大燈を大いに賞揚した。彼の描いた「大燈乞食の図」は有名で、ぎょろめをぎらつかせ、ふりかえった大燈の形相は髭茫々で、背に合羽をはおり、ゴザをまいてかついでいる。こちらが見破られてしまう眼光だ。白隠はまた『槐安《かいあん》国語』で、つぎのような逸話を披露する。

後醍醐帝が、ある人から、当代のすぐれた禅者は大燈をおいてほかにないだろうときいて、すぐ会いたいという。それは無理でしょう。かれは五条橋下の乞食のなかにいますから。帝は使者をつかってさがさせる。使者は大燈がむかしから好物だったまくわ瓜をもって五条橋下へゆき、乞食の群れに向っていう。

「脚なくして来るものに、これをあたえよう」

乞食たちは呆然とする。そこへぼろぼろの衣を着た乞食がきて、

「手なき手でそれをわたせ」

という。この一言で大燈は見破られてしまうという一幕である。白隠らしい創作だが、この日から大燈は、後醍醐帝につきまとわれて、とうとう帝の建立する大徳寺へ迎えら

れることになる。だが、建立されるまでは紫野の小庵でくらしている。そこへ花園上皇が訪ねてこられる。大燈は天皇だろうと、上皇だろうとわけへだてはしない。卑屈に逃げもしなかった。

上皇がいう。

「仏法は不思議だ。王法と対す」

大燈がいう。

「王法は不思議だ。仏法と対す」

人間不平等の権化ともいうべき王法に、仏教は対座してひけをとりませぬ、と平等に対したのである。

天台学僧を論破す

上皇はこの問答で大いに敬服されたという。また「正中の宗論」という有名な話がある。禅宗勢力がつよまってくると、山上の天台、真言がだまっていない。そこで、論破してやろうと、朝廷に願い出て、宗論を闘わせることになった。玄慧《げんえ》法印《ほういん》という天台学僧の中でもっとも優秀だった人が中心で九名が出てきた。禅宗側は、大燈と通翁《つうおう》鏡円《きょうえん》の二人だった。清涼殿で行なわれた。先に玄慧がいう。

「如何なるか、これ教外別伝の禅」

大燈がこたえる。

「八角の磨盤空裏に走る」

玄慧は何のことやらわからなかった。教外別伝という禅の宗旨は教学をきわめようとする学僧には不可解だったのだろう。それできいたのだろうが、もともと別伝だから直覚世界だ。八角の磨盤が走ったの、どうなのといわれてもちんぷんかんぷんだったろう。別伝には学問はいらぬ。分別一切は無用なのである。けったいな八角の石が走っておればそれでよい。

すると、園城寺《おんじょうじ》の僧がうやうやしく箱をもってきた。大燈は問う。

「これは何ぞ」

僧がいった。

「これ乾坤の箱」

大燈は竹ベラでその箱を打ちくだいた。

「乾坤打破の時如何」

天台の僧たちはひとことも口がきけなかった。はげしい大燈の気魄にたじろいで沈黙した。学僧たちは、えらばれてきた人だから、それから倶舎《くしゃ》、三論《さんろん》、華厳《けごん》などの教義をくりだして、いろいろ論議をすすめた。大燈と通翁はことごとく論破した。通翁は、高峰顕日、大応に参した人で、大燈と同じ松源の禅を汲んでいた。ふたりの禅者は、みごとに天台を打ちやぶった。「正中の宗論」は日本禅宗の小僧なら誰でも師匠からきく話である。大燈の行実は、中世だけでなく、今日も生き生きとして語られるのである。

正中二年（一三二五）に大徳寺が建立して、二月二十九日に京都の勅願道場として寺領は花園帝から寄進された。上皇は、後醍醐帝に皇位をゆずられた。乞食ぐらしだった大燈は大徳寺に招じられた。大燈はここで大徳寺の開創となり興禅大燈の国師号をたまわるのである。

南北朝の乱と禅者の立場

ところで、南北朝のあつれきはすでに拡大されつつあった。足利尊氏の奉ずる北朝に対立して、南朝を守る郷士系との闘争である。花園上皇は、学者肌で、後醍醐帝は政治家肌だったといわれている。だが、どちらも大燈に帰依された。後醍醐帝は、大燈に正燈国師と賜号された。大燈はふたりの帝から賜号された。歴代にないことだった。

ふたりの帝から賜号されたので、大燈が権力になびいたととらえる学者もいる。また、招かれても大徳寺などへ入らねばよかったろうに、という考え方もある。大燈はしかしちがっていた。先にものべたように、王法と対峙していた。つまらぬことにこだわらない。勅願道場になったのだから、大徳寺を開単《かいたん》して、早く松源禅の道をひらかねばならない。

大燈のひらいた大徳寺は、鎌倉や京都にあった五山の伽藍づくりと変っていた。山門もなく仏殿もなかった。いわゆる七堂を廃して、法堂だけを建立した。これは中国でも、唐代の形式だった。この行為は、宋代禅を移入した日本に、さらに唐代へさかのぼる禅をひろめようとの魂胆がみえる。源流へいたるのである。法堂は、唐代では法を説く堂だった。儀式を行なっても、それは祖師を供養するだけである。七堂伽藍はどちらかというと国家鎮護のための堂宇といえる。大徳寺はそうではない。修行道場だ。花園上皇は、この大燈に次の偈をおくった。

二十年来、辛苦の人
春を迎えて、換えず旧風煙
着衣喫飯恁麽《いんも》にして去る
大地那《な》んぞ曾て一塵あらん

二十年間も五条橋下で長養して、庶民とともに苦心した大燈へのふかい帰依心が出ている。日本の皇室と、乞食禅僧がつながっている。

後醍醐帝もまた、大徳寺を五山の第一とする勅を出された。

「大徳寺を本朝無双の禅苑にする。歴代の住職は必ず大燈の門流の者でなければならぬ。

他の門流はゆるさない。これはこれ法流を大切にしたいためだ」

という主旨だった。

後醍醐帝は政争にまきこまれて、やがて、笠置に遷都された。京都御所は光厳帝が即位。南北朝の分裂である。騒々しい混乱期である。ところが、大燈は、花園上皇と後醍醐帝の両方から熱いメッセージをうけるのである。後醍醐帝は勅使を大徳寺に派して、

「如何なるか是れ仏法の大意」

と問わせている。大燈はこたえた。

「両陣相対して更に別事なし」

別事はないといわれても、南北朝の争いはふかまりつつある。なまぐさい政争は京都をまきこんでいる。大徳寺へも余波は押しよせて自然だった。後醍醐帝の全盛期にこの寺は建立されているのだ。その帝がおちぶれて笠置におられる。京都は北朝の天下だ。大徳寺も分裂を余儀なくされる。

花園上皇の立場も微妙である。上皇は仏道一心である。やがて、花園離宮を禅苑として、妙心寺を別立して、関山慧玄《かんざんえげん》を住職に請われる。大燈には徹翁義亨《てっとうぎこう》という傑僧が弟子にいた。この徹翁を妙心寺の開山にと考えられたが、徹翁をひきぬけば、大徳寺が困る。そこで、大燈のすすめもあって、二ばんめの弟子関山に白羽の矢が立つのである。

応・燈・関という純禅の道

ところで、大燈は建武四年（一三三七）十二月に病が重くなった。枕もとへ嗣法の徹翁をよんで、置き文をわたして、大応からうけた証明の墨蹟をつけて嫡伝の証しにした。法衣もわたした。この置き文も法衣も大徳寺に現存する。十二月二十二日、大燈は床にすわって、結跏趺坐《けっかふざ》した。自分の手で足を折りまげたといわれる。その時、左膝から血が出て衣をそめた。

仏祖を截断《せつだん》し
吹毛《すいもう》常に磨く
機輪転ずる処《ところ》
虚空牙《こくうきば》を咬《か》む

ことされるまぎわの詩偈であった。この遺偈も大徳寺にのこされている。私も一度写真でみたことがあるが、「珍重、首座大衆」としるされた字の勢いはとても死期せまった人の手になるものとは思えない、壮烈さが感じられた。内容もきびしい。「仏祖を截断し」は臨済の殺仏殺祖からきていることは明瞭だが、いいかげんに解釈できたような顔をすればはじきとばされそうな気魄がある。難解だが、一字一字にらんでいると、大燈の一生の風光が、この詩に煮つめられている気もするのである。五十六歳であった。考えられないような若死だが、「年譜」や「行状」をよんで感じられるのは、一代がじつに波乱にとみ、大応というすぐれた師匠の禅をうけついで、苦闘した人の、純禅固守の姿は背すじをしゃきりとさせる。

中国からきていた南禅寺の清拙正澄《せいせつしょうちょう》が、この遺偈を知って、

「思わざりき、日本にかくの如き明眼の宗師ありしとは。恨むらくは生前に会面せざりしことよ」

といった。荼毘《だび》の日は、清拙は南禅寺にいて、大衆とともに山門に出て誦経したとつたえられている。帰化僧にまで人気があった証しだろう。大燈は語録ものこした。世にいう『大燈語録』だが、「大徳寺語録」「崇福寺語録」「祥雲夜話」「頌古」「大燈録」「遺戒」「仮名法語」がある。

大燈について詳しくのべたのは、のちの臨済派における野僧たちは、つねに大燈の五条橋下の聖胎長養を云々《うんぬん》するし、伝統を守れ、と叫ぶ際には、大燈の行状をひき出すからである。しかし、いま、大燈の行状の一端を書いていて気になるのが、臨済義玄の禅をうけついでいるにかかわらず、大燈が嗣法の弟子をもった一事である。そういえば、大応が大燈を嗣法としたことも気になるが、先にも書いておいたように、その人の禅はその一代のものである。臨済は慧然の喝をみとめず、絶法にひとしい言葉を末期の一句

とした。それを思うと、徹翁には大徳寺を継がせ、関山には、妙心寺を開創させているあたり、やはり後醍醐帝や花園上皇の厚い帰依によって、禅堂開単《かいたん》ということも、この当時は必要欠くべからざるものであり（純禅を守るためには）、したがって、信じられる弟子をその派脈に置きたかったかと思われる。事実、徹翁、関山によって、大応、大燈とうけつがれてきた日本純禅の道はさらに大きく開かれるからである。このことは、先にのべた夢窓が、「三等の弟子あり」の文で、一に己事究明の修行にいそしむ僧をもって一等の弟子としながらも、彼が統率した五山派が文芸ファミリー化するのにくらべ、大燈の修行専一の態度は、世に応・燈・関といわれる純禅の道をしっかりと抱きかかえているのだ。そうして、その嗣法なるものも、日本では必要となっていたことを証すのである。

Ⅳ　関山慧玄と妙心寺

「雲門再来」の入門

そのことについて、関山慧玄の妙心寺を開創するに至る経過は、考えさせるものをふくんでいる。

関山は永仁五年（一二九七）に信濃源氏の嫡流高梨美濃守高家を父として生れている。

母の出自はつまびらかではないが、高梨家は祖父の代から仏心あつく、関山の叔父にあたる人が月谷宗忠として、筑前で大応にも参禅して、郷里へかえって高巌寺を創建している。『正法山六祖伝』によっても信州のどこに生まれたかは判然しない。『日本人名大辞典』にも出ておらぬ。ここらあたり関山の面目であって、自己にかかわる文章などまったくのこさなかった。修行専一そのものだった。七歳にして月谷の童行をつとめ、十一歳で鎌倉で大応に接見し、慧眼という名をもらった。月谷、物外、巨山、柏庵の堂内に参じて、三十一歳の時、建長寺で蘭渓道隆の五十年忌が修された日、関山は一人の僧に「現天下の叢林《そうりん》中で誰が厳手段の宗匠か」ときいた。その僧はこたえる。「それは紫野の大燈だろう」。関山はただちに鎌倉をすてて京都へ向う。真の師を求めていたことがこれでしれる。作り話かもしれぬが、こんな話がある。当時、京都は、南北朝動乱にまきこまれて騒然としていて、旅行者の入洛には検問があって、きびしく調べられた。関山は、「紫野の大燈禅師のところへゆく」といった。検問係は、大燈ときいただけで、すぐに許した。大燈の名はそれほど知れわたっていたのだろう。

大徳寺に行ってはじめて大燈に相見する。

「如何なるか是れ宗門向上のこと」

大燈はこたえる。

「関」

関山は袖を払って外へ走り出る。そしてまた翌日入門を乞う。大燈は問う。

「紹介者はいるか」

「夫《そ》れ善知識は金剛の正眼を具す。方に門閫《もんこん》を跨げば、一見、便《すなわ》ち上座が心肝を見徹し終る。更に何の紹介をか説かん」

小僧っ子が機鋒峻烈なるところをみせたので、大燈は入堂をゆるすのである。関山研究の川上孤山氏などは、この大燈と関山の邂逅《かいこう》を、大応と虚堂智愚がめぐりあった径山万寿寺の庭前とかさねておられるが、さもあらん景色だろう。一機同根の師弟が手をつなぐ光景といっていい。大燈が「関」とこたえた、このあたりのことは、むずかしいところなので、想像するだけにしておくが、大徳寺に入った関山は、大燈の峻厳辛辣《しんらつ》な手段に屈せず、雲水たちの喰うめしも喰わずに坐禅し、腹がへると千本三昧所の新仏に供えられた送り飯（死者に供えるもの）をもらって喰っていた。大徳寺は修行道場だから今のような大伽藍のととのった寺ではない。貧しい道場だったのだろう。

嘉暦四年（一三二九）春、関山はかねてからの公案、「雲門の関」を納得し、方丈にあがって、その見解を大燈に呈した。大燈は一偈を示せという。

雲門の関の鎖　はなはだ孤絶
万仞《ばんじん》の懸崖《けんがい》　手を撤《てっ》すること難し

活路通ずる処　小語無く
看《み》よ看よ大道　是れ長安

大燈はにっこりして認可する。そしていう。

「爾《なんじ》は再来の人なり。爾、初め老僧と相見の前夜、雲門大師の来るを夢み、是に因って示すに関字を以てせり。爾、今、透徹して速なること此の如し。宜しく関山と号すべし。旧諱なる慧眼の眼をあらためて、玄とせば即ち可ならむ」

といったという。有名な「関山」とよこ書きされた大燈の筆が妙心寺にのこっている。

路頭を鎖断し　透《とお》り難き処
寒雲長く帯《お》ぶ翠巒《すいらん》の峰
韶陽《じょうよう》の一字機を蔵し去る
正眼に看来れば万重を隔つ

右、慧玄蔵主《ぞうす》の為に関山号を賦《ふ》す
嘉暦己巳仲春　竜峰山妙超書

ところで、関山が雲門の関を透過する前夜に、大燈が雲門再来の夢をみたとある。これは、大応も同じようなことを大燈にいったことがふまえられている。また、関山の方の話はつくり話だというのが大方の研究家であるが、川上孤山氏は、『正法山史』でいう。

「関字を伝うるに際し、必らず雲門の来るを夢みるの一大奇蹟は、是れ所謂鳳林関を打破したる拙郎君の巧妙事にして、人眼俗耳の覗い知る可らざる底のものである」

こういう見解もあるのだろう。私も別事は感じない。同じ夢を同じ人がいくつみたっていいだろう。凡俗の世界にも似たようなことはあるものだ。夢は当人の見るもの。いわれて見れるものでもあるまい。大燈が、関山というすぐれた弟子にめぐりあえたことを寿ぐばかりである。

美濃伊深山中韜晦の理由

ところで、この関山が、一日南都にあそんだ際、楠正成に会ったという話が『延宝伝燈録』という本にあるそうだ。正成は七日間も関山に参禅したそうな。もちろん、正成の屋敷に歓待されてのことだったという。

これをよんで、後醍醐帝が大燈によびかけたことがかさなった。笠置へおちのびた帝は、大燈の腰が重いので、弟子の関山を正成にひきあわせたのだろうか。想像は自由としても、京都にいては、大徳寺の地位が地位である故に（後醍醐帝の建立という意で）、師も弟子も重宝された日があったとみてよい。このことは、中国の虚堂智愚に法をついだ大応の志に通ずるものではないだろう。それゆえ、大燈も関山も、政事にまきこまれることを極力さけようとしているのがうかがわれる。嘉暦《かりゃく》は国家混乱の時期だ。僧侶もその混乱をどう眺めるかが踏絵である。やがて関山は、大燈の身代りで、元徳二年（一三三〇）に後醍醐帝に会いにゆく。大燈が病床にあったからである。『六祖伝』にはそのことが書かれている。王法《おうほう》に対して仏法の自由人がどう対処したか。おもしろいところだが、あまり、研究家はここのところにふれてくれない。

元徳二年五月、関山は南都ゆきの直後になぜか姿をくらましてしまう。大燈から印可をもらって、まもない韜晦である。行先は美濃の伊深山中だった。

ここらあたり、先にのべた中国の憑茂山で五祖弘忍が、印可をくれた米つき男の慧能を、夜陰に乗じて南方へ帰らせる話に似ていて興味ぶかい。病床にあった大燈に訣別して、奥美濃にかくれた関山には、それなりの理由があったろうが、あるいは、南都で後醍醐帝や正成と会って、あるわずらわしさを感じたのかもしれぬ。武士も朝廷も、対立世界を生きぬこうとしていた。勝ちにしろ負けにしろ、権力争いであった。仏法、つまり関山の禅には、そのような対立世界はない。臨済の宗旨をつぐからには、一無依の真人が住む胎内に、徒手でつかんだ自由世界があるだけだから、あれがほしい、これが正しいの世界は問題外であろう。京都がわずらわしくイヤになっても当然だった。また、師の大燈はその聖胎長養を五条橋下におくった。自分はどこへゆけばいいか。美濃山中で百姓でもしたらいい、そう思いつくままに、笠と杖をもって出かけたのである。ここも関山らしい。関山美濃韜晦の動機をいろいろと考えてみるに、つぎの二つ。

一　大覚寺統の後醍醐帝と関東の北条氏との戦さがはじまった。身近かな帰依者花園上皇は持名院統である。大徳寺はこの政争をもろにうけるのだ。

二　宮廷も武士も闘争の修羅だ。大燈は純禅の危機を感じた。そこで、徹翁には大徳寺を継がせ、もうひとりの弟子には、しばらく、山中にかくれていてほしかった。時を待って出でて法を説けと。

病中の大燈の腹の中を想像すれば、以上の推断がなりたつのだが、そうでもないと、やがて、花園上皇が妙心寺を創立された際、大燈にたずねられて、失踪中の関山を探し出して開山に招聘される理由がつかめない。

ひたすら百姓になること

関山慧玄は、美濃伊深山中のどのあたりにかくれたのだろう。くわしいことはわかっていない。調べてみると濃州白里の東漸寺《とうぜんじ》に錫をとどめている。だが、そこは名残りの松を植えて、すぐに去り、伊深の里に入って山の奥に庵をむすんだらしい。牛をつかって百姓をしていた。

「春の旦に野翁を扶け、夏の夕に木樵りを慰め、秋深うして山路に燃ゆる紅葉の散りゆくをみて、風や散り紅葉や散ると問いくれば、紅葉も風も動くにあらで、問う人の心を示すなど、殊更、大師が長養の山中には暦もなく……」

　と川上孤山氏はいっているが、つまり、百姓になることが、聖胎長養だった。大燈の五条橋下である。「時人相対すれど、相知らず」の地平において、大応の流れを汲んで、百姓三昧だったのだろう。ここには、公家、朝廷、武人のうろたえる都の騒がしさはない。天然の心のおもむくままに自由なる禅が拓けた。祖師たちの思想を深く自分のものとしておれたのである。妙心寺の桂春院に、一枚の絵がある。「開山無相大師楫深《いぶか》山中修養之図」とあって、一頭の牛が描かれている。鼻すじの白い牛である。背中にも白毛がはしっている。だが、胸と四肢はまっ黒だ。いわゆる農耕牛である。前肢をしっかり八の字にひらいて、そのよこに、関山が合羽を着て何か手桶のようなものをもっている。うしろに笠をたらし、牛に向って何かささやいているような風景である。閑雅とも、孤高とも、寂寞ともとれるこの絵が妙に心にのこっているのだが、位階も地位も捨てた関山慧玄が、しずかにいた。つまり、関山には美濃山中こそ、唐禅の自然道場だった。「一日作さざれば、一日喰わず」は臨済の直系百丈《ひゃくじょう》懐海《えかい》のことばだ。ここに命脈は生きている。

　このあたりの関山の韜晦生活も、のちの野僧たちがよくひきあいにだして、迷ったときの教範とした消息がある。すなわち、野に下ることが、日本禅の高僧たちの道だった時代といえる。このことは、権力とむすびつかなくては、生きてゆけない事情を余儀なくされた京都の五山、叢林のいずれにも見えていたことを証すのである。

花園上皇の使者、出山を請う

花園上皇の離宮が禅苑となる時、上皇が大燈に山号と寺号を求めた。「正法山妙心寺」と大燈はこたえた。病中だったので、甘露寺中納言が使いに立ったという。花園を一枝に見たてて、関山をして迦葉師兄となるの心で拈華微笑《ねんげみしょう》、涅槃妙心《ねはんみょうしん》の因縁から冠せられたと『妙心寺史』はいう。ところで、大燈から関山を推薦されたけれど、上皇には関山の行方はわからなかった。甘露寺藤長が使者に立って噂の濃州一帯をさぐったが見つからない。逸話をひとつ紹介する。

藤長が近江にさしかかったとき、瀬田の岸辺に一人の僧がいた。いわくありげな僧なので、藤長が、「関山慧玄という僧を知らぬか」ときいた。僧はこたえる。「偶然ながら、自分はあなたのさがしておられる関山さまと多年いっしょに住んでいた。そこは美濃伊深の山奥でした」という。藤長はよろこび、この僧の案内で山中へ入る。伊深の山はふかい。僧のあとをついてゆくと、前方の山を指さした僧が、「あの山のあたりに庵がありましょう」と教える。藤長が礼をのべて、顔を僧にむけると、僧の姿はたちまち消えたという。「まことに幻妖なことよの」と藤長は思う。が、これこそ大応老師の化身だったというのが、『関山慧玄別伝』の著者のいうところである。関山は何も文章をのこさず、出自の村さえわからない人だから、こんな神秘的な話がのこることになる。のちに語る一休宗純もこれに似ている。また、良寛和尚などもそうである。しかし、一休にも、良寛にも語録や詩歌があるから想像できる根拠もあるけれど、関山の場合は何もない。不立文字の親玉かもしれぬ。というより、その実践者といっていいか。

甘露寺藤長は、山中へ入り、いわれた通りの破れ庵を見る。そこに関山はいた。樵夫とかわらぬ髭茫々の体であった。藤長はさっそく花園上皇の綸旨をつたえる。関山はいった。

「自分は山中の樵夫にすぎない。そのようなご聖旨にかなう徳もなければ、才能もありません。どうかおひきとり下さい」

「辞退は小節《しょうせつ》ではございませぬか。師恩は山の如きものですよ。上皇がこのようにあなたさまにご執着あそばすのも、師大燈さまが、君恩の重さを感じられて、あなたを代りに報じせしめんとされているからです」

きいていた関山はいう。

「公は哲人なり。的意心肝を射る。吾、豈《あに》、黙するに忍びんや」

藤長にしたがって入洛する決意の前後を『別伝』はこのように教える。関山はざっと、美濃に七年いたといわれる。別離を惜しんだ村人たちが、木戸をたてて関山の出山を防いだ名残りの村が今日もある。のこしていった笈《おい》も記念になった。この木戸のたった村を今は関屋とよぶ。『妙法山正眼禅寺誌』にはこんなことが書いてあって、関山が七年間に、いかに山間支谷の民を接化《せっけ》し得ていたかが証されるのだ。

関山の出山話は、ふと、大燈のまくわ瓜にだまされて、後醍醐帝の使者につかまってしまう話とどこか符合する。大燈の話は白隠和尚の創作かもしれないが、関山の話はひょっとしたら、事実かもしれない。いずれにしても、関山は師匠の大燈の思想を体現していた。ここらあたりにも純禅の使徒としての面目がうかがわれるし、世に応・燈・関といわれる純禅の流派がうたわれる理由もわかるのである。

夢窓国師も脱帽

関山は『別伝』によると、入洛してすぐ大燈を見舞った。大燈は、関山に向って、師の大応が後宇多天皇の請いで西京安井の郷に韜光庵《とうこうあん》を営まれたことがある。自分が大応にはじめてあったのもその庵だった。その時、師はその庵からみえる花園の地を指さして、わが滅後三十年にして、この地に老僧の児孫でわが道を拡張する者があらわれるだろうと切に説かれた。またお前さんの得度の際に先師がお前の頭をなでて、自分の老後を助けてくれるものはお前さんだろうといわれた。そのことをおぼえているかどうかと語った。関山はこたえる。

「当時を思いめぐらしても、闇中に物を受くるような思いです」

花園上皇は離宮で関山と会われる。その時の慧玄の偈がのこっている。

空手山に入る　空手の処
衲衣《のうえ》の百結　足頤《そくい》の神
千鈞《せんきん》一髪　任に非ざると雖《いえど》も
縁は竜翔　祖塔の塵《ちり》を払う

建武三年（一三三六）関山四十歳の時である。『正法山史』の著者は、このあたりの消息を、いくらか飾り畳にあげて、関山入寺を権威づけるのだが、じつは、関山の偈頌《げじゅ》の行間には、そのような後世の伝を吹っとばす気魄がこめられている。「空手山に入る空手の処」はふかい。関山にはひょっとしたら、上皇の離宮も美濃の山中とかわらなかったか。

当時、夢窓は天竜寺にいて、よく花園の妙心寺前を駕籠にのって通過したらしい。当時の妙心寺は、いまのような七堂伽藍のそろった巨大な本山ではなかったらしい。ある日、夢窓の眼に、門内で箒をつかって、無心に掃除する関山の姿が入った。いつも関山は作務衣をつけて草取りしたり、労働していた。駕籠をとめた夢窓は供の者にいった。

「わが児孫は、将来かれの門下に吸収されてしまうだろう」

嘆息したという話がのこっているが、夢窓の予言は当った。権門に駕籠で出入する夢窓は南北両朝に接近していた。八方美人の印象もうけると、研究者がいうところもそこにあるが、夢窓には戦乱を統一したい願いがあったのだろう。喧嘩をおさめるには両方の頭目にあう必要もあるだろう。夢窓はまた、全国に一ヵ寺安国寺を建立し、民衆の戦後の不安と動揺を抑えて、安らぎを得せしめるべく利生塔《りしょうとう》を建てた。元弘の乱後、すぐに南北朝戦である。死屍累々の山野は京の近くにあった。死没者の霊をなぐさめるのが夢窓の仕事だった。その費用は、塗炭の民衆からの喜捨ではなかった。衰微する朝廷の援助でもなかった。彼自身が発案した天竜寺船による貿易収入でだった。たいした才覚である。その夢窓が心の奥で、妙心寺の関山がひたすら純禅をゆく姿に頭を下げたのだった。

文芸サロン五山派へのアンチテーゼ

もちろん、関山には夢窓の才覚はなかった。ひたすら、松源の道から唐代百丈の純禅にいたる日々、作務頭陀行《ずだぎょう》の生活があっただけだ。花園の禅苑も美濃の山畑にひとしい。京にきても、その日常は七年の韜晦のつづきだったのである。

関山の示寂は延文五年（一三六〇）十二月十二日だった。世寿六十四だからいまなら若死といえよう。だが、この年齢には疑問があって『別伝』は八十四といっている。しかし、八十四歳では、十一歳で鎌倉の大応に接見して、頭を撫《な》でられる話は成立しない。やはり、師大燈に似て、早逝だったか。臨終の日がふるっている。弟子たちに旅に出るとつげ、風水泉（井戸の名）頭の大樹の下まで歩いて、弟子の授翁をよび、立ったまま、諄々と出世の始末を説いた。そして、説き終えてとつぜん死亡する。授翁は抱きかかえて寺へ入れたが、こと切れていた。

関山立亡《りつぼう》という逸話はここからくる。この大往生も峻烈だ。大燈は血染の衣をのこして、坐亡した。弟子は立ったまま死んだのである。関山が授翁に立ったまま語ったことは「御遺誡」とよばれて妙心寺に今日も護持される。

いま、大応、大燈、関山と、ていねいにその生涯を追ってみたのは、中国の臨済禅がどのように、日本でうけつがれているかを見たかったためだ。三師の行実はまことに、純粋禅の挙揚につきる。夢窓派の生き方とはっきり峻別されるきびしい体験派の禅流といえるだろう。夢窓派が、文芸、教学に深入りして諸流を興隆させるのとちがって、あくまで、応・燈・関は地味である。地味ゆえに、中国の純禅の定着したけしきがみえる。これを証す話が関山にある。ある僧が関山に相見《しょうけん》を求めた。関山がその僧に問うた。

「お前さんは、平生坐禅につとめているというが本当か」

「はい本当です」

「それならここに坐ってみよ」

僧は「はい」とこたえてすわった。関山は大喝する。

「馬鹿者ッ。死仏法を学んで何になるッ」

坐禅かぶれを死仏法といった関山には、さきに中国で南嶽に叱られた馬祖の逸話がかさなってくる。大応が虚堂智愚からうけた禅が五条橋下に二十年も住んだ大燈につがれ、さらに美濃で牛とともに生き、花園へきても草取り三昧だった関山に生きた。仏祖正伝の道が、この三師に脈々とながれた。後醍醐帝や、花園上皇の外護ももちろんあったろうけれど、大徳寺も妙心寺も、修行道場として建立されていた。公家や天皇の子や将軍の子らが出家して、在俗時の地位によって、僧位も確保できた五山の文化サロン的な禅とは、ちがった叢林のふかみである。

このことが、のちにのべる野僧たちの流れと、どうかかわるかを見すえねばならないのである。

第三章　反時代者道元希玄の生き方

Ⅰ　生涯を決した渡宋体験

源平政変期の不幸な出自

ここで曹洞宗の立宗道元希玄《どうげんきげん》にもどらねばならない。道元を語らねば日本禅宗史は大きく欠落する。なぜなら、臨済宗の栄西、大応などのように、道元も入宋し、独自の禅をもち帰ったからだ。けれど、栄西が日本へ帰って既成宗団の天台、真言の宗旨から完全に脱却できなかったのに比べ、道元は、徹底的に反時代的に生きた。もともと山上仏教に絶望しての入宋だった。異国での修行研鑽《けんさん》で、しっかりと自己の宗教を決定して帰国し、「仏教に正像末を立つること暫く一途《いちず》の方便なり」（『正法眼蔵随聞記《しょうぼうげんぞうずいもんき》』）といい切って末法思想さえみとめなかった。鎌倉新仏教では異色の求道、只管打坐《しかんたざ》の人であった。のちにのべる桃水《とうすい》、正三《しょうさん》、良寛などがこの法脈に入る。

道元の出自と、幼少時の周辺は、波乱にみちていた。生誕は正治二年（一二〇〇）に山城国京都に出生。父は久我内大臣通親、母は松殿関白基房の娘。月日はあきらかでない。正治二年は、栄西が没する建保三年（一二一五）からざっと十五年前、六十歳である。また、頼朝が天下を掌握して鎌倉幕府をひらいた建久三年（一一九二）から八年目である。長い戦争がつづいて、人々は生きる指針を求め喘《あえ》いでいた時、道元は宇治の木幡《こはた》にあった松殿家の山荘で生れた。父は村上源氏の直系で、内大臣であるから政界の実力者である。母の出身松殿家も藤原北家の名門摂関家である。出家しなければ、貴族の一人で殿上ぐらしの出来た人といっていい。ところが、幼くして父母を失なって孤児となった。父親通親は、ライバルの実力者九条関白兼実排斥に成功していわゆる建久七年の政変で、朝廷内での独裁権力を握った人。養女の在子《ざいし》を後宮におくって、後鳥羽天皇との間に生れた皇子の即位が実現。天皇の外祖父の座にまでついた。『愚管抄』に頼朝をして「手にあまりたる事かな」と嘆かせた権謀術策の敏腕の人だった。

また母は松殿基房の三女だが、その基房は九条兼実の兄に当り、後白河院政で関白をつとめた人。治承三年（一一七九）清盛の命で、地位をうばわれ、失意の生活に落ちる。やがて都落ちした平家に代って、京に入った木曾義仲が後白河院政をうけつぐと、基房は勢力挽回を謀って、義仲に接近、娘の伊子《いし》を人身御供に侍らせる。『源平盛衰記』によると、三女の伊子は養女で、ゆく末は天皇の女御にむかえられることまちがいない、といわれたりしているほどだから、義仲も惚れこんで松殿家に肩入れした。基房はそれで、子の師家を内大臣にさせ、朝廷の主導権を握った。だが、その義仲もわずかな天下掌握で、やがて義経に攻められて近江《おうみ》粟津浜に敗死する。『平家物語』がしるす哀れな末路である。そうなると、また、九条兼実に権勢がうつり、松殿家は失意にもどった。そこで、基房は反兼実派の久我通親に接近して、建久七年の政変では兼実排斥に協力し、権勢の座についた通親に、義仲からつれもどしていた養女の伊子を人身御供とする。いってみれば、道元の母は、娘時代に美貌であったばかりに、異常な政変期の政略結婚とはいえ、数奇な運命にもてあそばれている。

道元の誕生は正治二年だから、政変後四年目、通親は六十代にちかく、伊子は三十前後だったといわれている。しかも、この父母は道元をうんでまもなく死亡するのである。父は道元三歳の時、母はその五年後の死だが、父の死後、わずかな間を母子は世間の嘲笑を浴びてくらさねばならなかったといわれる。道元の出自が栄西や大応に比べていかに数奇な運命にゆさぶられていたかが知れるだろう。やがて訪れた母の薄幸な死が、幼時の道元に大きく影響して不思議はない。「慈母の喪に遇ひ、香華の煙を観て潜かに世間の無常を悟り深く求法の大願を立つ」(『永平寺三祖行業記』)とある消息だ。九歳の時、道元は『倶舎論《くしゃ》』をよんだ。母方の叔父師家は道元の才殖をみとめ、養子とし、元服させ、やがて朝廷に出仕させようとした。

入門先の比叡山は名利の巷

ところが、仏門につよくひかれた道元は十三歳で師家の意にそむき、建暦二年（一二一二）の春、木幡の山荘をぬけだし、母方の叔父にあたる天台僧良顕を比叡山の麓にたずねて出家を乞う。良顕は意志の固い道元に動かされ、横川《よかわ》の首楞厳院《しゅりょうごんいん》に道元を送る。

この寺は比叡山での学問所だった。道元は般若谷の千光房《せんこうぼう》に住むことになった。翌三年、天台座主《ざす》公円のもとで剃髪、菩薩戒をうけて、仏法房道元と名のった。僧としての出発だ。ところが、道元の見た比叡山は想像を裏切って、名利の巷《ちまた》だった。寺は砦《とりで》と化し、僧兵は刀と剣を携えて闊歩し、三井寺や奈良の諸寺と闘争をくりかえす。上層部の僧らは貴族出身ゆえ、荒れる僧兵に施す処置もなく、横川も学問所とはいえ、いい環境ではなかった。また、よく考えてみると、天台宗なのに真言密教を重んじて、加持祈禱《かじきとう》ばかりやっているのだった。

延暦寺は、伝教大師の「本来本法性、天然自性身」の本拠のはずだった。人はみな仏性をもっている。草も木も石も仏である。天台の根本の考え方だろう。ところが、道元は公円からも、修行修行と教わる。もともと仏性ある人間が、なぜ、こんなに苦しい修行などせねばならぬのか。祖師たちは、わが身が仏であるのに、なぜにこの上悟りを求めたのだろうか。「顕密二教共に談ず、本来本法性、天然自性身と。若しかくの如くならば、即ち三世の諸仏何に依ってか、更に発心して菩提を求むるや」（『永平寺三祖行業記』）。学問と修行についての本質的な疑問を抱くようになる。山をみれば、荒くれた闘争三昧の法師ばかり。また、学僧はいても、この問いにこたえてくれる学者はいない。下界をみれば、武家の台頭で、地下《じげ》庶民の苦況は果てるとも思えない。いったい、仏徒はこの時をどう思っているのか。どう生きたらいいのだろうか。若い道元の悩みと命題は大きく深かった。

建保二年（一二一四）、山を降りる。自分の仏道を求めて園城寺長吏の公胤をたずねる。公胤は村上源氏の出身で、法然とも親しかった。道元の苦悩をきいて、新しい禅を学ぶための入宋をすすめる。公胤は幕府とも親しかったので、当時の大陸事情にもくわしかった。

道元は、公胤の指示で、京都の建仁寺を訪れる。同寺はさきに入宋して、臨済禅をもち帰った栄西の寺だが、寺格は延暦寺末だった。ところが、栄西は翌建保三年に死亡した。公胤も同年に死亡。道元は志を捨てず、建仁寺で、栄西の高弟明全《みょうぜん》に師事して、入宋の日を待つのである。

二十四歳、入宋求法の旅

将軍実朝が暗殺され、承久の乱がようやくおさまった貞応二年（一二二三）、道元は明全らと京都を出発して、入宋求法の旅に出た。博多から明州寧波《ねいは》に着いたのが南宋の嘉定十六年（一二二三）。道元二十四歳である。

二十四歳の入宋時までの道元の胸奥に宿っていた強固な求法の心実は、幼くして味わった父母の早逝による尋常でない孤独感と、しのびよった無常観をぬきにしては考えられないだろう。まことに「吾我を離るるには無常を観ずる是第一の用心なり」（『正法眼蔵随聞記』）である。入宋以後の真摯《しんし》な求法行脚もそれを証すのだ。

こんなことが、のちの『典座教訓』に書かれている。寧波の港に着いてまもなく、ひとりの老いた僧が日本産の椎茸を買いにくる。きけば阿育王山《あいくおうざん》の典座だという。寺の台所で学生《がくしょう》の食事をまかなう役だ。明日は端午の節句なので、学生たちに御馳走したいためだという。話がはずみ、夜がきたので、舟に泊ってゆくようにいうと、老僧は、自分が帰らないと修行者たちは困るといって帰ろうとした。そこで、道元は問うのだ。

「大きな名刹なら、あなた一人ぐらいいなくても食事はつくれるでしょう。見るところ、ご高齢に思えますが、どうして台所の仕事などやめて坐禅修行なさらないのですか」

老典座は大きく笑ってこたえた。

「あんたは、まだ本当の学問や修行とはどういうものかご存じじゃないようだ。いつか阿育王山にきて修行されたらどうですか」

いそいで帰ってゆく老僧を見送る道元は、この時、炊事仕事に専念することも坐禅工夫することも同じ道だということがわかっていなかったのである。道元は、ここで悟るのだ。老典座のことばの中に、新しい禅があると。

この寧波での道元の経験を、世の道元研究家たちは重視する。私も重視する。なぜなら、やがて述べねばならぬ、一休、良寛、桃水、正三らの思想の根に大きくかかわるからである。道元はこの時、禅の真髄である行の世界へ目ざめたといわれる。たしかに、この事件（といってもいい）は、日本にいては味わえないすばらしい人との遭遇であった。

道元は、寧波の港で、なぜか同行の明全《みょうぜん》と別れた。明全は到着してすぐ明州景福寺に向ったらしい。そのためか、理由はわからぬが、道元は三ヵ月間、船中でひとりでくらしていたという。やがて、道元は天童山に登る。天童山は阿育王山、径山興聖万寿《こうしょうまんじゅ》寺《じ》、北山景徳霊隠寺《けいとくりんいんじ》、南山浄慈報恩光孝寺《じんずほうおんこうこうじ》とともに、宋の禅宗五山の一。住持は無際《むさい》了派《りょうは》といった。臨済宗大慧派の老師である。ところで、ここにきてまた、道元はある風景をみる。

老典座に教えられる

真夏の暑い一日であったという。昼食を終えて廊下を歩いてくると、ここでも年老いた典座が仏殿の前庭で、椎茸を干していた。汗がしたたりおちる。笠もかぶっていないから、陽が照りつける。苦しそうにみえる。

「このような仕事を老体のあなたが……若い者にさせたらいかがでしょうか」

老典座はこたえる。

「他はこれ吾にあらず」

他人にやってもらったのでは、自分がしたことにならない。そこで道元はいう。

「あなたのやっていることは確かに法にかなっています。しかし、この炎天下になぜそんなに苦しんでまでなさるのか……」

「さらにいずれの時を待たん」

と老僧はこたえる。いまやらなければ、いつやる時があるのですか。カンカン照りだから、干すのにもってこいの時間なのだと。

道元はこの老典座のこたえに、修行に対するきびしい態度を学んだのである。ふかく頭を下げてここをあとにしたという。

先の阿育王山の老典座といい、この老典座との邂逅は『典座教訓』の圧巻である。天童山でのこの経験は、若い道元の修行の方針を決定させる。つまり、道元は、学問によって、修行の本質を会得したのではなかった。炎天下に椎茸を干して汗だくで働いていたり、椎茸をかついで寧波から阿育王山まで遠い道のりを夜なかに帰って行った老典座の学生のために身を挺している、心に学んだのである。さきに私は、中国の臨済禅の源流に、達磨の『二入四行論』をおいて考えてみたが、道元の会得したものは、二入ではなく、四行に入るのだろうか。

Ⅱ　長翁如浄に至る曹洞山脈

天童山の出会い

道元は天童山を下って、やがて、諸寺を遍歴してゆく。径山万寿寺の浙翁如琰《せつおうにょえん》、台州小翠岩の盤山思卓《ばんざんしたく》などの大慧派の嗣書《ししょ》をはじめ、楊岐派や雲門派などの門もたたいて嗣書をみ、思索と体験をふかめてゆく。

嗣書というのは、師匠が弟子に、禅の真髄を授けるさいの書で、師が弟子にひそかに伝授する証しをいう。釈尊からつたわる正法をうけついで、さらに弟子に継がせるのだから、極意、真髄をつたえるのは嗣書である。道元は自分にもその嗣書をいただくべき正師が、中国のどこかにいるはずだと思う。ある日、とある老僧から、当代で、禅をきわめようと思うなら、長翁如浄《ちょうおうにょじょう》のとこへゆくがよい、といわれた。如浄は天童山景徳寺にいた。宝慶元年（一二二五）五月一日だったという。ふたたび、天童山を登って、道元は長翁如浄に入門する。道元は最初に如浄に会ったとき、長年さがしていた正師がここにいると思った。本当の師がようやく見つかったと。如浄もまた日本の若い雲水をみて、まれにみる大器だと思った。ここに面授がなされた。如浄のいう直接の伝法だ。

如浄は、道元がすでに悟っていることをみとめたのである。この禅境を、道元は身心脱落といっている。

さて、長翁如浄とはどういう人だったか。さきに臨済宗でのべた中国唐代の頓悟禅の立宗者六祖慧能から、南嶽、馬祖、臨済と法系をたぐって傑僧を羅列しておいたが、如浄はこの臨済宗ではなく、曹洞宗であるから、洞山良价《とうざんりょうかい》、曹山本翁《そうざんほんおう》の法系である。少し横道にそれるようだが勘どころはおさえておかなくてはならないので、先ず、洞山良价についてのべねばならない。洞山は雲巌《うんがん》の弟子である。雲巌は薬山《やくざん》の嗣法で、薬山は石頭《せきとう》、石頭は青原行思《せいげんぎょうし》、青原行思は南嶽懐譲とならんで六祖の嗣法であった。つまり六祖の法が、南嶽から馬祖、百丈、黄檗、臨済とつたわる臨済宗となる流れとは別に、青原行思から、石頭、薬山、雲巌、洞山、曹山とつたわっていた。今、道元がまみえて正師と仰いでいる天童山の長翁如浄は、その流れの洞山の弟子疎山匡仁《そざんきょうにん》の法系にあたった。

眼で声を聴くべし

さて洞山の禅とはどういうものだったか。一口にいえないが、『祖堂集』によると、生きとし生けるもの一切に仏性があり、人間だけではなく、あらゆる生物に仏性をみる以外に、さらに土や石をもふくめて、山川草木悉皆有仏性の思想の身現者とみていいか

もしれない。もちろん、これは天台の思想と合致する。こんな話がある。若い頃、洞山は潙山《いざん》と問答して、

「先生と一しょに発心され、修行なされた方がほかにありましょうか」ときく。

「礼陵のあたりにゆくと、自然の洞窟がならんでいて、そこに雲巌道人なる男がいる。もし君が草の根をわけてまでそこへ行って、彼にあうことが出来たら、きっと気に入るかもしれない」

洞山はここで正師を教えられた。洞山は、とぼとぼ歩いて礼陵にきて、洞窟にいた雲巌にあう。洞山はきく。

「無生物に仏性ありといいますが、それではその無生物の説法をどういう人がするんですか」

「無生物の説法は、無生物にしてはじめてきくことが出来る」

と雲巌はこたえる。

「老師はそれをお聞きになれますか」

「わたしがそれをきく時、君はもはや、わたしの姿を見ることは出来ない」

「それなら、わたしは、もう老師の説法をきくことはできませんね」

「わたしの説法すらきけないで、どうして土や石の説法がきけるか」

洞山はここで、次のような偈をつくった。

可笑奇、可笑奇
無情解説不思議
若将耳聴声不現
眼処聞声方得知

すばらしや、すばらしや
無生物が説法できるとは思いもせなんだ。
もし耳できくならそれは判らぬ
眼で声をきいて、はじめて知ることが出来る。
（柳田聖山訳）

洞山は片田舎の小寺で出家していたが、「般若心経」をよんでいて、「眼も耳も鼻も舌も身も意もない」という一段にきて、思わず自分の顔を撫《な》でて、「このとおりわたしは眼も耳も鼻もあるのにどうして経典は眼も耳も鼻もないというのか」と疑って、それを師匠に質したそうだが、答えはなかったという。以後、洞山は、この難問で悩むのである。若い洞山は、眼は見るもの、耳はきくもの、という分別的な執着底の場所にいたのだ。ところが、いま、無生物（土や石）の説法をきくことを雲巌からいわれて、難問を解決したのである。眼で声をきくときにはじめて、無生物の語りかけてくる声がきこえる。この真理を完全に知ることで深般若《じんはんにゃ》が行ぜる。それは父母がうんでくれた肉の口や耳のことではなかった。古い松がかたりかける般若のひびきである。それはこれを聞くに足る人の耳にだけとどくのである。こうして洞山は雲巌の法を嗣ぐのだ。

雲巌が死ぬ時、洞山は師にたずねる。

「先生がお亡くなりになったあと、もし誰かが、お前は師匠の肖像を描くことが出来るかときかれたら、どうこたえたらいいでしょうか」

「その人にいいえ、わたしはただこの辺りの男だと」

洞山はだまりこむ。師はいう。

「この一句だけは、かるがるしく呑みこんではいけない。千度生れかわり、万劫の時を経てもけっきょく、それでおしまいだ。君がちらと一念を起こすことすら、もう背丈を没する草むらに迷いこんだようなものだ」

洞山はなおもだまっているので、師がつづけていおうとすると、洞山がいった。

「どうか先生、先を教えないで下さい。この身のつづくかぎり、この問題の解決につとめます」

自己は真の影なり

師が亡くなって、三年の忌をすませた。洞山は兄弟子《あに》と一緒に潙山に行こうと思って、潭宗《たんそう》あたりの川をわたっていた。兄弟子は洞山の先にわたって、洞山はまだ岸についていない。水にうつる影をみて、にわかにあの日の問題に気づく。顔いろをかえて、大笑する。兄弟子がきく。

「何が起きたのか」

「わたしはいま、雲巌老師のおみちびきのほどがわかりました」

「それだけではわからぬ。はなしてみよ」

洞山はそこで、詩をつくっていう。

切忌従他覓
迢々与我踈
我今独自往
処々得逢渠
渠今正是我
我今不是渠
応須恁麼会

方得契如々

けっしてそれを外にさがしてはならない。はるかはるかに自分にはなれてしまうからだ。

わたしはいま、ひとりで歩いている。いたるところでその人に出あうことができた。

その人はいまや、正しくわたしに外ならぬ。わたしはいまや、その人なのではない。

かならず、このように考えてはじめて、ありのままの世界に契《あ》うことができるのだ。


（柳田聖山訳）


有名な洞山の「過水の偈」である。雲巌にあって、無情の説話について悟り、いままた川をわたって、先師の思いのふかさに気づいているのである。無情の川が物をいったのである。つまり、無情の川の流水にうつる自分をみて、洞山は大悟している。しかも、その時に、先師の恩を感じたのである。水中にみた自分の影が正師の姿に思えた。そこに本当の正師を拝した。ありのままの世界とは、そういうものであった。

「影はただちに形ではないが、影は形の影である。形はすべて真の影である。真は正しく自己の中にあるが、自己はただちに真ではない。自己は真の影である。自己はただこの辺りの男だという以外にないが、肉身のほかにべつの法身があるわけでもない。無生物のほかに生物がいるわけでもない。無生物の説法こそ生ける真の生物の声なのだ。石のかけらはつねに古仏の心をうたってやまない」

とは柳田聖山氏の解説だが、洞山良价の禅とは如何なるものかがおぼろげにわかるだろう。つまり、洞山は天地自然の声をきくことによって難問を解脱できたのである。古仏の心は、石や土のかけらどころか、渓声山色すべてにあるではないか。道元がやがて帰国して著作する終生の文業『正法眼蔵』の眼目、「山水経」の源流がここにある。石頭、薬山、雲巌、洞山とつづいた祖師たちは、すぐれた詩人でもあった。洞山には『宝鏡三昧』などの名品がのこっている。石頭一枝の仏教は詩的な特色を大いに発揮して、天童山の如浄にうけつがれていたのだ。

曹山の師弟問答

さて、曹山とはどういう人だったか。一口でいって山居の人だった。山居といえば、洞山の師が礼陵の洞窟から一歩も出なかった故事を思いおこすが、洞山も新豊山という所にいて、枯禅《こぜん》をつたえ、門人五百とつたえられた。曹山はその一人である。曹山は撫《ぶ》州《しゅう》にいた。一名臨川《りんせん》といい、この川がすぐれて美しかったので、曹山は洞山の嗣法後、ここに庵をむすび、六祖慧能の曹渓にちなんで、曹山と名づけた。曹山はまた寒山の遺風を慕ったといわれている。寒山はまったく伝説の人で、時代もわからぬ。伝記もない。

ある日、弟子が寒山の詩について曹山に問うた。

「〈十年帰り得ず来時の路を忘却せり〉とはどういうことですか」

「楽しいことがあると、苦しかった時のことをわすれるものだ」

「どういう路をわすれてしまったのでしょう」

「十方世界みなそうだ」

「それでは未来の路までわすれてしまったのですか」

「やっぱりわすれたんだろう」

「どうして九年といわないで、十年でなければならんのですか」

「一方でも帰らないところがあれば、わしは十方の世に、身を現じはしない」

寒山の原詩は次のようである。

安身《あんじん》の処を得んと欲せば
寒山　長く保つべし
微風　幽松《ゆうしょう》を吹き
近く聴けば　声愈《いよ》いよ好《よ》し
下に斑白《はんぱく》の人あり
喃喃《なんなん》として黄老《こうろう》を読む

十年帰り得ず
来時《らいじ》の路《みち》を忘却せり

山にゆくことが早すぎて、もときた路をわすれたというのである。『碧巌録』の第三十四則にもひかれている「行くこと太《はなは》だ早し」である。九年は達磨の面壁の数字である。始祖の面壁九年を忘却して、道もわすれた。どこにいても胆のすわった自分には、いつも達磨は身近かにいる。十方世界、いたるところにいる。九や十の数字の問題ではない。つまり、寒山は十方世界を自由に生きていた。曹山はこの寒山の詩に、自分の禅をかさねたのである。『祖堂集』に次のような光景がある。ある僧が曹山にきいた。

「華厳経に〈大海は死屍をとどめぬ〉とありますが、どういうものが大海でしょうか」

「あらゆるものを包含する」

「どういうものが死屍ですか」

「息のとまったものはそこに置かないことだ」

「あらゆるものを包含するなら、息のとまったものをどうして置かないのですか」

「大海が大海であるのは、自分の功ではない。息のとまったものは、ちゃんとそれなりの徳がある」

「いったい大海にはそれ以上のことがあるんですか」

「あるといってもないといってもいいが、竜王が剣のつかい手をかけているのをどうする気だ」

洞山の師弟問答

この問答は、難解なので、しばらく柳田聖山氏の解釈を借りる。『涅槃経』によると、大海には八つの功徳があるという。大祭の真理、もしくは善智識の徳にたとえて、それが次第にふかまること、すべてを呑みこむこと。死屍をとどめぬというのは、大海が死屍を岸へうちあげておいて、水中にとどめぬように、凡夫、権学、闡提《せんだい》などの立場をそのままの形でのこすことなく、すべて如来の法身に同化してしまう。大海の底には剣をぬいた竜王が待ちかまえている。大海があらゆるものを包容しつつ死屍をとどめないのは、大海のせいではない。包容されるものの方に理由がある。

曹山の師洞山がある僧と問答した時、洞山が僧にきいた。

「ここに千万人という大衆がいて、誰にも向きあわず、また誰にも背を向けぬ一人の男がいる。君はこの男を誰だと思うか」

「いつもわたしの前にいて対象になることはありません」

「きみのその答えは父の立場でいうのか、子の立場でいうのか」

「わたしの考えでは父の立場でいっています」

師はゆるさなかった。師はあとで、台所にいる典座にきいた。

「これはどういう男か」

「この男には前もうしろもありません」

師はやはりゆるさなかった。ついである僧にきいた。僧はこたえる。

「この男は顔もなければ眼もありません」

「誰とも向きあわず、誰にも背を向けぬは、つまり顔も眼もないことだ。わざわざそれをいうには及ばん」

そして師は自らこたえた。

「そいつは息のとまった男のことだ」

曹山が死屍とよんだ男である。竜王の剣によってさばかれる胴体のことである。人は息をしている。人の生きているのは、共通の気息による。しかし、人はみなちがっている。息の仕方がちがう。大海が包容する万有は単なる総体としての万有でなく、功徳をもつ死屍である。死屍もまた万有でない大海なのである。

身心脱落の境地と只管打坐

洞山と曹山の頭文字をあわせて、曹洞とわれわれはよぶ。中国における山居禅の生々した時代の先師名をとって名づけられた。この法系に雲居道膺《うんごどうよう》がいた。この人も洞山、曹山の山居無所有の説法をきく世界を生きた。つづいて疎山匡仁、石頭の再来といわれた人だ。『祖堂集』にこんなことが誌されている。疎山は病身だったらしい。弟子が問うた。

「先生がお亡くなりになったのち、誰が先生の位をつぐのですか」

「四本の足は天をさし、背中は荒葦の原の中だ」

オレはとても畳の上で死ねない。狼か豚のように茫漠たるすすき原で死ぬばかり。それができるヤツがオレのあとつぎだ。お前さんらに出来ないだろう。しかし、でんとつっぱった四本の足が指している大空は、何と青くすきとおってうつくしいことか。どうせ死ぬならすすき原にきよい風のふく晴れた日がいいか。

長翁如浄はこの疎山の法系であった。如浄は只管打坐の人で、つねに口ぐせのように「参禅は須らく、身心脱落なるべし、焼香、礼拝、念仏、修懺、看経を用いず、只管《ひたすら》に打坐すべし」といって徹底的に坐禅をすすめた。それゆえ、道場である天童山は峻厳をきわめた。朝から晩まで坐禅ばかりだから、居ねむりする雲水がいる。如浄はそやつに拳骨をくらわせた。ある時はクツをぬいでなぐりつけた。この当時、出家になると、国民の誰もが課せられていた義務、徴用、納税もまぬがれたので、その特権に甘えて、修行を怠ることを、如浄は戒めたのである。

ある日、道元が、道場で坐禅していると、隣りの雲水が居ねむりをはじめた。すると、如浄は大声で叱りつけ「参禅は須らく身心脱落なるべし。只管に打坐してこの何をか為すに足る」といった。その大声が隣りの道元の耳に強烈にひびいた。道元は方丈にのぼって、焼香礼拝して、感慨をのべた。『伝』に、

「浄いわく、焼香のことそもさん。師曰く身心脱落し来る、浄曰く、脱落身心、師曰く、者個はこれ暫時の伎倆、和尚みだりに他を印すること勿れ、浄曰く、われみだりに他を印せず、師曰く、みだりに印せざるにそもさん、浄曰く、脱落脱落」

　とある消息である。いったいこの身心脱落とはどういうことか。「弁道話《べんどうわ》」にも出てきて、「一生参学の大事ここにおわりぬ」とあるのはこの時のことだが、脱落は凡夫のぼくらにはよくわからない。高崎直道氏の研究では、この時、道元は身塵脱落をききちがえたのではないか、という説をだしておられるが、一考に価する。

　それにしても、身心脱落は、道元の造語だろうか。それなら尚更意味深尽だ。本来本法性、天然自性身のわれわれ人間が、はじめから身にそなえている仏性が、ありのままにあらわれたのだ……雲のように覆っていた我利我欲のさかしらがとっぱらわれて、あらゆるものと共和し、一切対立的に考えていたものが、われと同じになった。何もかもが清算されて万有が我と一如になった。などといえばまだ頭で考える身心脱落だろう。如浄はいったのだ。只管打坐。ひたむきに坐禅すること自体が身心脱落なのだと。

『宝慶記』にある「身心脱落とはいかん」と道元が如浄にきいた時、如浄は、「身心脱

落とは坐禅なり」とこたえている。これが、いわゆる道元禅の成立なのである。道元は如浄に一師一弟子の面授を得たのである。

徒手空拳の帰国

水がどこまで流れていっても、はじめの水源地からの水であろう。松明《たいまつ》に火をともしてつぎつぎとうつしても火はもとの火である。人がかわり時代がかわっても、場所がかわっても、受けつがれてゆく仏の正法はゆがめられることなく、生一本に伝承されねばならぬ。面授の方法は、釈尊の正法を本支一如に相続する唯一の方法である。道元が面授を重視したのは、現代人には古いしきたりとも感じられるが、この面授には、如浄の禅をうけつぐ道元に、如浄が生きて、一体となった意味がふくまれている。只管打坐、身心脱落の人が、只管打坐の弟子にのりうつったのだ。道元は、この日から、如浄の仏法を生きることになる。

「仏々祖々、面授の法門現成《げんじょう》せり、これすなわち霊山の拈花《ねんげ》なり。嵩山《すうざん》の得髄なり。黄梅の伝衣《でんえ》なり」

霊山の拈花とは、釈尊から迦葉尊者が一枝の花をさしだされて拈華微笑《みしょう》したあの伝法の一瞬をいう。嵩山の得髄とは、達磨の洞窟に臂を断って参入した二祖慧可が嗣法する一瞬である。黄梅伝衣とは、臨済を語ったときの冒頭にのべた五祖弘忍が黄梅県東山で六祖慧能に衣鉢《いはつ》を与えた時の故事をいうのである。道元は、これらの中国祖師の伝統の仏法を如浄からうけついで帰国する。宝慶三年（一二二七）の秋であった。道元は帰る時に、如浄の室で師にあう。

「国に帰って化を布き、広く人天を利せよ。城邑聚落に住すること勿れ。国王大臣に近づくこと勿れ。また深山幽谷に居りて一箇半箇を説得し、吾が宗をして断絶致さしむること勿れ」（『建撕記《けんぜいき》』）

如浄の教戒だったという。深山幽谷にくらして都邑に住むな。先にのべた洞山、曹山の山居をひきつぐものだ。曹洞宗の面目だ。如浄は、道元に、日本に帰っても、あゆむべき道を教えたのである。もちろん、道元は、この道をゆく。時に道元は二十八歳。

「眼横鼻直なることを認得して人に瞞かれず、すなわち空手にして還る。所以に一毫の仏法なし」

わたしは、五年間中国にいたが、嘗《かっ》ての留学生のように、とくとくとして帰ってきて、たくさんの経文や書籍を持来したわけでもない。ただ、眼はよこにならび、鼻が一つ垂直にあるという、あたりまえのように、ただ現前する万有をある如くみつめて、人にあざむかれないだけのこと。空手で帰ってきた。わたしのもち帰ったものは、この身心に充満している如浄禅である。只管打坐の仏法である、との気概がしのばれる。また、道元は、入宋時にのべたように、説教仏教に絶望して日本を発っていた。その中には、法然、親鸞への念仏批判もあった。空海、伝教の立宗の宗旨はともかくとして山上仏教の堕落も見ていた。また同じ禅においても栄西が建仁寺を開創したはいいが、国家鎮護加持祈禱の天台の許にあって、自由を欠いているところにも批判はあった。「都邑に住むな、聚落にも住むな、国王大臣に近づくな」如浄の教訓を学ぶとすれば、空手の坐禅道があるのみだろう。道元が、帰国後、自分の宗を曹洞宗とよぶことすらきらった理由はここにある。道元のつたえる仏法は釈迦から迦葉につたわり、達磨から如浄につたわった師資相承面授の仏法であった。何々宗、何々派という今ふうな閥に属するせまいものではなかった。広大無辺の仏法である。

「しるべし、この禅宗の号は神丹《しんだん》（中国）以東におこれり。竺乾《じくけん》にはきかず」（『正法眼蔵』）

「西天東地、従古経今、いまだ禅宗の称ならざるを、みだりに自称するは仏道をやぶる魔なり」（『正法眼蔵』）

正法はたった一つしかない。それは道元自身が体得した仏法である。日蓮は、何かというと他宗を攻撃したし、親鸞もまたそうであった。道元は、荒だって争うところはなく、このようにしずかに既成仏教の他派を無視したといえようか。力づよい、自信といっていい。

日本禅宗史に宝慶三年の道元の帰国が、大きな活力をもたらしたことはこれで理解してもらえようか。そうして、この道元の求法心のつよさ、ひたむきな求法沙門道元の誇りある生き方はのちの曹洞宗派の桃水、正三、良寛に色濃く影響する。良寛は、乞食三昧に生きた破庵生活の日常に、『永平広録』一巻だけは片時も手放さなかったとつたえられる。真の仏法を考える後世の僧に道元は魅力をもっていたのである。そしてこの道元の只管打坐の禅は同じ宋から伝来しながら権力にむすびつきすぎて、弱体化していた純禅願望臨済を尻目に、地方豪族や庶民にうけて、大きく伝播することになる。

Ⅲ　『正法眼蔵』の厳しい道

坐禅の革命的指導書が起こす波紋

道元が帰国後身をよせたのは京の建仁寺である。『普勧坐禅儀《ふかんざぜんぎ》』一巻が著わされた。これはきわめて格調の高い四六駢儷体《べんれいたい》の美文で、道元が、中国の洞山、曹山、匡山らと同じ山居の詩人であったことをこの文章は示している。題名の如く、僧俗あまねき人々に坐禅をすすめる書といっていい。自分が中国で体得した仏の正法を日本につたえ、一切衆生を救う道も、この真実の仏法にある。しかもそれは坐禅を根本とする。道元は、北宋長蘆山の宗賾《そうさく》が著わした『禅苑清規《ぜんえんしんぎ》』をよみ、これが、天童山でも禅生活の規範とされていたことを識ったのだが、じつはこれにあきたらない思いがあったようで、むしろ、『禅苑清規』は、唐代臨済派の百丈懐海《ひゃくじょうえかい》が著わした『百丈清規』の方に古風な精神がある。この方が道元の復古思想と似あうので、『普勧坐禅儀』を著わしたのであるといわれている。禅の本義から、伝統、坐禅の心得、作法に及ぶ、稀有の指導書といっていい。それによると、釈尊は六年間も坐禅されたし、達磨も九年の面壁坐禅をした。昔の聖人はみなこのように坐禅修行をつんだのだから、いまの人もならって、文字の学問ばかりせずに、真実の自己を発見するために、何をおいても坐禅せねばならない。坐禅に徹すれば、自然と一切のとらわれがなくなって、悟りが得られるだろう。真実の自分が見きわめられよう。

さて、その坐禅をするには、なるべく静かな部屋がよい。食事も節度が必要だ。これまでの一切のゆきがかりを捨てて、すべての仕事をやめ、是非・善悪について考えてはいけない。心さえうごくのをとめ、考え、想像することもやめよ。もちろん、悟りをひらこうとか、仏になろうなどというようなことも考えるな。このように説いて、その作法としては、軀を正しくして、息をととのえ、雑念をすてて、ひたすら坐ることに打ちこむのが大切だと説く。

この坐禅こそ、精神も肉体も爽快にするし、邪念をなくし、ありのままの真実の姿を見きわめられるはずだから、賢人も愚者もはげむべきだ。

道元のこの『坐禅儀』をよんでゆくと、まことに、誰にも坐禅ができることがわかる。

それが仏法ならはいりやすい入口ではないか。親鸞や法然が、念仏こそすぐれたものだ、といって、文盲の人にも「南無阿弥陀仏」の六字の名号《みょうごう》は唱えられるとし、また、他宗をつよく排斥した日蓮も、お題目の「南無妙法蓮華経」を太鼓をたたいて唱えさせたのも、庶民の入りやすい仏法の門であったはずである。

道元は、その念仏や、お題目のかわりに、賢い人も愚かな人も出来る坐禅を平易に説いたのだ。しかも「普勧」である。誰にもあまねくすすめるというのだ。新しい宗教の出発だろう。臨済の栄西も、大応も、大燈も、関山も、もちろん、坐禅はしたのであるが、むしろ、彼らは五条橋下で苦しむ庶民や、伊深の山中で生きあえぐ農民とともにくらして、労働や、放浪の一所不住のくらしに、禅境をふかめていた。道元の場合はちがう。坐禅が宗旨なのだ。入宋して、広大な大陸仏法の、ごちゃごちゃしたものをすべてのぞいて、釈尊から達磨にうけつがれた「坐禅」だけを真実の正法仏法として、打ちだした。

これは、天台宗の末寺格だった建仁寺の反発を喰うのは必然だった。もちろん、山上の延暦寺からもである。比叡山では、衆徒が集まって、道元の住居を破棄して、京都から追放しろと決議した。道元はこの迫害をのがれて、やむなく京都を南下して、深草の極楽寺跡の安養院に移り住むのである。この寺は、母伊子の松殿家の祖である藤原基経が建てた寺であった。道元がここに移ったのは三十一、二だったといわれる。

男女貴賤を選ばず

建仁寺は、また道元にとって、捨ててもいい寺に変わっていたようだ。『典座教訓』に次のような文がある。

「予始めて建仁寺に入りし時見しと、後七、八年過ぎて見しと、次第にかはりゆくことは寺の寮々に塗籠《ぬりごめ》をおき、各々器物を持し美服を好み財物を貯へ、放逸の言語を好み、問訊礼拝等の衰微することを以て思ふ」

七、八年経つうちに、栄西禅師が唱導した禅の精神はうすまっており、寺内には放逸の気風がみなぎり、台所の道具一つみても器物がぜいたくで、僧たちも衣服を着飾っていた。坐禅して求法し、自己をみつめようとする修行の場からは遠くなっていた。また、台所の典座をみれば、米ひとつとぐにも、こぼれ米を粗末にするし、野菜一つのあつかいをみても、菜っぱの端を捨てて平気でいる。禅修行というものが形式化して、真実の仏法として生きていない。道元が、『普勧坐禅儀』を書くのも当然と思えるのだが、しかしこの書が因となって、建仁寺追放となるのである。もとより、長く居ようとは思わぬ寺だったけれど、山上延暦寺が集会までひらいて、襲ってくるようでは、殺伐としている。こんなところに用はない。深草転居は当を得ていたかもしれぬが、しかし、この寛喜二年（一二三〇）は諸国飢饉の年まわりで、建仁寺から、深草に向う地平には飢餓民が生き喘いでいた。その田舎道をとぼとぼ歩いて、寺を追われてゆく。ゆく先も、母に縁のある寺とはいうものの孤独に移り住む道元の姿は悲愁にみちていたろう。

道元はこの深草安養院で『弁道話』を著わす。帰国した道元を慕う人はいたのである。建仁寺にいたのは四年ぐらいだったが、その間に道友もふえて、深草へも訪《おとな》う人は多かった。道元は、そのため、「示衆《じしゅう》」（師家が門下に法を説くことをいう）を誌すことを思いたって、『正法眼蔵』の首巻となる『弁道話』を著わすのである。

「諸仏如来、ともに妙法を単伝《たんでん》して、阿耨菩提《あのくぼだい》を証するに、最上無為の妙術あり、これたゞ、ほとけ仏《ほとけ》にさづけてよこしまなることなきは、すなはち自受用三昧《じじゅようざんまい》、その標準なり」

道元の宗風、宗旨はこの『弁道話』一巻にいいつくされているといわれる。「仏法を会《え》すること、男女《なんにょ》貴賤をえらぶべからず」「身の在家出家にはかゝはらじ」仏法へ入る者ならすべて平等である。男女もおなじである。在家、女人も成仏できる。これまでの山上仏教が女性入門を拒んだ態度をここで一蹴している。道元はさらに、集まってくる信徒のために、坐禅道場をひらこうとする。外護者も何人かあらわれた。一寺建立の時期がきていた。

道元禅林の開単

天福元年（一二三三）春、観音導利院《かんのんどうりいん》が建立された。安養院の極楽寺跡にのこる一堂を改築したものである。まもなく、この寺を興聖宝林禅寺《こうしょうほうりんぜんじ》と改名した。いま深草のこの地を訪れてみると、日蓮宗の宝塔寺内になっていて世の移りかわりを感じてしまうが、同名の興聖寺は南の宇治川清流の岸にうつって平等院の対岸の台地に古刹《こさつ》の趣きを温存している。

道元は深草の興聖寺で、『正法眼蔵《しょうぼうげんぞう》』の「現成公按《げんじょうこうあん》」の撰述を完了する。「現成公按」は道元の思想を示す圧巻で、「仏道をならふといふは、自己をならふ也。自己をならふといふは、自己をわするゝなり。自己をわするゝといふは、万法に証せらるゝなり。万法に証せらるゝといふは、自己の身心をよび他己の身心をして脱落せしむるなり」とあるごとく、眼に見える現象のありのままの姿はすべてそのまま仏法のあらわれだとし、これをよく研究せよ、といったのである。

日本達磨宗の僧孤雲懐奘《こうんえじょう》が道元に入門してきたのは、文暦元年（一二三四）、「現成公按」が完了してまもない頃だった。懐奘は道元より二歳年長だったが、のちの『正法眼蔵随聞記《ずいもんき》』の筆者である。道元に心服するあまり、身を捨てて師に従い、道元もまた彼を信頼して、興聖寺の首座に任じている。翌年、この寺内に禅道場が建立され、諸方から集まる雲水、在俗信徒がふえてきた。道元はそれで、『典座教訓』や『出家授戒略作法』を書いて、「重雲堂式」などの規格もつくった。僧堂が完備して、諸規が確立すれば、いよいよ道元禅林の開単といえた。この興聖寺の禅堂を人々は「一向の禅堂」とよんだ。一向宗は念仏三昧で有名だったので、坐禅三昧の堂だからそのようによんだのである。

詩人思想家の誕生

『正法眼蔵』は道元の数多い著書の中心をなす圧巻である。『正法眼蔵』ということばは、道元の発明ではない。もともと、禅宗では古くから用いていたことばで、「正しい世界の見方」「悟りの真実」「釈尊が説いた無上の正法」といった意味につかわれた。そうして、それを体得した眼で一切をおさめてあますところがないゆえに「蔵」というのである。難解なものの多い禅宗経典で難解中の難解な書物ともされているけれど、これとて道元の思想が高くて深いからであろう。冒頭の「現成公按」では、先にもちょっとふれたように、この世の迷いも、悟りも生も死も、すべてのものは仏法の現実化されたものであるが、すべてに自己という主体がなければ、そこには迷いも悟りも、生も死も、諸仏も衆生もない。一切皆空である。仏道は、元来、ゆたかさと、つつましさの対立の中から生れてきたものだから、生も滅も、迷いも悟りも、衆生も諸仏もある。そうはいっても、花の散るのは惜しい思いがするし、好ましくない雑草が生いしげるのも自然のありのままの法則である。

「人は死んだのちにふたたび生きかえることはできない。しかし、生が死になるといわないのが、仏法のならわしである。だから、これを不生《ふしょう》といったのだ。また死が生にならないのも仏教のさだめ。それゆえ不滅という。このように生は一時のあり方で、死もまた一時のあり方である。それは四季のうち、冬と春があるようなものだ。誰も冬がそのまま春になると思わないし、春がそのまま冬になるとは思わない。春はあくまで春。冬がうつったものでも、夏に代るものでもないのである。生も死も永遠の真実である」

「人が悟りを得るということは、月が水に宿るようなものである。月は水にぬれないし、そのため、また水が破れるわけでもない。月はひろく大きな光りであるが、わずかな水にもやどり、天空も草の露にやどり、一滴の水にさえやどるものだ。悟りが人を破らないのは、このように月が水滴に穴をあけないのと同様である。人が悟りをさまたげないのは一滴の露が天の月をさまたげないで宿るようなもの。このように悟りは無限な体験で、すべてを包む広大な真理だ。しかも魚が水中で、鳥が空でそのところを得るように、もし、人が日常の行為の中で、そのところを得、その道を得れば、必ず参禅求道の課題がとけて、完全に自分のものになりきって、悟りがひらけ、絶対の真理を発見できる」

道元の比喩はこのようにうつくしい。中国で学んだ天童山長翁如浄の禅を、さかのぼれば、洞山や曹山の禅を道元は詩的な日本のことばにしてみせたのである。比喩に月や水や山や一滴の露が出るのも、山居の先人たちのことばであろう。

その中で臨済派の馬祖道一の弟子の話を披露している。宝徹《ほうてつ》という和尚が扇をつかっていた。そこへ一人の僧がきて、

「仏教では風の本性は常住であって、どこにも無いところはないといわれているのに、なぜ和尚は扇をつかっているのですか」

宝徹はこたえる。

「あんたは、風の性質が常住だということはわかっているようだが、どこにもないということがまだわかっていないようだ」

すると僧は「どこにもないところがというのはどういうわけですか」とききかえした。宝徹はだまって扇をあおぐばかりだった。僧はこれをみて悟った。

この逸話をしるしたあとで道元は仏法の悟りのしるし、釈尊から正しくつたわった道は、まさにこのようなものだと説く。風の本性は常住であるから、扇をつかうなど必要ないというのは正しい。しかし、扇をつかわないときも風があるだろう、というのは、常住の意味も、風の正体もよくわかっていないからである、とつけ足すのである。「現成公按」のしめくくりは、仏性は常住であるから、仏法は大地を黄金の仏土たらしめ、揚子江の水を熟させて、最高級の呑みものにしたという詩でとじられる。道元がこの書で新しい禅を説いた以上に、いかに偉大な詩人で思想家だったかがわかろう。

さきに栄西が持ち来った臨済禅や、天台宗の禅にあきたりなかった懐奘が入門してきたり、多数の居士が深草へ、深草へとなびいたけしきは、このユニークで天才的な詩人思想家の誕生に接したいためといっていい。

修行の心得書『学道用心集』

天福二年（一二三四）三月に、道元は、『学道用心集』を著して、修行の心得を説いた。

「真の修行は、名利や報い、霊力などを得る目的であってはならない。ただ仏法のために仏法を修するものでなければならぬ。そのため、正しい悟りを得るには、思想と体験のそなわった正師につくべきだ」「正師を得られざれば学ばざるにしかず」という。禅宗学徒《がくしょう》のバイブルといってもいい。私など臨済派の小僧までが、この書を教科書として習った中学時代が思われる。何どもいうように、道元は、曹洞宗の開祖であるが、ご当人は、臨済だろうと、天台だろうとかかわりのない仏の正法を学ぶための心得をのべているのだから、どこの宗派の小僧にも通用したわけである。もとよりどの宗門にもかぎらない。『正法眼蔵』は難解ながら、精読すれば、うつくしい比喩にみちた詩的な文章である。これを尊ぶ学者は多い。研究者は何万と全国の山野に散らばる。私はこの書の岩波文庫版を、奉公袋に偲ばせて応召した友人をもっている。友人は、戦死して帰ってこなかったが、おそらく、中国の戦地で、ひまあるごとに、『正法眼蔵』の「山水経」をポケットから出して読んでいたのだろうと思う。道元の著書は、日本の学生、思想家たちの、今日の心根にもふれて生々している。これは臨済の栄西や大応や、大燈、関山の文章が漢字による詩偈《しげ》にたよって、自己の禅の境涯を表現したため、はなはだ個性つよい、ひとりよがりをも感じさせる（とりわけて遺偈などは）のに、道元の場合は、平仮名をつかっての和文と漢籍との混淆した不思議な文体の創造なので、味読、精読によって、一生のバイブルとする讃仰者が多いのである。

臨済派の新指導者円爾の登場

さて、懐奘の入門で、興聖寺道場は繁栄したといっておいたが、この懐奘の背景について少しのべておかねばならない。懐奘はもともとは臨済宗の大日派の人であった。大日派というのは、臨済宗大慧派の系統で、大日能忍《だいにちのうにん》が派祖で、栄西と同時代の人である。彼は入宋していないが、書物で禅を学んで、習得したところを、宋の大慧宗杲の高弟の拙庵徳光《せつあんとくこう》に書きおくって、その法をついだというかわった人である。摂津の三宝寺《さんぽうじ》を中心に活動していた。

ところが、能忍の道場が繁栄するのをねたんだ天台衆徒が朝廷に訴えたので、能忍は布教を断念せねばならなくなり、弟子たちは各地に分散した。大和の談山《たんざん》神社のある多武峯《とうのみね》にうつったのが懐奘だった。越前の波著寺《なみつきでら》にうつったのが懐鑑、徹通、義演らだった。先にものべたように、懐奘は、道元の帰国をきいて、建仁寺にたずねて道元と問答し、道元の思想のふかさに打たれて入門したのが文暦元年（一二三四）であった。さらに越前の波著寺の懐鑑らも仁治二年（一二四一）に集団で入門している。つまり、旧大日派の弟子はすべて道元の新しい禅に魅せられて入門したことになる。大日派にすれば、開祖の能忍が書面を送って、認証をうけた宋の拙庵や、大慧派の祖師たちの国で、五年間も学んで帰った道元が、まばゆく見えたのだろう。道元もまた、天台派から追われて深草へ逃げてきていたのだから、同じような運命にある大日派が、道元に親しみを感じて当然だった。深草興聖寺に「一向の道場」が繁栄するのは、この背景である。

越前志比庄《しひのしょう》の波多野義重が京都の六波羅に屋敷をもっていた。志比庄は波著寺に近かった。たぶん大日派の懐鑑の仲介だったろう。道元は、波多野に会って説法した。波多野は道元の偉大さに打たれた。やがて、道元は越前志比庄へいって説法する。

この頃、臨済派で、入宋していた円爾《えんに》が上洛して、東福寺を建立していた。もちろん天台派がよろこぶはずはなかった。寛元元年（一二四三）の二月だ。博多で、宋禅を説いていた円爾の名声はすでに高く、道元と同じように入宋の体験をもっていて、臨済虎丘派の無準師範《ぶじゅんしはん》の法をつたえて帰国していたから、臨済禅の新しい根拠地を求めての東福寺の建立であった。この地は下京区九条東山の現存の位置である。京都でも九条のことゆえ、南はすぐ深草に接した。円爾に、興聖寺の「一向禅堂」が気にかからぬはずはない。また天台にとっては、東福寺が建立されれば、洛南は新興禅がはびこる地帯だ。一方は専修坐禅の道元教団、一方はこれも新禅宗の円爾教団の寺が一挙に二つ出来る。だが、東福寺は臨済派ゆえ、天台、真言と関係はないとはいえない。道元教団よりは目の仇の玉は小さい。また円爾の背景には、藤原氏一門の強力な庇護もあった。東福寺もその浄財によっていた。権力とむすびついての教団であることにまちがいはないが、道元はこの円爾を直接批判はしていないけれど、興聖寺で専修坐禅にいそしむ立場からみれば、円爾の帰国は脅威である。『護国正法義』という本はこの時に書かれた。興聖寺の独立を守るために、天下に道元仏法こそ国家護持にふさわしいと訴えた書といってもいい。

越前移住と永平寺の建立

道元は、一部の武将権力や、朝廷やに格別接近して布教することはなかった。仏法はすべての人のものである。天台、真言は、この書をよんで黙っておれない。朝廷に訴え出て、手きびしい非難をあびせる。道元はますます窮地に追いこまれた。越前志比庄の波多野義重の熱心な勧誘で、道元が教団根拠地を越前にうつそうと考えるのは、この背景があったからだ。また、道元が越前を選んだのには、もう一つの、因縁があった。ここは白山《はくさん》信仰のつよい所で越前天台の聖地に近い。養老元年（七一七）に泰澄《たいちょう》がひらいた白山は、平泉寺、豊原寺、波著寺など、大寺をかかえて、北陸一帯に勢力を張っていた。ところが、この越前天台も、鎌倉期に入って、しだいに衰弱してきていた。福井の波著寺の僧らも、天台と同じ法華経を尊ぶ大日派の禅に入っていたけれど、能忍の高弟覚晏《かくあん》の死で道元門に入った。懐鑑、徹通など波著寺僧らの勧誘によるものだったろう。要するに、円爾の東福寺建立で天台の圧迫がつよく、あわただしくなった深草では、清貧、静寂を求めねばならぬ専修坐禅の道場は不可能となり、移転に苦慮した結果、京都をはなれて越前にきては、という波多野義重や越前出身の弟子らの要請に道元は反対しきれなかったのだろう。もとより、どこにいてもいいのである。只管打坐の道場は山居にかぎる。中国で学んだ祖師たちの行業は、みな山中であった。また、道元は『正法眼蔵』でも法華経をたえず出して、天台の教義にも通底していたから、越前の白山天台のどまん中といっていい、志比庄へ行っても、あながち異教の禅がきたとは思われなかったろう。いいかえれば、専修坐禅の道場建立としては絶好の地ではなかったか。道元の志比庄移転は四十四歳。寛元元年（一二四三）の夏だったという。

道元は越前に入ると、平泉寺に近い大野の禅師峰、永平寺町の吉峰寺《よしみねでら》を往還して、説法をつづけた。九ヵ月のあいだに、『正法眼蔵』の「仏道《ぶつどう》」「諸法実相《しょほうじっそう》」など約三分の一にあたる巻を発表する。すさまじい気魄である。

道元は、越前に入って、これまでにはそう批判もくわえなかった臨済禅を率直に批判した。中国の臨済大慧などについてはとくにきびしい批判をする。曹洞宗という宗名にさえ批判的だったぐらいだから、道元禅のますますの深化であった。

長翁如浄から直接伝授された釈尊正仏の仏法は、天台、真言などと同じ言い方で、禅宗などというのはまちがいだ。その証しに釈尊の時代には禅宗という名称はなかったし、その後も禅宗などという宗派名をいった人はどこにもいない。したがって、釈尊の正法を禅宗などというのは悪魔のいうことだ。また、中国では自分がいっている時に、禅の五家・七宗などといって、雲門、法眼、臨済、潙仰《いぎょう》、曹洞の五家にわけて、それぞれの宗派にはちがいがあると考える愚者が多かった。自分も五家・七宗の宗風を研究しようとして、臨済大慧派に参じたことがあるが、天童如浄に会ってからは、宗派に分けて考えることは誤りだということがわかった。そういう名称をつかうようになったのは、仏教がおとろえてからのことで、仏教がさかんであった時はなかった。

道元はまた女人成仏をみとめる。出家さえすれば在俗の者も女人も成仏できる。出家こそ仏の正法を得る道である、と説き、仏法を学び、悟りを得ようとする者は、出家しなければならない、と大衆にも説いて、いってみれば、はなはだ普遍的な仏教をはじめたといえる。しかも、専修坐禅が眼目なのである。

越前に入って一年目で、学生雲水がふえ、吉峰寺が手ぜまになったので、志比庄の大仏寺にうつった。ここに理想的な修行道場を建てた。天童山で体験してきた九十日間の安居《あんご》をひらくのもこれからである。安居こそ釈尊から守りつづけられた禅修行の根本だと説き、その心得をのべた。この大仏寺が、永平寺《えいへいじ》と改名されるのは、寛元四年（一二四六）。命名の理由は、永平とは、中国に仏教がつたわった後漢の永平十一年の暦号からきている。まことに気宇壮大というべきだ。また名を希玄《きげん》と改めるのもこの頃である。以上が、越前永平寺が、道元の専修坐禅の道場として、日本における最大根拠地となる経過である。

国王大臣に近づくなかれ

宝治元年（一二四七）に執権北条時頼は道元を鎌倉へよびよせた。道元は鎌倉へ赴いた。時頼に説法して菩薩戒を授けるが、鎌倉の気風に道元禅はなじまなかった。あいかわらず、加持祈禱などの密教行事がさかんに行なわれていた。道元は限界を感じて鎌倉を去り、越前へ帰るのである。後醍醐帝が、道元に紫衣をおくった話は有名だが、この頃だったのだろうか。

道元は、紫衣をうけとったものの、自分は一生修行の身だから袈裟など着れば猿にわらわれる、と詩に書いて、それを押入れに入れたままにした。嘗て長翁如浄と別れる時、如浄から、「国王大臣に近づくなかれ」といわれたことを守ったのだろう。

鎌倉へ行ったころから、道元は、病気になっていた。毎日がきびしい修行だから、快方にむかわなかった。著述も思うようにゆかなくなった。道元は病気をおして、『正法眼蔵』を完結する。すなわち「八大人覚《はちだいにんがく》」の巻である。「八大人覚」とは、欲望をすくなくして修行に精進する者の八つの心構えを説いたものである。

「衆生のためにこれを説かんこと、釈迦牟尼仏にひとしくして、ことなることなからん」

とむすばれている。これが最後の文章となった。思うに、道元は、深草興聖寺で、「現成公按」を書きはじめてから、ずっと『正法眼蔵』を書きつづけたことになる。この著が、道元の思想の中心なのも肯けるが、道元の全人生をかけた禅生命の証しといっていいかもしれない。弟子の懐奘によって、『正法眼蔵』は七十五巻本にまとめられた。

病気が重くなると道元は、永平寺道場を懐奘にゆずって、上京した。なぜとつぜん京都に帰ろうとしたのか謎だが、京の松原高辻の宿で急死した。五十四歳だった。建長五年（一二五三）のことである。

道元の終焉地ともいわれ、埋葬地といわれる地はいまも真葛原《まくずがはら》にある。円山の南を山手へ入りこんだ住宅街の一角に、約二十坪ぐらいの空地があって、そこに碑が立っている。「永平寺開山道元禅師終焉之地」とある。私は何どもこの地に佇んで、道元の五十四年の生涯を考えたことがある。久我家の御曹子として生誕し、幼にして父母には早逝され、孤児として叔父に育てられた道元が、叔父のすすめる宮仕えを拒んで、建仁寺に出家して四十数年目にここで死亡している。中国にわたって、五年間、きびしい正師を求めての旅、帰国して、既成仏教団からの攻撃に抗して自己の純粋禅道場をひらく闘志。越前への移転。座のあたたまることのない説法の旅。それと並行して、興聖寺で書きはじめた『正法眼蔵』の完成。そのあいまに、『普勧坐禅儀』『学道用心集』など、今日も禅宗学徒のバイブルとして光明を放ついくつかの著書をなしているのだから、まことに充実した五十四年の生涯といえるだろう。偉大なる思想家、頑固に誰とも妥協しなかった禅僧、そして詩人でもあった人の墓標が、わずか六畳ぐらいの敷地に生垣でかこまれ、わきに桜が植わっているだけの簡素さである。この風景を眺めて、人間道元のもう一つの孤独がうかがえる気がするのである。つまり、この円山終焉の地の閑雅さは、越前や加賀の大観光寺院、大修行道場となった曹洞宗大本山の繁栄とは、無関係にしずかにねむる人の安息が感じられる。だが、なぜに、京へ帰って死なれたか地下に眠る人にきいてみたいけれど、やはり、ちちはのねむる京の地に帰って眠りたかったか。六祖慧能《えのう》のいったように人はみな故郷へ帰る。落葉帰根の大自然の摂理にかなう曹渓の道である。病重くしてのとつぜんの帰京を解く鍵はないので、墓にたたずんで、私はこのような思いを抱いてから久しい。

第四章　曹洞大教団の誕生

Ⅰ　二人の天才的な組織者

徹通義介の拡大策

さて、道元の死後、弟子たちの継いだ曹洞宗はどうなったろう。立宗の人があまりに孤高峻峻で、独創的で、詩的で、これまでの入宋帰国の諸師たちに比べ、ぬきんでていたから気になる。印可を証されたといっても二世、三世に師をしのぐ器量の人が出るのはむずかしかった。曹洞宗だけでなく諸派を見てもわかるとおりである。つづめていえば、道元が唱導した只管打坐《しかんたざ》の山居の禅は北陸を根拠地としてうけつがれはしたが、山居の宗旨にそぐわないほどの大きな発展をとげた。今日、末寺一万五千余ヵ寺をもつ一大教団の基礎をきずいてしまった。道元の嗣法は孤雲懐奘《こうんえじょう》であった。この人が永平寺二世で、懐奘は前記したように『正法眼蔵』を編み、『随聞記』を著わしたことでもわかるが、道元禅の忠実な実践者だった。また、のち宝慶寺をひらいた寂円がいた。懐奘とともに、山居の道元禅をうけつぎ、只管打坐の道を歩んだ。世に臨済将軍、曹洞土民というのは栄西や円爾の禅が、朝廷、公家、将軍と結んで国家鎮護の宗旨をかためたに反し、曹洞は道元のあとをついだ懐奘、寂円が都城をさけ、道を辺境の地につたえつづけたところをいう。辺境とは越前、永平寺と宝慶寺の地であった。ところが、三世の徹《てっ》通義介《つうぎかい》の代になると、この永平寺派は二分された。

運営上のことで論議が割れたのである。帰依者も多く、教団自体が大きくなると、きまって生じる問題ともいえるのだが、宗祖道元の枯淡な禅風に徹しようとする保守派と、一方にいまより教団を内外へ発展させようとする布教拡大派がうまれた。この布教拡大派を、新興派といいかえてよかろうか。もともと、布教拡大など道元のあずかりしらぬところだったにしても、三代目ともなると人柄も思想も生き方も変ってくる。山の中で枯淡を守るよりは、積極的に、民衆にも郷士にも働きかけ、坐禅道場をふやそう、というのである。この拡大策は効を奏した。徹通義介はやがて、永平寺を出て、加賀守護職の富樫家尚の招きで、押野庄の大乗寺にゆき、住職の澄海という阿闍梨《あじゃり》を説得して寺をゆずりうけ、大乗寺を曹洞宗に改宗、新興派曹洞宗団の根拠地にしてしまった。これで曹洞宗は、道元のまな弟子である寂円、懐奘の永平寺派と、大乗寺派に分れる。そして徹通の弟子に瑩山《けいざん》が登場すると、ますます大乗寺派は発展して、寂円らの永平寺が古風に山居を守るに比べ、近隣地の他宗派教団を呑みこんで末寺体系をととのえ、日本曹洞宗の代表教団となって、末寺を管理してゆく。今日の大教団の礎石づくりは瑩山の出現とその力によったといわれている。

瑩山紹瑾の教団のつくり方

瑩山は、諱は紹瑾《じょうきん》といい、越前多禰郡の出生。弘安三年（一二八〇）十三歳のときに永平寺二世懐奘に受戒して出家。同年八月に懐奘の死にあうと、三世の徹通義介を師として坐禅修行。十八歳のとき、宝慶寺に入って寂円の禅をも学ぶ。勉学の人であった。道元なきあと、諸所に正師を求めて、一流の巨匠をたずねたのだ。さらにまた瑩山は上京、東山湛照《とうざんたんしょう》、白雲慧暁《はくうんえぎょう》について臨済派の禅も学び、さらに比叡山にも、由良にもゆき、興国寺では心地覚心《しんちかくしん》（のちの法燈国師）につく。やがて大乗寺へ帰ってくると、永仁三年（一二九五）に徹通のあとをついで住職の座についた。また瑩山は加賀の浄住寺、能登の永光寺《ようこうじ》の開山となり、元亨二年（一三二二）には、門前町の総持寺に入って同寺を曹洞宗に改めて開山となった。弟子の峨山《がざん》は、この総持寺の二世である。瑩山派がなぜこのように発展したか。今枝愛眞氏の説によると、北陸に根を張っていた、白山信仰の古寺だった天台派の諸寺を吸収できたこと、それに観音信仰、山王権現信仰、熊野信仰などをも取り入れて、諸国の守護職や地方豪族に帰依者がふえたことによる、といわれる。

いずれにしても、瑩山紹瑾に天才的な教団造りの力があったといえる。瑩山が、白山信仰の天台派だけでなく、真言宗の古寺にも密着して、修験者層を自派に導き得たのは、深山幽谷に入って、ひたすら権門をさける態度に好感がもたれたからだろう。あくまで個人的、平民的に新仏教を鼓吹したからである。鎌倉や京都を無視、地方豪族を標的にして布教拡大をはかったのだ。それ故、北陸の天台、真言の大寺のほとんどは次々と曹洞宗に改宗した。また、嗣法の峨山も、総持寺を中心に教団拡張につとめ、天下の修験道場は総持寺派をもってするとの意気を示し、門前町の道場は全国から雲集する修行僧の宿舎つき大道場に発展した。

瑩山に『伝光録《でんこうろく》』という著がある。これは釈尊から道元、懐奘にいたる法燈を五十三章にわたって説いたもので、いわば曹洞宗史の古典といっていいものだが、果してこれが瑩山の著かどうか、疑わしいとされる研究家もいる。というのは、瑩山の名を借りてのちの手が加えられたらしい誤記が多い。その一つ二つをあげると、村上源氏の憲俊の息子である園城寺の公胤僧正（道元が比叡山を降りて師事した人）のことを道元の母方の叔父であるとしたり、『永平寺三祖行業記』では、良顕法印とあるのを良観法眼と記していることなど、ほかにもいくつかの誤りがみられるという。さらに天台宗の権僧正であった臨済の栄西を栄西僧正といいながら、千光は栄西の禅師号でなく法師名なのに、千光禅師と記しているなど、また、宋の無際了派《むさいりょうは》についても、無際禅師了破和尚などとよみ、常識を欠く記述があるなどと今枝愛眞氏は指摘されているが、勉学歴もふかい瑩山の筆になるとは信じられないものが、教団の古典として用いられるあたりに、懐奘死後の同教団の疾風怒濤《しっぷうどとう》の布教拡大の内容がほのみえるのである。瑩山は、常済大師の諡号をあたえられ、曹洞宗を大宗門たらしめた功績を買われ、今日も洞門は承陽大師道元を立宗の高祖に、常済大師瑩山を太祖と仰ぐのである。

瑩山の創立した酒井保の永光寺は大叢社といわれたが、正和三年に羽咋の豪族得田氏の帰依で開いた光孝寺に円通院を建てて中河の地頭酒匂八郎平氏頼親の娘祖忍尼にあたえ、瑩山自ら、永光寺の奥の谷に五老伝燈院を建て、高祖如浄、二祖道元、三祖懐奘、四祖義介、五祖紹瑾を祀り、「此の峯を名づけて五老峯と称す。然らば当山の住持は五老の塔主なり。瑩山が門徒中嗣法の次第を守りて住持興行《こうぎょう》すべし」と示したことから、嗣法明峰は、山内に紹燈庵を、無涯は新豊庵を、峨山は大雄庵を、壺庵は宝鏡庵を開基して、四師の法孫がながく永光寺に嗣住して、五老の塔廟を守護することになっている。このような嗣住制度は、洞門では最初のことで、永光寺はやがて、元亨元年（一三二一）に後醍醐天皇から出世道場の綸旨《りんし》を下賜せられたから、四人の法孫は、今日も永光寺で瑞世するのである。

また能州鳳至《ふげし》郡櫛比庄《くしびのしょう》諸嶽寺《もろおかじ》は行基《ぎょうき》の開基で、五百年来、里人の信仰をあつめた天台の大寺だったが、瑩山は、元亨元年四月のある日、夢で仏法興隆のために同寺を曹洞の道場たらしめよ、と告げられたことから、院主定賢律師にゆずりうけて、総持寺と改名するのである。それゆえ、今日も門前町の総持寺は、諸嶽山という。律院は禅苑にあらたまり、後醍醐天皇は総持寺をも紫衣勅許の出世道場とされる。瑩山は、やがて、総持寺を嗣法峨山に、光孝寺を壺庵に、永光寺を明峰にゆずって、正中二年（一三二五）八月十五日、五十八歳で遷化した。

自耕自作す　閑田の地
幾度売り来り買い去って新なり
無限霊苗《れいみょう》種熟脱す
法堂《はっとう》上鍬《くわ》を挿《さしはさ》む人を見る

遺偈である。瑩山はこの偈を記して筆を投げて溘然坐化《こうぜんざげ》した、と『伝』にある。五十八歳は今なら早逝だし、遺偈の「自耕自作閑田地」は、そのみじかい生涯の道場拡大の充実を表現している。

「月は二つあり」という公案

瑩山がどのようにして、天台派の古刹を自派に組み入れたか、の一例を永光寺や光孝寺に探ってみたが、推測されることは、北陸地方の天台、真言二派寺院はいずれも弱体化していたのだろう。瑩山の夢告で寺をあけわたすなど考えられないことだが、当時の曹洞禅の勢いというものがわかる。しかしながら、このような勢力拡大は、高祖道元の思想とどうかかわったか。『正法眼蔵』の垂範にいうごとく、「念仏修懺、看経を用ひず、況んや加持祈禱をや」ただ只管打坐、不思量底《ふしりょうてい》の三昧王三昧《さんまいおうざんまい》に安住して古則公案を拈《ねん》弄《ろう》などしない独創の宗旨のはずだった。

仏正法の禅風挙揚《こよう》にあった立宗の人の思想も、教団が拡大されてくると、やがて法継者によって少しずつ変ってゆく。のちの良寛が、洞門のこの隆昌を背にして、高祖の思想へ還れ、と叫んだ理由もこのあたりの消息だろう。しかし、そのことは、のちにゆずらねばならぬ。いましばらく、洞門の隆昌ぶりを見る必要がある。

瑩山紹瑾の嗣法峨山韶碩《しょうせき》はどういう人だったか。建治二年（一二七六）石川県津幡《つばた》に生れた。正応四年（一二九一）十六歳の時、出家して天台僧となり比叡山に登って菩薩戒をうけ、永仁五年（一二九七）冬、京都の東宮で、瑩山にめぐりあう。瑩山は、峨山の眼光を見て、天台からひきぬいて、師弟の縁をむすぶ。だが、峨山は修行未熟だったため、さらに修行をかさね、正安元年（一二九九）加賀大乗寺で瑩山に再入参して大悟し、印可された。『峨山和上行状』につぎのようなことが出ている。

一日、峨山が、瑩山の月を眺めているのに随侍していた。瑩山が問うた。

「月に二つあることを知っているか」

「月に二つあることを知らないでは洞上の種草にはなれん」

瑩山がいった。

「わかりません」

峨山はこたえた。

峨山は、それ以来、朝夕打坐して、師の公案に挑んだ。永平下の叢林《そうりん》では、「月有両箇」の公案は重んじられて今日に至る。総持寺十七世、円鑑不昧禅師はこの話をつぎのように説いている。

「月に両箇ありというのは、中天に澄みきってある月と、その月が、森羅万象を照らしている、その光りの二つをいったもので、月はすなわち、悟った境地をいい、光りは、その悟りによって、日常の喫茶にいたるまでの一切の仕事に顕現するありさまをいうのである」

とある。臨済では、このような月に二つなどと対立的な発想はないようだが、洞門にはあるとみえてこのような解釈もなりたつのだろう。興味をそそるところである。峨山は、瑩山のこの公案をもちろん透過して、師資相承血脈《ししそうしょうけちみゃく》を授与される。総持寺二世となった峨山は、永光寺にも輪住しながら雲水の教化につとめ、瑩山の拡大した道場禅を充実させてゆくのである。

峨山韶碩の天台・真言侵攻作戦

ところで、この瑩山、峨山の洞門の勢力拡大は、乾元元年（一三〇二）から建武年間にわたる約三十年間ぐらいのことだが、時代は北条政権が倒れて、足利尊氏が台頭、後醍醐帝が神器を奉じて吉野に移り、北朝光厳天皇と対立、いわゆる南北朝分裂の前後と混乱期にかさなってくる。臨済宗では、大応、大燈の大徳寺創立がこれとかさなっていたが、南北朝政変は、曹洞宗にも影響がないとはいえなかった。先ず、尊氏が、弟直義とともに元弘の乱以来の諸国の戦没者の霊を弔うためにたてた一国一寺（安国寺）の建立が臨済五山派の各寺に見られた一方で、利生塔が地方寺院に設置された時、洞門では加賀永光寺がえらばれた。これは峨山韶碩が、北朝に近づいていたことを物語っている。ところが、北朝の文和二年（南朝の正平八年）になると、瑩山の嗣法だった明峰素哲《みょうほうそてつ》の流派に、後醍醐天皇の働きかけがあり、先にもちょっとふれたように、光孝寺が勅願道場になっている。また、瑩山が修行時代に師事した由良《ゆら》興国寺の心地覚心（法燈国師）は、南朝とふかいかかわりがあった。そのため、南朝の後村上天皇から瑩山に仏慈禅師という勅諡号《ちょくしごう》を宣下された旨の書を出雲の孤峰覚明《こほうかくみょう》が、総持寺の峨山の許におくって瑩山の法系に入りたいといってきた。峨山は、この書に対し、曹洞宗では宗祖道元が永平寺をひらいて以来、勅諡号宣下という例がない、先師の瑩山和尚も亡くなった今になって、そのような諡号を頂戴するわけにゆかない。また、あなたは、瑩山和尚の法をつぎたいとおっしゃるが、あなたは法燈派の本拠である由良の興国寺の覚心の法をつがれている。あらためて洞門に復帰したいといわれても信じるわけにゆかないと、つっぱねた。

峨山の判断は曹洞宗を政変にまきこまれずにすませた功績をもつことになった。ちょうど、後醍醐天皇が笠置からしきりに大燈に書簡を送り、弟子の関山が代参して、天皇に会っていることなど想起されるのだが、南朝方は臨済では大徳寺を、曹洞では加賀の総持寺に標的をしぼって、仏門の勢力と組みたかった証しがここにある。出雲の孤峰覚明は、その使い人だったとみてよい。また、中央政権が二分している現状は、地方武将や豪族にも二派のどちらかへの去就を迫っていた時代でもあるので、たとえば、九州では、南朝方の菊池一族と瑩山派の寺院がつながっていたことなどだ。だが、峨山韶碩は、北朝方に好意をもちつつ、一切の政変から関係をたった。それがまた、地方郷士や、武将の帰依を得る因にもなったといえよう。

峨山は総持寺を守って九十一歳まで生きた。師瑩山にくらべると倍近い年齢を生きて、洞門の隆昌につとめ、門下二十五哲とよばれるほど多士済々の弟子を育てた。なかでも、秀でたのは太源宗真、通幻寂霊、無端祖環、大徹宗令、実峰良秀などで、彼らは、総持寺山内の普蔵院、妙高庵、洞川庵、伝法庵、如意庵などに住んで法筵をしいた。総持寺五院というのはこれである。また、通幻寂霊は、三田の永沢寺、越前の竜泉寺、乗安寺を、太源宗真は、金沢の仏陀寺、無底良韶は、水沢の正法寺を、無際純証は富山の自得寺を、源翁心昭は福島の示現寺、結城《ゆうき》の安穏寺、鳥取の退休寺を、大徹宗令は富山の立山寺を、実峰良秀は岡山県井原《いばら》の永祥寺などを、それぞれ天台、真言の古寺だったのを、つぎつぎと曹洞宗に改宗させて復興している。峨山の弟子たちも、師の志をついで、全国に布教を拡大したのである。九十一歳で死んだ峨山は貞治五年（一三六六）の十月二十日の示寂の日に、

合成の皮肉九十一年
夜来旧によって身を黄泉に横たう

との遺偈《ゆいげ》をのこした。遺体はこれも遺言で門外の亀山に葬られたといわれている。峨山は総持寺に住んだが、いわゆる五院に住して、本寺を輪番で守るという体制をととのえ、明治に至るまでに五万人の歴代住職が師資相承してきた。峨山が瑩山派の大器として、今日も曹洞宗門で重視される所以である。

孤塁永平寺も総持寺の軍門に

　ところで、この瑩山派が天台、真言の諸派を組織下に入れることに成功したにしても、いったいその宗旨はどうだったのか。何度もいうようだが、始祖道元の思想には、そもそも曹洞というよび名さえ拒むきびしさがあった。ただ仏の正法をつたえるために、只管打坐することだったはずだが、そのような修行専一の道場が拡大されて、教団化するには、信仰上の魅力がなくては、他宗派の僧侶も、民衆も、地方豪族もさそいきれなかったろう。今枝愛眞氏の研究によると、天台、真言の修験者層を吸収してゆく過程で、「神仏の庇護を願う加持祈禱の密教化、死者の葬送、供養などを大いに奨励して民衆にアピールしたこと、また全国的なひろがりをもっていた白山山嶽信仰、各地の熊野権現、阿弥陀如来を本地仏とする立山権現、豊川稲荷で有名な妙厳寺の稲荷信仰、伊勢明神、石清水八幡、春日権現、天満天神信仰にまで入りこんで、各地各様の民間信仰を取り入れることで宗風の民衆化をはかった」とある。加持祈禱は悪鬼を退治したり、水利の開拓や、道路橋梁の建設など、また病人の救済、公益事業にまで及んで、民心の慰撫と現世利益を強調していた。またこのことは、地平の隅々にまで及んだので、これまでの仏教が、ややもすると上層階級にもてはやされて、いっこうにその恩恵に浴さなかった貧しい士民、農民にも浸透していった。

のちにのべねばならないことだが、今日も洞門で発行されている『禅林曹洞法語集』を繙くと、祖師たちの戒語や語録に併録されて、一般民衆の葬送のための引導法話や、供養のための法式までがテキストとしてあり、その「小僧訓」には、差別戒名の指導も徹底化している。組織教団がととのえたものとしては、はなはだ、権力的な色彩の濃いものである。

しかし、何としても、宗祖の思想は坐禅にあるから、どの末寺も民衆に坐禅をすすめたことは当然だったが、やがて室町時代に入ると、参禅の際に利用する『密参録』が流布するようになり、これが師弟間でひそかに伝授された。道元が嗣書《ししょ》を重んじたことはのべておいたが、厳粛なその伝授方法も、密室化して、切紙に口伝の秘事を書いてわたすなど、今日に至っても、この嗣書、血脈《けちみゃく》、切紙を「室内三物」とよんで尊重してきている。真言宗や、天台宗の方法が逆に曹洞宗に取入れられてきた証しである。また、洞門は、江湖会と授戒会を盛んに行なった。江湖会というのは、九十日間、一定の場所に集まって、結界し、本格的な修行をする、結制、安居をいう。道元もこの修行方法を重視したが、瑩山派はこれを拡大し、「千人江湖」とよぶような各地武将の援護を借りて、大々的な研習会を催し、これに一般民衆も入れて、成果を上げている。のちにのべる大愚良寛が、越後の辺境、出雲崎の光照寺に剃髪して、備前の叢林円通寺の傑僧大忍国仙に見出されるのも、光照寺で行なわれた江湖会が縁になった。

また、授戒会は、一部の人々にかぎられて行なわれたもので、大名から一般民衆にいたるまで、集団で授戒できた。

こういう教団拡張の手段なるものが、やがてこの教団に起きた復古運動の根のふかさをかさね考えさせるのであるが、峨山が瑩山の早逝のあとをついで、九十一歳まで挺身した末端寺院の活性化と復興は、曹洞教団にとっては、一石二鳥の効果があった、と今枝氏はのべておられる。よくわかる説明だと思う。

ところで、総持寺の権力化は、始祖道元の永平寺を弱体化し、辛うじて灯を守っていた寂円派の小教団を完全に制圧するようになった。徹通義介の死後、まったく関係をもたなかった永平寺にも、やがて、総持寺から住職が派遣されることになり、永平寺はやがて、総持寺の配下となった。

永正四年（一五〇七）に、永平寺に「本朝曹洞第一道場」の掲額が後柏原天皇から下賜されてから、永平寺は、臨済宗では五山の上位にあった南禅寺のように、勅旨をうけて入寺する勅住寺院に列せられ、曹洞宗の拠点と、最頂上の格式をもつことになった。これも瑩山、峨山派の参加をぬきにしては考えられない。また総持寺も、天正十七年（一五八九）に出世本寺として勅許されて、元和の法度では、永平、総持、両寺とも最高位の紫衣勅許の本山となった。洞門は両本山が併立して末寺体制がととのえられて、今日にいたった。

曹洞の密教化民衆化の功罪

以上かんたんに、道元死後の曹洞宗門の発展のあとを辿《たど》ってみたのだが、もとより研究家諸氏の孫引きもあるにせよ、書いている途中で思ったことは、道元のような自己にも、他にもきびしい高邁な思想家についてゆく弟子の身になってみると、はなはだ窮屈で、息のつまるようなことがしばしばだったのではないかと想像されるのである。

かりに、道元が重視した嗣書伝授であるが、嗣法した懐奘との室内における道元の風貌容姿を想像しただけでも鬼気せまるものが感じられる。道元は入宋して、天童山の長翁如浄に相見して、師資相承の嗣書伝授をうけて帰ったにしても、道元と如浄のような師弟関係が、日本に帰って同じように成立するとは考えられない。如浄は、洞山、曹山の法脈をうけた山居の巨匠、道元もまた、傑出した弟子であったがゆえに、理想的な授受が成立したであろうが、果して、道元が懐奘に印可し、懐奘が徹通に印可し、徹通が瑩山に印可し、瑩山が明峰、峨山その他の二十五哲に印可するのに、始祖と同じような密着の緊張があったとは考えられない。

それぞれの師にはそれぞれの師風があり、弟子にもまた弟子風があろう。それゆえにこそ、道元は、正師を求めて宋国に五年もとどまったのだった。日本国内にも同じことがいえて、さきに瑩山と峨山の「伝」を簡略に見た際にも、二師の正師を求めて歩く修行道のなみなみでなかった事情を想像してもらえたろうと思う。すると、道元以後、曹洞宗の師資相承の密室には、いわゆるその師匠の考えから、印可をあたえるべき弟子がえらばれたわけであろうが、思いかえしてみると、寂円、懐奘のいわゆる永平寺派には、窮屈な、息苦しいほどの自己鍛練を用意せねば透過をゆるさなかった道元への命がけの随聞があって、それぞれの孤独な風格の中に、道元禅をあたためて、ひとりは永平寺に、ひとりは宝慶寺に専心道場を張ったとみていいだろう。

しかしながら瑩山にいたって、いくらか、その窮屈さがとれたのではないか、という印象がある。瑩山の生誕は道元の死後だから、瑩山は、まったく、高祖の風姿にふれてもいない。ふれていたのは寂円と懐奘だけだった。寂円は大野にひきこもり、懐奘は、『正法眼蔵』を編み、『随聞記』を書くことに徹して、師匠の思想を宇内に宣揚しようとして、八十三歳で示寂した。この弘安三年（一二八〇）は、瑩山が懐奘に入門した年だった。瑩山は、その師懐奘の若き苦闘随聞時代をもちろん知らない。ましてや道元希玄のことは話にきくか、『正法眼蔵』その他の語録に接するしかなかったろう。しかも、その二祖懐奘も、三祖徹通もともに日本達磨宗で修行していた人々で、道元が子供から育てあげた弟子ではなかった。

実際をいえば、道元には子供からしあげた弟子は一人もいない。すでに、大日能忍の禅を修行して、求法の途中にあった雲水たちが、深草に集合して、比叡山や、東福寺の建立のこともあって、京都での布教がむずかしくなった道元をかついで、越前へ入ったのであったから、ここにはひとりの子育ても完了していない孤独な道元がいる。その道元を信奉する弟子に献身的な随聞者懐奘と、狷介《けんかい》孤絶の寂円がいるだけで、ほかは、みな他宗育ちの参会者ばかりが永平寺道場の現実だったろう。すると、道元死後に、まったく宗風のふるわない一時期が訪れて、という意味は、懐奘、寂円の老衰もあって、元気なのは瑩山以後の継承者だった、ということもできようか。ここで元気なということばを不用意につかったのも、私なりの考えがあるからで、しばらく横道にそれるようだが、卑近な経験を挿入してみたい。

私的・曹洞変質論

私は、十三歳から十九歳まで、京都天竜寺派の等持院で沙弥をしていて、師匠二階堂竺源《ちくげん》の死に出あった。等持院は天竜寺派の別格地で、師家級の老宿が代々住職だった。竺源師は前住北溟《ほくめい》和尚の印可をもらった人で、まことに狷介孤絶、自由奔放、本山に抗して、足利家菩提寺でもあった同寺を守った人だった。その師匠の死で、天竜寺の管長だった関精拙《せいせつ》（峨山の嗣法）師に寺はゆだねられ、精拙老師の弟子である三人の僧が輪番住職として交代で等持院にきた。子飼いで竺源師に育てられていた私たち七人の小僧は、一朝にして、天竜寺本山から廻されてきた、それぞれの風格の師匠に随侍することになった。

この三人の風格をくわしくはここで説明できないが、それぞれちがって、ひとりは学識修行派、ひとりは、乱暴といえるほど大酒呑みで自由奔放、もう一人は、どちらかといえば酒も女性もたしなむ温厚なる軟派の人といえた。もっとも、これは、十七、八歳の小僧の主観にすぎないのだけれど。月に交代でやってくる臨時住職について、私たちは勤めたわけだけれど、のちにこの三人は、有名な古刹住職と天竜寺管長となって、精拙師の嗣法となられたし、自由奔放な方は、早逝された。この三人の風格を思うにつけても、同じ天竜峨山禅の法系にも、硬軟、明暗、孤高、外柔、それぞれの接化態度があって、そのいずれもが本師の思想をうけついできた人々にちがいなかった。中学卒業まぢかだった私は、すでに得度、剃髪もして沙弥職にあったので、すぐ僧堂ゆきが迫っていたが、三人から教わった禅風はそれぞれ変っていた。まことに本来無一物の思想を説くにも、人柄が作用するものだ。私はどちらかというと、大酒呑みで、自由奔放だった人に好感を抱き、その方が肺を患っておられたのを見て、心奥に同情もわき、かつ、時に短気な一喝をくれて私たちを叱咤《しった》されても、その心奥で敬虔に首肯したものだった。つまり、弟子の方も、元気な師匠をえらんでいたわけで、このあたりの卑近な体験が、禅門における師と弟子との関係に、肉質感をもってつたわることを否めない。それゆえに、昔の修行僧が、全国を歩いて、それぞれの道場の老宿に謁見して、元気な正師を探した消息も私なりにわかるのである。

道元は、つまり、そういう子飼いの弟子はもたなかった。そこが、私には興味あるところで、さきにその生涯をふりかえった最後に、京都円山の真葛原の幼稚園に隣接した六畳間ぐらいの敷地の墓地にひそやかに眠る終焉の地に佇んで、あれほどの深い哲学と高い思想を美しい詩的散文で書き終えた宗教家が孤独に眠っている、と書いたのも、そこに子飼いの弟子がいなかった淋しさがつたわったせいかもしれぬ。それと同時に、越前永平寺を懐奘にゆだねて、もう二度と越前へはもどらぬ覚悟で、病《やまい》の身を京都松原の帰依者宅によこたわらせて、しずかに息をひきとってゆく道元の身のまわりの寂寞を思ったのだ。越前に大寺があっただけに、寂寞は大きく、また、かしずく子飼いの弟子もいなかったろう境遇の孤絶にである。もちろん、私は、道元に子飼い小僧のいなかったことをいささかも欠点としているのではない。どだい、道元ほどの人に果して子供のころからくっついて師事できた小僧があり得たろうか。否だ。とても息つまりと窮屈さで、一分と眼前にすわっているのは閉口だ。高くて峻嶮な山には人は登りたがらない。いや、登るのはおそろしい。ふもとから拝すればいい。誰が道元の思想にピッケルがうちこめるか。

もう一度、道元に

こんなことをいっておくのも、死後の洞門に、孤高峻絶の山からしばらくはなれて、近くの能登の平原支谷に、べつの山をつくって、本師の説いた只管打坐で仏の正法をひろめようとする、もう一つの山が誕生した感をもつからだ。そのピッケルの保持者は瑩山であり、峨山であった。

だが、しかしである。私には、どうしても、道元の次のようなことばが重くのしかかる。

「法を明め道を得るは参師の力たるべし。但し、宗師に参問するの時、師の説を聞いて己見に同ずること勿れ。若し己見に同ずれば、師の法を得ざるなり。参師聞法の時、身心を浄め、眼耳を浄めて、唯師の法を聴受して、更に余念を交へざれ。身心一如にして水を器に注ぐが如し。若し能く是の如くならば方に師の法得るなり」

『学道用心集』の一節である。仏法を明らめるべく、師匠の室に入って、その説法をきく時は、己れの見解に左右されてはならぬ。もし、自分に何かあって、それに左右されたら、師の法はつたわってこない。それゆえ、師の室に入る時は、身心をきよめ、五感をしずめて、頭をからっぽにして、ひたすら、師の言葉をきくのである。すると、師の心と、自分の心が一つになる。たとえていえば、師という器の水が、こっちの器へそそがれてたまるようなものだ。

ゆるがせに出来ぬ問法の極意を教えられるわけだが、果して、われわれは、このように自己を無にして師匠の前にすわれるだろうか。無にするにも、しないにも、こっちに、そのような器さえもちあわせぬことだってある。おそろしい師弟の吸呼を道元は語るわけで、このようなきびしい観点からみれば、おいそれと、弟子づらしてやってきた連中は、道元にはじき飛ばされていたろう。そう思いながら、ぼくは、懐奘の『随聞記』を読んだ。わかることは、懐奘という器に入った『正法眼蔵』がここにあって、それは、道元の書いたものではなかった。そこに懐奘の立場があって、われわれは、『正法眼蔵』というむずかしい本を、わかりやすく、しかも透明度高く読了できて、考えさせられることのふかさにぬかずくのである。が、正直にいえば、懐奘さえがとりこぼしたものを道元は『正法眼蔵』にとじこめて黙っている。それぞれの師によって見えるもの、見えないもの、山にちょうどかすみがかかるようなものか。十全の法脈を味わいつくして、湧水を汲みとることは、なかなかに出来るものではない。

道元ののこしたことばは、曹洞宗教団の末寺数が一万何千ヵ寺になろうと、一ヵ寺になってしまおうとかかわりがない、永遠の真実を問うたことばである。「ぼくらはどう生きればいいのか」。道元は、南北朝時代から室町を経て、江戸、明治、大正、昭和のいまにいたっても、あいかわらず問いかけ、かくあれと教えようとしている。

本書は、じつは、このようなすぐれた立宗の人にめぐりあえなかったけれども、その語録や行実伝をよんで、あるいは聞いて、道元というすばらしい器の水を、おのれを無にした器にうつして、仏法とは何かを求め歩いた人をさぐるのが目的なのである。もとより、このことは、臨済や曹洞などの宗派別に考えられるべきものでもない。道元自身もいったのだ。わたしの仏法は仏の正法であると。

第五章　一休宗純の風狂破戒

I　禅林を覆う〝色〟と〝欲〟

伽藍護持派を罵倒

道元禅に深入りして、日本純禅の法脈の埋もれてゆく姿をのべてきているうちに、臨済にもどって、応・燈・関の純禅を汲む人をさがさねばならなくなった。

臨済宗も、南北朝動乱の影響をうけ、大応《だいおう》、大燈《だいとう》、関山《かんざん》の韜晦《とうかい》があったように、時代の波乱をもろにかぶった鎌倉五山、京都五山の権力化がすすみ、純禅の道は叢林《そうりん》といわれた林下道場に辛うじて生きていたといわねばならない。もちろん、大応とならんで黒羽雲巌寺に孤住した高峰顕日《けんにち》の流れを汲む夢窓《むそう》が、動乱後の足利幕府と組んで戦後政策に加わり、いくたの寺院を建立して大いに臨済宗の勢力を張ったことはみとめねばならぬが、その夢窓が、一日妙心寺《みょうしんじ》の関山の庭掃除姿に感銘して、やがてわが宗派は関山の門下にくみとられる日がくるであろうと嘆息したことを思いだしていただきたい。それゆえ、純禅の行方は関山なきあとの、応・燈・関の法脈をさぐるしか道はないことになる。大徳寺は徹翁義亨《てっとうぎこう》が大燈を継いだが、つづいてその法脈は、言外宗忠、華叟宗曇《けそうそうどん》とうけつがれ、華叟の嗣法に二弟子が生れ、養叟《ようそう》、一休《いっきゅう》によって大燈禅は二つに分れていた。すなわち養叟は伽藍を守る大徳寺第二十六世として、一休は、伽藍に背を向ける野僧として地獄を這う。

妙心寺関山の法系はどうか、二世の授翁宗弼、三世の無因宗因、日峰宗舜、義天玄詔、雪江宗深とうけつがれてゆくが、雪江ののちは妙心寺内だけでも、四派に分れ、室町期から戦国の動乱に入る。そこで、先ず大徳寺系の一休の行実をさぐることにする。

一休宗純は、旗幟《きし》鮮明に純禅復興を叫び、本山伽藍護持派を罵倒した。かんたんに、略歴を示しておくと、明徳五年（一三九四）の正月一日に京都に生れた。後小松天皇の子といわれる。六歳で安国寺の像外集鑑《ぞうがいしゅうかん》について出家得度。つづいて建仁寺の慕哲《ぼてつ》に漢詩を学び、十七歳で、西金寺の謙翁宗為《けんおうそうい》の徳風を聴き、師事。二十一歳で謙翁の死にあって、絶望的になって、琵琶湖に身を投じようとする。母は藤原氏の出で、南朝系の出自であったことから、後小松帝に寵愛されていたけれど、女官たちに讒言《ざんげん》されて、妊《みごも》ってから御所を追われ、一休を嵯峨野のあたりに出産して孤独にくらしていた。二十一歳で自殺未遂の苦悩から立ち直った一休は、二十二歳の時、堅田《かただ》の禅興庵に華叟宗曇の師風をしたって入門、二十五歳で、洞山三頓の棒の公案を透過して、華叟から一休の号をうけた。

二十六歳ごろから同門下で、年上でもあった華叟の嗣法養叟宗頤《そうい》と不和になった。二十七歳の時、琵琶湖の岸で坐禅していて、鴉の声をきいて、悟りをひらいた。師匠は、一休の大悟をみとめ、印可をくれようとするがこれを拒む。正長元年（一四二八）華叟宗曇は死亡する。一休は堅田を出て諸方を流浪し、僧俗さまざまの男女とめぐりあう。多情多感の人間一休が仕上がってゆく。

嘉吉二年（一四四二）に京師の混乱をさけて、大阪府高槻の奥の譲羽山に入る。文安二年（一四四五）法兄の養叟が大徳寺二十六世となって入山する。一休は譲羽山を出て、京都に入り、売扇庵、瞎驢庵《かつろあん》を転々とする。康正元年（一四五五）六十二歳で、『自戒集』を編して法兄養叟を徹底的にののしる。翌年、田辺薪村の妙勝寺（大応の墓所）を復興して自ら庵を酬恩庵と名づけてそこに住む。応仁元年（一四六七）七十四歳の時に兵乱が起きて、住吉へうつって松栖庵に住む。文明二年（一四七〇）、住吉の薬師堂で、森女《しんにょ》にめぐりあって琵琶をきく。森女をつれて田辺へ帰る。同六年（一四七四）勅をうけて大徳寺四十八世となるが、偈《げ》だけ托して居成晋山《いなりしんざん》をするだけで京都へゆかない。七年酬恩庵に寿塔、慈楊塔を建てる。八年また住吉へゆき、十一年に堺の豪商尾和宗臨の寄進で、大徳寺山門を修復し、十三年十一月二十一日に、酬恩庵で入寂する。八十八歳だった。

経歴をかけば、以上である。これは、一休の弟子といわれる真珠庵開創の没倫《ぼつりん》紹等《じょうとう》

（絵画をよくして墨斎と号した）の筆になる『東海一休和尚年譜』によったもので、和尚の伝記はこのほかには何もない。和尚自身も書きのこさなかった。それゆえ、われわれは、没倫紹等の年譜の行間と、一休がのこした詩偈や、歌からさぐるしかないのである。

天才詩人の萌芽

天皇の庶子で、母親が御所から、天皇の子を身ごもって下放されたという運命からして、この人の格別な人生を暗示していたようだ。世が世なれば、殿上人としてくらせた身だが、六歳で出家せざるを得なかった。もちろん父親とも会うこともゆるされなかっただろうし、母もまた監視下におかれた薄幸な生活だったろう。その母親と別れて六歳で剃髪したのだから、尋常でない人格がつくられて不思議はない。ところでこの当時は貴族出身で僧侶になる者が多かった。早い話が、夢窓の師匠だった那須雲巌寺の高峰顕日は前記したように後嵯峨天皇の皇子だった。後醍醐帝は、大徳寺を建立しておいて、笠置へ入り、南朝帝として、やがて、隠岐に流される運命をもつ悲劇の天皇だが、禅宗に関心がふかかった。これは大燈、関山の時に、あるいは加賀永光寺の峨山の時にふれたことでもわかろうが、物故した高哲に禅師の諡号を宣下したことでもわかるとおり、宮廷における禅宗信仰の第一人者だった。花園上皇もそうだった。関山慧玄に妙心寺を創建してあたえたぐらいである。つまり、後醍醐、花園の両帝が熱烈な禅宗信仰者だったように、後嵯峨天皇も帰依ふかかった。公家にもこの信仰はあって、かなりの人々が五山に入山して、剃髪していた。九条、二条、近衛、冷泉、久我、それぞれの出身で、高僧となった人がいた。門跡尼寺もあった。つまり禅は当時は、新興宗教というので、宮廷、公家、武将の知識階級に魅力をもってむかえられていたので、五山も自ずから、その出身の僧侶で一杯だった。すれば六歳で、一休が母とはなれて安国寺に出家して不思議はなかった。格別な人格といっておいたのは、母親のおかれた境遇であって、出家については当時としては、あり得た進路であった。だが母親は六歳で放した。つよい人だったか。その感化なしでは、一休の精神形成は考えられないからである。

十五歳で、詩をつくった。こんな詩である。ひどくませた詩だと思う。

吟行《ぎんこう》の客袖《きゃくしゅう》　幾時《いくばく》の情ぞ
開落百花　天地清し
枕上《ちんじょう》の香風　寐《び》か寤《ご》か
一場の春夢《しゅんむ》　分明《ぶんみょう》ならず

ませたといったのは十五歳の年齢を思ったからだ。今の中学卒業前後の年齢にしては、はや大人の世界である。私流に訳してみると、花見の客たちを酔わせたわずかのひるの袖の香りよ。あっというまに散っていったあの百花のはなびらよ。家へ帰って、寝ころんでみたものの夢かうつつか、まだ瞼《まぶた》にちらついて枕もとの衣かけから香りがただよってくる。

建仁寺にいた時だ。慕哲和尚に習った漢詩作法をふまえての苦吟だったろうが、のちの天才的即興詩人の風格はすでにあらわれているといっていい。またこんな詩がある。

法を説き禅を説いて姓名を挙ぐ
人を辱しむるの一句聴いて声を呑《の》む
問答もし起倒を識《し》らずんば
修羅の勝負　無明《むみょう》を長ぜん

ある一日、一休は、建仁寺の庫裡をのぞいたらしい。すると、そこに兄事せねばならぬ先輩雲水がしきりにだべっていて、やれ自分は何々家の出だの、何々公家だのと、在俗時代の出自の家柄をほこらしげに語っていた。耳をおさえて自室にひきこもって、この詩を書いた。十六歳だった。

これも私流に訳してみると、仏法を説き、禅の道に入った者らが、べちゃべちゃと自分の出自を誇っている。はずかしいことだ。いったん仏弟子となったからには、釈尊の弟子ゆえ、みんな平等で、尊卑上下もありはしない。このぐらいの肝心のことを識らないで坐禅などやっているようでは、無明の闇はいつまでもつづくだろう。

一休の憤りが行間にあふれている。激しい詩句である。十五歳の先の詩は、どちらかというと、軟派だが、こちらは硬派で、むしろ、述志に近い。

師の死と自殺未遂

少年期の二作の詩をえらんでみたのは、一休という人間像の、ようやく出来あがろうとする時期がこの二篇ですでに象徴されている気がするからだ。一休は、八十八歳の生涯を、いつとて文芸からはなれたことはなかったし、また、その作風は、一方では自然の花樹をうたい、人の情を詠んだが、一方では、激烈に純禅を求める志をうたい、宗風の荒廃にむけて、荒々しく毒づく詩偈をのこすのである。また、大燈や、関山らが、漢字を使って法を説いたのに反し、「仮名法語」といって、ひらがなで法を説いた。『骸骨』『水かがみ』などが有名だけれど、それらの行間にも、純禅求法の意志がつよくあらわれ民衆にそのことをつたえることをわすれなかった。

一休の禅は、謙翁宗為と、華叟宗曇に学んだ純禅である。謙翁宗為は、関山系の無因宗因の嗣法だったが、師が印可をくれようとしたら、謙翁は、自分のようなものが……といって謙遜して辞退した。謙翁とはその由来であった。無因宗因は授翁宗弼の嗣法で関山直系の俊哲である。謙翁のいた西金寺は、今日はどこにあったか判明しないが、おそらく破れ庵だったのだろう。清貧を守り狷介《けんかい》孤独の老宿だったらしい。常に門を閉じて人を入れずと「伝」にある。

一休は、ここで約五年近く参禅した。一休は謙翁から宗純という名をもらい、ある日、もうおまえには何もかもくれてやった。これ以上くれてやるものはない。印可をやりたいが、わしにはその資格さえない、と宗為はいったという。一休はこれをうれしくうけとった。しかしながら、二十一歳の時に、この師匠が突然死亡する。

冬だった。一休は、金がなくて、師匠の葬式さえ出せない。裏山に師の遺骸を埋めて、庵を出た。ふらふらと琵琶湖畔にきて、石山寺に参籠したのち、瀬田川に身を投じて自殺をはかった。青年一休の面目は、やわらかな心の持ち主だったというにつきようか。あるいは、謙翁の死で、絶望して生きる気持を失なったのか、それとも、ふととつぜん、そのような行動に出てしまったのか、墨斎年譜は自殺動因について何もふれていない。いずれにしてもいのちがけで青年宗純は生きていた。

堅田の禅興庵（今の祥瑞寺）にいた華叟宗曇は、大徳寺の言外宗忠の嗣法であったが、大徳寺にイヤ気がさして、堅田へきて、これも破れ庵に近い道場を守っていた孤高峻絶の人であった。大燈の嗣法は徹翁義亨である。徹翁の嗣法は言外宗忠であったから、その弟子の華叟は、大応の禅の直系である。純禅を胎内にひめて、江州の港町に身をひそめていたので、一休はこの師匠の噂を誰かからきいて、自殺未遂後、大死一番をはかって華叟門に参入する。

大徳寺内の俗悪な日常風景

華叟がなぜ大徳寺に背を向けていたか。京都にイヤ気がさしていたか。大徳寺は、何どもいうように、五山とちがって、朝廷勅許の林下道場である。ここにどうしておれなくなったのか。しばらく、この室町前期の京都大徳寺の荒廃ぶりの様相にふれておかねばならない。

大徳寺は、たしかに、大燈の開創した純禅道場として出発していた。大燈は大応禅をうけつぎ、もう一つ唐代にさかのぼった純禅を挙揚しようとして、伽藍も、五山のように七堂などをそろえず、ただ法を説く法堂を建てるにとどまって、あとは道場だけであった。法堂は祖師の霊を祀り、同時に法筵《ほうえん》をしく場所だった。そうして、大燈は、徹翁、関山を打ち出して、徹翁には大徳寺をまかせ、関山には妙心寺を創立させたのだった。これで後醍醐帝と花園上皇の望む二つの禅苑が創立されたわけだったが、じつはこの大燈の死後、徹翁、言外までの時代はよかったが、華叟の時代にくると、寺内には五山派が踏んだと同じような組織集団の俗悪性が芽生えだした。

五山には東班衆と西班衆があって、一方は本山経営の経済面を司り、一方は修行をするグループといってよかった。東班衆は、財政貯蓄が出来ると鉄砲をたくわえて倉庫を守り、資本を注いで貿易船をつくり、京都市内には質屋を経営して利子をとり、さらに土倉には年貢米を貯えて高利をとって売るといった商人顔まけの事業をやったし、西班衆は、出自をほこる公家、武家、朝廷出身の小僧、雲水であってみれば、僧となって位階があがれば目的が果せた。どこまで禅修行が目的だったかわからない。塔頭《たっちゅう》寺院は文芸サロン化し、相国寺などは、五山文学の砦《とりで》となって、詩文集の発行にうき身をやつす僧が出た。『啓札集《けいさつしゅう》』という本は、塔頭僧が男色相手の小僧への恋文集で評判をとった。将軍義持は、生存中に葬式を七回も行なって相国寺の僧らに弔辞を競わせた。長文ほど将軍はほめた。五山文学の隆盛とはこのことをいう。

このような文芸禅の風潮が、林下道場にもじわじわと染みわたっていたのである。というのは、大燈の死後、大徳寺は、天皇の帰依もあって大いに発展をとげ、貨幣経済の発達で、新しく登場してきた商人中の知識人や、文化人たちを魅きつけ、同じ坐禅をするにも、「公案売り」とのちに一休が罵倒する「密参禅《みつさんぜん》」が流行するようになった。財界人や武将の印可願望である。もちろん居士として彼らは参禅した。道場は、特別な階級層のサロン化に拍車をかけ、大徳寺も妙心寺も馴れあった安穏の道をゆくことになる。皇室の加護が、大きな原因だったろう。

清貧の師華叟宗曇

清貧孤高であるべき禅僧の道場が、生活も安泰で、しかも志のひくい師家が集まるのでは、雲水もしれたものだ。一休宗純が建仁寺の庫裡で、先輩雲水の話題に耳をふさいだように、出自をほこる僧の増加で大徳寺内も、もうはや、ゆきつくところまできた衰退ぶりがのぞかれたのだろう。華叟宗曇は、言外宗忠の嗣法だから、大徳寺にいなければならない住職だった。また、華叟は、師思いの人だったから、時に言外の住んだ如意《にょい》庵《あん》を訪れて法要はやったけれど、つねは、大徳寺の住職でありながら不在が多かった。一休の参入した堅田へくる前には、湖北の安脇の禅興庵にいた。もちろん貧庵に住んで坐禅三昧だった。

華叟は変った人で、いまも祥瑞寺に頂相がのこっているが、曲彔《きょくろく》に腰かけているものの、一方の足を膝の上にあげて組み、ヤクザな格好で、片方はぬいだ履《くつ》をおいている。これは、誰もが頂相といえば、かしこまった格好で、肖像画家に描かせる行為をわらったのである。つまり華叟禅は、旧来のたてまえ禅を蹴りとばしていた。人間的で自由だった。窮屈なたてまえなどなく、どこにも垣根がなかった。こうしていい、こうしてわるいという対立はなかった。それゆえ、自由奔放であったが、もっとも不自由な道場でもあった。貧の極だったと「伝記」は書いている。一休は坐禅を堅田の岸辺の葦の間でよくやって夜座を明け方までつづけたが、喰うものがなくて、付近の漁師からめぐまれたもので、やっと喰いつないでいたとあるし、また、華叟が病気になった時など、クスリ代にも事欠いたので、一休は京都まで走って、雛衣、匂い袋をつくって売った金をふところに堅田へ帰ったと墨斎は書いている。

つまり自由奔放で、修行にはきびしかった師匠は貧乏なのだった。一休は、謙翁といい華叟といい、よほど貧乏道場に縁があったといわねばならない。しかし、これは幸運だった。道元もいう「学道の人は貧なるべし」にかなっていたからだ。一休は、この華叟から、徹底的に松源の禅をたたきこまれた。松源の禅とは、中国唐代の松源嵩嶽《しょうげんすうがく》の禅のことで、大応が無準師範から法をうけて帰ったその法の源流に松源嵩嶽はいた。僧堂は天沢というところにあったので、一休はよく天沢の禅ともよんで、この中国の純禅が、日本の大応にながれ、大燈、言外、華叟とつたわって自分の肩にかかっていると自負し、天沢七世たらんと志している。鴉の声をきいて大悟した朝、華叟は、一休に印可をくれようとしたが、一休はこれをことわった。先師謙翁にわらわれると思ったのだろう。師の道を歩んだのだ。一方養叟は華叟の印可を大切にして、大徳寺にすわって二十六世となるけれど、一休は、そのような大寺に住むことなど毛頭考えなかった。大徳寺を捨てていた人の弟子だから大徳寺に未練はなかった。そして、そのような反骨の中にこそ、自由なる純禅があると一休は考えたのであろう。

痛罵慷慨の詩三百

華叟は死ぬ時は、湖北の高源院でひそかにこと切れた。高源院とは、いまの塩津にある応昌寺のことで、ここは曹洞宗である。その裏墓地に団子石をかさねた墓が今日も華叟の墓として残っているけれど、私も何どか詣ってみて、これが大徳寺の住職の墓かと驚いた。生涯を徹底して、孤禅にきわめつけて死んだ師匠をみて、一休が、まともな伽藍護持僧の列にならぶはずもなかった。華叟死後、一休は酒肆婬坊《しゅしいんぼう》を放浪して、一所に住せず、大徳寺にすわって、密参禅にうき身をやつして、法筵を拡大していた兄弟子養叟とことごとに対立して罵倒をくりかえすのである。

地老い天荒る　竜宝の秋
夜来の風雨　悪《すさ》んで収め難し
他に対して若《も》し是非の話をなさば
雲門関字《うんもんかんじ》の酬に彷彿たらん

竜宝山大徳寺は、天も荒れ、地もすさんでいる。昨日からはげしい風雨が山をおそって、なかなかおさまらぬ。どうでも、ここで、ことのよしわるしをいえというなら、雲門禅師が弟子たちの問いかけに、ただ「関」とこたえた、あの翠岩眉毛《すいがんびもう》の話にそっくりだ。

『狂雲集』の、任意の頁から拾ってみたが、八百八十一篇（西村本）のうち、このように大徳寺や五山を罵倒して悲憤慷慨した詩篇は三百をこえる。

一所不住の放浪旅

ある人が、一休の放浪ぶりを見るに見かねて、大徳寺の如意庵《にょいあん》に住するように世話した。一休はとりあえず、如意庵へ赴く。ここは言外宗忠の自坊だった。華叟の師匠の寺だ。

だが、十日とたたずして出てしまうのである。

住庵十日　意《こころ》忙々たり
脚下の紅糸線《こうしせん》甚だ長ず
他日君来って　如《も》し我れを問わば
魚行酒肆《ぎょこうしゅし》　又婬坊《いんぼう》

「如意庵」を去るに及んであいさつの詩をかかげておくと、わざわざ題している。
この寺に住んでわずか十日だったが、どうもおちつかぬ。生来の風来坊ぐせが出て、出てゆきたくなった。こんご、もし、わしをさがすなら、町の魚屋や、酒屋か女郎屋へきて下され。

常住物《じょうじゅうもつ》もて庵中に置き
木杓笊籬《もくしゃくそうり》は壁東に掛けたり
我れに此《こ》の如《ごと》き閑家具無し
江海多年　蓑笠《さりゅう》の風

寺用の什器は寺内に、杓子やザルなど所帯道具一切は東の壁にかけておく。こんな無用のものは、わしにはまったくかかわりがない。もともと、わしは、一所不住。旅人ゆえに、蓑《みの》と笠《かさ》があればこと足りるのだ。

いつも、大燈の行状が一休の心底に意識されている。大応から印可をもらった二十五歳の青年大燈が、聖胎長養に思いきって、五条橋下の乞食のむれに投じた決意と、その禅境のとらえ方に学んでいるのである。あるいは、華叟の禅を、謙翁の禅を、一休は大燈の流れの中に感じて、それを身をもって具現しようとするのである。

竜宝山中の悪智識《あくちしき》
言詮《ごんせん》の古則は尽く虚伝
狂雲は真に是《こ》れ大燈の孫《そん》
鬼窟《きくつ》黒山　何ぞ尊と称せん

大徳寺の山内の仏法はみな悪智識である。古則公案の安売りは目にあまる。みな仏法商売だ。

自分は大徳寺開山大燈の直系の孫だ。暗黒の山中の洞窟にこもっている悪智識どもには眼もくれないぞ。こんな所に禅はない。山中は地獄にある。大燈は橋下の乞食にむれて、橋上をゆく男女を深山木と見たではないか。

「天沢の愁吟　風月の客」「一天の風月　吟懐に充つ」「天沢の児孫　海東に在り」、一休は、松源禅がひとり肩にかかって重いという。

華叟《けそう》の子孫　禅を知らず
狂雲面前　誰か禅を説く
三十年来　肩上重《けんじょうおも》し
一人荷担す　松源の禅

この気概と憤りにあけくれながら、狂客として京都の巷をかけ廻るのだ。破衣蓑笠の男が眼玉を光らして、走っている。正月がくると竿の先にしゃれこうべをつけて、町々を歩いて「ご用心、ご用心」といったという物語作者のつくりごとも、一休の風狂と破戒と、きびしい求法の修羅を表現している。

強盗、強姦、殺人横行の世の中

一休の大徳寺や五山への痛罵の裏には、時代の大きな動きに対応できぬ僧侶の無為無策も影響していた。世は乱れに乱れ、飢餓にうめく庶民は巷にあふれた。嘉吉《かきつ》の変は、嘉吉元年（一四四一）六月二十四日、将軍義教が赤松満祐邸に招かれて能見物中、とつぜん、唐紙の奥から刃をぬいて出てきた男に切り殺されてしまう事件だった。随っていた高官二人、京極高数と山名凞貴《ひろたか》もその場で殺された。残虐極りない事件だ。『看聞御記』によると、原因は、義教が男色好きで満祐の庶流《しょりゅう》の赤松貞村に気をうつしたのを、満祐が恨んでの兇行だったと書いている。能を見物しながら酒を呑んでいた丸腰の将軍は、血だらけでこと切れた。

義教は足利累代の将軍の中で暴君といわれた人で、しきりと側臣を殺した。それで世間の反感をあびていた。満祐の謀反は当を得た行動だったろう。だが、幕府は、満祐追討軍を播磨へさしむける。満祐は、やがて自害し果てた。また、『看聞御記』は、「将軍の室町御所に伺候の女中東の方と、沙弥との間に好ましくないことが露顕した。両人とも流離処分になるだろう」とか、また「相国寺の僧侶が密通事件にかかわった。かれらはたちまち首をはねられた」と、義教の悪政非道下の乱脈ぶりを誌している。

八月から近江の馬借に不穏な空気がみなぎって、清水坂で、近江京極の兵と衝突した。さらに坂本、三井寺、伏見、鳥羽、加茂、嵯峨で一揆がうごきはじめ、土倉が焼打ちにあった。三千人の土一揆が東寺に入り、丹波口一揆は千人に達し、今宮にこもって、京師は騒然となった。下剋上の到来だった。一揆騒ぎで警護の者が、泥棒をとらえてみると、賊は警護の者だったりした。乱れに乱れた京都は、強盗、強姦、かすめ盗り、殺人、追いはぎ、夜盗が行き交い、女子供は歩けもしない。まこと地獄である。一休はつまり、この京都をしゃれこうべを竿にくくりつけて走りまわっていたのである。

養叟攻撃の異常

世が乱れ、庶民が苦しんでいるのに、仏法を守る者は、朝廷や一部の特権階級の庇護で、のんきに花鳥風月をうたう詩文に心やつしたり、男色に走って、その恋文を本にして評判をとる僧もいる始末だ。こんなところに、純禅の道はなかった。一休は風に舞う狂客として、地獄の生を工夫する。だが、嘉吉の乱後、市中転々も出来ず、一時、高槻の奥の譲羽山へひそむ。ここは、鬼門の谷とよばれた幽谷であった。一休は尸陀寺《したじ》をむすんでくらす。だが、山中孤居は大燈のきらうところだった。やがて、京都が落ちつきを見せるのを待って、また売扇やしゃれこうべをぶらさげてくらす市中にもどった。一休は五十五歳であった。

養叟ガ癩病ノ記

長禄二年三月廿三日ヨリ発病、病相常ノ病気ニハアラス、眉鬚漸々ニ堕落ス、同キ五月十六日ヨリ腰ヨリシモクサリ死ス、ソノ後、全身フチヤウランマンス、或医師《くすし》此病相ヲツタエキキテ、コレハ癩病也、後ニハノトヨリ膿血ヲ吐却セントアリ、同六月五日ヨリ、ノトヨリ膿血昼夜間断ナク流出ス、弟子メラ、此ヲ癩病トモシラスシテ、寺中ノ僧達又ハ行力ナントニ雑談ス、諸方ノ人々ニモノカタリヌ、サテコソ癩病ニハ一定シケレ、同六月二十七日死了也、シカルヲソノ夜ノ夜半ハカリニ、大用庵ノ後園ニテ火葬ス、癩ヲヤクコト無法ナリ、シカモ大徳寺勅願ノ在所也、コレシカシナカラ天下表事也、

一休は、康正元年にこの『自戒集』を書いて大徳寺住職の養叟を徹底的に罵倒した。養叟が癩病などを患っていたという資料はどこにもなく、先にも書いたように、大徳寺を誠実に守っており、法堂が火事で焼けた時は、自坊の大用庵をこわして建築修復にあ

て、師の華叟を尊崇するあまりに、長禄二年（一四五八）六月二十七日、つまり華叟と同日に遷化していた。

『禅学要覧』の養叟伝を見ると、

「姓は藤原氏。幼にして東福寺の九峰奏に投じて得度。出遊して建仁寺に蔵鑰を掌る。職満ちて土佐の吸江寺に往て大周喬に見ゆ。去て、近江禅興庵の華叟の許に参究すること殆んど十有六年。遂に其の蘊奥を尽し法衣を付せらる。華叟寂後は紫野に帰り大用庵に安居す。文安二年勅を奉じて大徳寺に住す。紫衣を賜う」

とあって、癩病を患ったことは記されていない。一休の『自戒集』の文章は、本当に当人の作かと疑いたくなるほど、痛罵も度をこえての法兄いじめである。『自戒集』が戦後になって、薪村の酬恩庵から発見された時は、研究家もたじろがざるを得なかった。あくどい言葉をきわめての罵りは尋常でないからだ。堺に陽春庵を建てて密参道場をひらき、女人まで参禅させて公案の手引書を売り、禅を安売りした養叟の罪を一休は、のしるのであるが、これまでにいわなくとももと思うのは、後世のぼくらの大方だろうと思う。養叟には養叟の考えがあって、乱世の庶民に禅をひろめようと思えば、漸修漸悟の公案禅を教えて居士をふやすことが肝要と思われたのだろう。一休は『自戒集』を書いた翌々年の康正三年に、もう一篇、仮名法語の『骸骨』を著わして、

「ある人申されけるは、このころはむかしにかはりて寺をいて、古は道心をおこす人は

寺に入しか、いまはみな寺をいつるなり。みればばうずにちしきもなく、坐禅をものうくおもひ、くふうをなさずして、道具をたしなみ、ざしきをかざり、かまへおほくして只衣をきたるをみやうもんにして、ころもはきるとも、たたとりかへたる在家なるべし。袈裟ころもはきたりとも、衣はなわとなりて身をしばり、けさはくろがねのしもくとなりて、身をうちさいなむと見へたり」

といっている。ある人というのは、たぶん自分のことであろう。ここにも、伽藍護持に執着する養叟の顔をうかべていると想像される。『骸骨』は『自戒集』とちがって、この法語でもあるから、いくらかやわらかいけれど、本山派の僧侶を痛罵する態度は、この康正年間が最頂に達している。六十四歳の時だった。そうして、その仮名法語の末尾に、

書置も夢のうちなるしるしかな。さめてはさらにとふひともなし

康正三年四月八日、虚堂七世
東海前大徳寺一休子宗純

と自著している。四月八日は、釈尊の誕生日であり、二日後の十日は臨済忌である。仮名法語は一般にもよめる目的で書かれているなら、一般庶民に、一休は、この文章をひろめ、その末尾に釈尊の誕生日を何げなく誌しておいたとみてよい。臨済忌の二日前

なら、尚更、この日付には意味があって、「虚堂七世」といっていることからも、中国純禅の祖の行動へもどれ、といっているようにきこえる。

負けず劣らず各派本山の堕落ぶり

一休の尋常でない本山罵倒の背景を、大徳寺だけではなく、他派に探ってくると、辻善之助氏の『日本仏教史』は啞然というしかない各本山の堕落をつたえている。
「応永二十三年（一四一六）六月一日足利義持は相国寺に赴き、遽かに大般若経転読を命じ、大衆をして悉く仏殿に集合せしめ、其留守の間に、寺中の各寮塔頭を検知して、兵具の長櫃二合分八十余点を捜しだし、之を所持した僧三十二人を召捕り、侍所に預けた。此中二人は斯波義淳が預り、二人は逐電し、残二十八人は遠流に処せられようとしたが、後に免ぜられた。事の起りは喝食が金鞭を以て僧の頭を撃ち傷けたによる」（『看聞御記・満済准后日記』）
相国寺が、兵器や刀剣を長櫃にたくわえているのが見つかって大勢の僧が捕まっているのだが、事のおこりは、喝食（まだ沙弥にならない雛僧の意で、食事をふれ歩くことからこうよばれた）が、先輩僧を金鞭で撲りつけたことからだと誌している。不逞《ふてい》な小僧の出現だが、本山塔頭が武器をたくわえ、守ろうとしたものが財宝や什器であれば、禅宗の宗旨が泣く。本山内にも、下剋上の風潮がみえたか。

「応永二十九年十二月には南禅寺の寮に於て僧を殺害したものがあった。幕府命じて僧四十八人を捕え、寺中の兵具を検して之を没収した」（『看聞御記』）

「永享四年十月五日、将軍義教は天竜寺の悪僧を召捕った。事の起りは、悪僧ら長老の不義を訴へ、箭《や》を放って長老を射、僧堂に集会して、火を放たんとし、長老は逃れ去ったというのである。義教聴いて長老を帰らしめ、僧徒を糺明して張本七人を捕えた」（『看聞御記・満済准后日記』）

「長禄二年五月には、天竜寺に於て沙弥喝食闘争して、互に死傷があった。幕府は今後沙弥喝食に闘争あらば、其罪科は寮坊主ならびに長老に及ぶべき旨を命じた」（『蔭涼軒日録』）

「同三年十一月二十日、相国寺秉仏の会に普広院と常徳院の僧徒が、座次の事より争いを起し、鉄鞭、利剣を以て相撃刺し、夜に入って常徳院の徒は普広院を攻め、普広院の徒は弓矢を以て之を禦《ふせ》ぎ、互に死傷があった」（『碧山日録』）

「寛正二年二月の頃、南禅寺に屢々火災があった。是れは悪僧が党を結んで火を放ったためである。寺奉行飯尾之種及び飯尾之清は、幕府の命によって、赴いて之を糺明し、三月二十日、寺内の祠前に於て、『無名之判』を以て投票せしめた。麟及び琳といえる二僧の名が最も多かった。乃ち二人を捕えて獄に下した。其夜、寺務の菊礀西堂の住所大雲庵に悪僧の余党が忍び入り、西堂を殺して、其首を斬った」（『蔭涼軒日録・碧山日録』）

「同六年九月二十四日には、天竜寺の大衆が蜂起して、十九ヵ条の訴状を出し、これを天竜寺の方丈と鹿苑院と蔭涼軒の三所に提起し、仏殿に籠って、方丈並びに雲居庵主梅谷を逐出し、その門戸仏殿を打破って狼藉に及んだ。幕府は奉行に命じて、その張本を糺明せしめ、之を捕えて遠流に処した」（『蔭涼軒日録』）

ある外国人宣教師の報告

これはわずかの抜粋であって、辻氏はまだまだ資料を提示して、京都五山の堕落混乱ぶりを紹介しておられる。沙弥喝食といえば、得度してまもない小僧っ子にすぎないが、これらが、金鞭や鉄鞭をもって、先輩を打ち殺したり、また僧堂の大衆が、長老（住職のこと）の退任を迫ったり、仏殿の扉をこわしたり狼藉を働いた様子だが、下剋上というよりは、ふと、中国の文化大革命や昭和の敗戦後の学園闘争を思わせる。おそらく、教団は組織を守り什器財宝を守ることに汲々として、禅僧としての修行や、求道の生活どころではなかっただろう。また、禅僧の肉食妻帯のことは、当然禁じられていたのだが、かくれて禁を犯す者も多く、本山は男色と、女犯の巣窟だった証しが、次のような外国人宣教師の記録に見える。

「此国に於ては僧侶の事をボンズと云へり。彼等は大いに俗人と異り、至つて不品行にして、不断に悖徳乱倫の行為あれども、普通の人は毫も之を咎めざるのみならず、却つて痛く彼等を尊敬しつつあれば、ボンズ等は人間社会に最も忌嫌すべき獣欲を逞うして憚ることなく、従つて其信徒の中にも、彼等の悪風に倣ふ者亦往々にしてこれあり。我等がこの獣行を戒めたるときに、普通の信徒ならば直に悔悟改悛するも、ボンズ輩は然らず。すべての訓戒も之を馬耳東風と聞き流し、冷笑罵詈を以て之を迎ふるのみ。彼等は口には殊勝らしく宗儀教法を唱導するも、実際は日本国中、最も不道徳なる者の団体なり」（「聖フランセスコ・ザベリヨ書翰記」）

「応永二十七年、朝鮮回礼使宋希環の紀行老松堂日本行録に、七月二十二日、赤間関に泊る。ある寺内に僧舎あり。僧は東、尼は西。僧は東に居り常時念仏す。夜は則ち経函を置いて宿す。希環之を見て、人に尋ねて曰く、此寺僧尼仏殿内に於て常時同宿す。其年少僧尼は乃ち相犯すことなからんや。其人笑って曰く、尼子を孕めば則ち居らず。其父母の家に帰り、産後寺に還り、仏前に臥すこと三日の後、衆尼来り請じ還つて本座に入るとある。この僧尼同宿は一般の例でないとしても亦堕落の甚だしいものである」

持戒堅固な僧が寺を守っていたわけでもない。辻善之助氏の調査は、室町禅苑の地に落ちた荒廃ぶりを示して興味をふかめる。

一休宗純が、華叟の死後、とつぜん、近江の祥瑞寺から姿を消し、南江宗沅とともに、堺に出没したり、京都の酒肆婬坊に出入し、風狂、女犯、破戒の道をまっしぐらに走るのもこの背景を無視しては、足脚が見えてこぬ。本山派の養叟への徹底的な抵抗も、寺内の堕落を制御しきれないで、まことしやかな公案売りをする建て前師匠への憤怒とみていいか。

ここで、ぼくは、この一休の風狂、破戒の源流をふと、中国の唐末の臨済と普化にかさねないではおれない。

先にも臨済についてわずかにふれておいたが、肝心なことでもあるので、いましばらく、一休風狂の根を見るために、源流へもどってみたい。

Ⅱ　唐の高僧、臨済と普化の行実

膳を蹴った理由

臨済と普化《ふけ》の行実は、『臨済録』に見るしかない。普化和尚についてのことは、殆んどこの書以外には出てこないからである。それは「勘弁」の段に出る。禅語の勘弁とは、師家が学人を勘弁し、学人が師家を勘弁することをいう。互いに相手の力量を観察し、弁別してゆく。ニセモノかホンモノか。善であるか、悪であるか、器が大きいか小さいか。本当に見性しているか、見性したようにごまかしておるか、ことにふれて、師家は門弟を勘弁し、門弟もまた師家を勘弁する。一分のスキもない師弟関係の呼吸をつたえる段に、なぜか普化和尚は登場してくる。

一日臨済は普化と一しょに点心をよばれにいった。点心が出るまでに時間があったとみえ、あるいは、食いながらか二人は話しはじめた。臨済は普化の境地を試みようとしたのである。

「鼻毛の中に巨海を入れ、芥子の果《み》の中に地球を入れるというが、これは、禅者の神通妙用をいったものか、それとも、そもそもそうあるべき道理なものか、どっちじゃ」

「鼻毛巨海を呑み、芥、須弥山を納る」とは「維摩《ゆいま》経」の不思議品に出てくる。臨済はそれを普化に問うたのであろう。するとと普化はいきなり、食っていた膳を踏み倒した。蹴とばしたのである。

「おいおい、手荒なことをするな」

と臨済はいった。すると普化はいった。

「禅宗坊主に手荒いだの、綿密だの、こまかいだの、あらいだの、どこにそんな道理があるか、どこにそんな分別があるか」

また次の日にも、臨済は普化をつれて点心をよばれにいった。臨済がまた膳が出たころを見はからっていった。

「今日の膳は昨日にくらべてどうだ」

と、また普化は膳を蹴とばした。すると臨済はいった。

「ちょっと手荒いな。無茶するな」
「この馬鹿坊主め、手荒いの、おとなしいの、仏法の世界にそんなものはないぞ。しゃらくさい分別をするな」

普化はさっさと出ていってしまった。

これが、普化登場の一幕である。「瞎漢、仏法什麼の麤《そ》細とか説かん。師乃ち舌を吐《は》く」とある消息である。檀家へめしをよばれにいったのだから出された御馳走について、今日は昨日と比べてどうだと師の方がきいたのだ。普化は、その臨済の、今日を昨日に比べる分別をわらった。禅は一切を対立的に考えぬ。昨日は酒が出て、魚が出ておいしかった、今日は酒はないが、精進料理がたいへんうまかった。それだけでよろしい、どっちが麤《あら》くて、どっちがこまかい、うまい、まずいの分別はあり得ない。普化は、それを行動で示したのである。つまり、折角の膳だけれど、足で蹴とばして、立ったのである。これが臨済への返答だったらしいが、臨済寺の住職だった和尚の方は、檀家の人に、どえらい気の荒い仲間をつれてきたと思われて、困惑したかもしれない。住職ともなれば、がまんもしなければならぬ。問答上のことで、せっかくの膳を足で蹴られては檀家にめいわくがかかる。普化はそこらじゅうに飯つぶだの、菜のものがちらばるのを放って、とっとと出ていった。自由人としての格好はよろしいが、それを見ている臨済の方にも、また彼の勘弁がある。

馬鹿か、大悟か

普化の生誕地はわかっていない。わかっていることは、馬祖道一の法を嗣いだ盤山《ばんざん》の宝積《ほうしゃく》禅師の法嗣であることぐらいで、のちにこの人は日本普化宗の開祖となっている。尺八を吹いたので、普化宗の開山にされたのだ。そのとおりで、終生を放浪におくり、寺をもたず、小僧ももたず、颯々として歩いた。臨済寺にきていたのも、居候の身分で、坐禅をする時はするけれど、和尚が点心にゆくときは随いていった。一方は師家という立場だし、一方は放浪の自由人である。

ある時、臨済が、河陽寺の和尚や、木塔寺の和尚と一しょに侍者寮のいろりを囲んではなしておった。みんなが普化の噂をした。

「どうもあいつには困ったものだ。毎日街へ出て、あっちでダボラをふき、こっちでふきして悶着をおこしてばかりいる。まるで気ちがいみたいな男だ。いったい、あいつは馬鹿なのか、徹底して悟っているのかどっちだろう。何も分っていないのか、分っておるのか、まったく見当のつかん男だな」

そんなことをいっているところへ、普化が帰ってきてにゅっと顔をだした。みんなは黙ってしまった。臨済がすかさずにいった。

「いま、お前さんの悪口をいうておったところだ。いいところへもどった。貴様はいったい気ちがいか、それとも悟っておるのか」

　普化がいった。

「お前さんら、わしの悪口をいうとったか、それではきく。お前、わしは馬鹿か、悟っておるか」

　臨済はすかさず、「喝ああーッ」と一喝した。お互の世界に凡も聖もない。馬鹿も利口もない。お前のその手にのらぬ、と臨済は喝を吐いた。

　すると、普化はあべこべに、三人に向って、いう。

「河陽寺の和尚よ、お前さんのように、まるで花嫁さんみたいに、人のいうことをハイハイきいてばかりおるようなことではダメだぞ。また木塔寺の和尚よ。お前さん、婆さんが犬にまんじゅう喰わすみたいなお人好しぶりをやりよるが、あれではいかんぞ。親切は大事だが、もっと禅宗坊主らしくなさい。それから臨済の番だ、お前さんはまだ鼻たれ小僧だ。少し話せるところはあるが」

　そこで臨済はいった。

「このど盗っ人め、つまらんことをいうな」

　普化は、

「ああ、盗っ人、盗っ人」

　といって出ていった。

またある時、僧堂の前で、普化が、そこらにあったらしい野菜をむしって喰っておった。これを見た臨済が、

「お前さんはロバみたいなヤツだ」

といった。すると、普化は、ロバの泣くまねをしてみせた。臨済は、

「この盗っ人め」

とまたどなった。普化もまた、

「ああ、盗っ人だ、盗っ人だ」

といって出ていってしまった。

「明頭来、明頭打」の出来たヤツ

普化という和尚は、いつも街中を歩くのに、鐸《すず》を一つもっていて、チリンチリンと鳴らしていた。みんなふりむくと、

「明頭来《みょうとうらい》や、明頭打、暗頭来《あんとうらい》や暗頭打、四方八面来や旋風打、虚空来や連架《れんが》打」

とどなっている。チリンチリンと鐸《すず》を鳴らしながら。明頭来か明頭打の句を山田無文師の口訳にたよってみると、あからさまに差別で出てくるヤツはあからさまの差別でたたいてやれ。平等で出てくるヤツは平等でたたいてやれ。四方八方から文句をいうてくるなら、つむじ風のようにみんなたたきつぶしてやる。天上界から出てくるならば、そ

いつもついでに竿でたたき落してやる、といった意味らしい。つまり、一切に片寄る価値をみとめない。普化の境地はそこにある。

そこで臨済が弟子に命じて、普化が何をしているか、見てこい、といった。

「もし、いつもの調子で、明頭来や明頭打をやっておったら、お前のしらぬところから出てきたらどうするときいてみい。天上でもない、差別でもない、平等でもない、虚空でもない、お前のしらぬところから出てきたら、どうするかきいてみい」

弟子は街へ出ると、普化がやっていた。すぐそこで、普化の胸ぐらをつかまえて、

「明頭でも、暗頭でもなく、四方八面でもなく、虚空でもなく、お前さんの予期せぬところからでてきたらどうたたくか」

すると普化は、あべこべに、弟子の手をつかんで、

「あしたは、大悲院で点心が出る日だな」

といって去った。弟子は帰って、臨済にそのことをはなした。臨済はいう。

「以前から、正体のつかめん男だと思っていたが、やっぱり出来たヤツだ」

欲しかった麻衣は棺桶

ある一日、普化は、街へ出ると、出あう人ごとに、

「衣を一枚くれんか」

と乞うた。通行人が、お安いことだ、といって、衣をやろうとすると、

「そんな衣じゃいかん、それならいらん」

と普化はことわって、またべつの人にあうと、

「誰かわしに衣をくれ」

と乞うた。

「ああ、お安いことだ、一枚あげよう」

とその人がくれようとすると、普化はことわった。

「そうじゃない。そんな衣はいらん」

町人たちは相手にしなくなった。しかし、普化はあいかわらず、衣を乞うて歩いた。その話をきいた臨済は、よし、それでは、わしが買ってやろうといって、弟子に棺桶を一つ買わせて、待っていた。普化がもどってくると、

「お前に、麻衣を買って待っておった。これはどうじゃ」

と棺桶を見せた。普化はよろこんで、

「おう、これじゃった、これじゃった、わしが欲しかった衣はこれじゃった」

といって、その棺桶をかついで出ていった。そして町なかへ出ると、

「臨済がわしにこんな麻衣をくれよった。いよいよ、わしもご遷化だ」

町人たちは、いよいよ普化も死ぬ日がきたかとついてきた。普化はうるさそうな顔を

して、

「今日は天候がわるい。あす、東門へきてみなさい」

そこで町人は、心待ちして東門へいってみたが、普化の姿はない。あいかわらず町歩きしている。

「今日もダメだった。天候がわるい。あすは南門へきてみるがよい」

町人はまた、翌日南門へ出かけたが、普化はいなかった。三日も四日も、普化のいうことは嘘だった。とうとう、普化がどういっても、町の人は相手にせず、信じなくなった。普化はいよいよだと思ったらしく、ひとり城外に出て棺のフタをあけ、中へ入って、人にフタをしめさせて釘を打たせた。

すると、その男が、町じゅうへしゃべり歩いた。

「とうとう普化乞食が死んだぞ、万歳だ。おれがいま棺のフタをしめて釘を打ったぞオ」

町人たちは、よろこんで男のあとについて城外にきた。なるほど棺桶が一つおいてあった。

男はフタをあけた。普化の姿はなかった。町人たちに、いつも普化がふりならしていた鐸の音がきこえた。

Ⅲ　腐敗の室町禅への逆行三昧

師弟間の勘弁とは

『臨済録』の勘弁の段に出てくる普化の逸話はこれで終っている。かぞえて四話が普化の登場だが、風狂の逸話の多い禅話でも、この普化の話は意表を突く。『臨済録』で、突出してこの段はおもしろい、という人がいる。臨済は普化をいろいろと勘弁している。普化もまた師を勘弁している。その呼吸がおもしろいのであるが、読みようによっては、臨済も普化には手古ずったろうという思いもしなくはない。ぼくら凡俗の徒は、普化のように自由人であり得ない。どこからきたかわからぬ風来坊が、鎮州臨済院《りんざいいん》にやってきて、馬祖の法嗣である盤山宝積の弟子だと名のり、まったく集団生活を無視して好きなように町歩きをやり、あげくの果てにぽっくり死んだのだ。しかも、それは世間さわがせな方法といってもいい。棺桶をひきずって歩いていて、それに入って死んだのだ。しかも、フタをあけてみたら、姿はなかった、と『臨済録』はいう。

「市人競い往いて棺を開くに、乃ち全身脱去《だっこ》せるを見る。ただ空中の鈴の響きの、隠々として去るを聞くのみ」

普化生涯の面目を、鐸の音に托した叙述ぶりは、まことに禅文芸のおもしろさであって、よく、その颯々と生きた人の最後にふさわしい。あるいは、フタをこじあけて、どこかへ去って、鎮州以外のところで野たれ死にしたか、そうでなかったか、あとのことは、想像してみるしかないのである。

ところで、臨済和尚も、このような居候がおれば厄介だったろう、といっておいたが、この「勘弁」の段も、俗ついでにいえば、手古ずりながら世話していた臨済の苦労も感じられないではない。鎮州臨済寺は、飛行機の上から（低空飛行してもらって）眺めたことがあって、だいたいの場所は想像できた。河南省というところは、山も多かった。唐末の弾圧をくぐりぬけて、混乱の世相をくぐって、ここまで逃げてきたといってもいい臨済の道場に、同じ馬祖の法をひく普化の登場は、追いかえすわけにいかない珍客であったろうから、臨済も普化と談笑することで、つまり勘弁する呼吸を雲水に見せることで、学道の日々とした様子がわかる。だが、それにしても、衣を欲しがった普化に、棺をあたえた臨済の行動は、「お前、これに入って死ね」といったようにもうけとれる。そういわれて普化は素直に死んだのである。麻衣ならぬ棺桶に入って、人にフタをしめさせ釘を打たせて。

鎮州の町人たちが、昨日まで乞食して、鐸ならし歩いていた風狂の僧が、死んだあとに棺の中から消えていたのを知って、いろいろと噂をしたろうことも想像できるが、霊妙なる鐸の音をきいて茫然とした光景がぼくの心を打つ。

巌頭和尚の一文にもならん禅

中国禅宗史のおもしろい話である。一休宗純は、この普化と臨済の行実を、二十歳前後の時、謙翁の西金寺でか、あるいは華叟の祥瑞庵でかわからぬが、師か兄弟子からきかされたことは疑えない。ぼくなども、『臨済録』の冒頭は暗記しておらねば拍子木が頭へとんできた中学卒業まぢかの時期をおぼえているといっておいたが、禅寺の小僧なら当然教えられる逸話ゆえ、普化の行動、いいかえれば、臨済というきびしい師匠の側にいて、風狂自由人として生きた普化に一休も心をとられたろうことが考えられる。そうでないと、華叟の死後、祥瑞寺を出て放浪して歩く一休の風狂が呑みこめてこない。『狂雲集』にも眼前無寺の思想は出てくるのである。「人境倶不奪《にんきょうぐふだつ》」と題して、

道《い》う莫《な》かれ再来は銭半文と
婬坊と酒肆に功勲あり
ただ人の相如《しょうじょ》が渇を話《かた》るによって
腸を断つ　琴台日暮の雲

「人にも物にもどちらにもこだわらないところのもの」と題して、禅はああだ、こうだといってみても、そんなものは一文にもなりはしない、と叱らないでほしい。女郎屋や

呑み屋にだって多少の手がらはあるものだ。わたしはいま、相如と琴台の風流を思って、断腸の思いでいるのだから。

会昌《かいしょう》以後　僧形《そうぎょう》を毀《やぶ》る
一段の風流　何似生《かじせい》
桿《とう》を舞わして未だ為人の手を懐ろにせず
杜鵑《とけん》　月に叫んで夜三更

これは唐末会昌の乱をうけて、地下にもぐった僧たちの中で、船頭に化けた巌頭和尚をうたっている。

会昌の乱はひどいものだった。昨日まで信心していた領主や武将が手の平をかえして寺を襲い、僧を殺した。寺は焼かれ、什器は武器につかわれた。心ある和尚は穴の中にもぐった。巌頭さんは、衣をぬいで船頭になられた。それでこの人の禅はいっそう花やいだ。櫓のつかい方がとても上手で、波もたくみに乗りこえて人を岸にわたした。衣をすてたからといって、衆生済度をやめてはいない。古い時代、新しい時代といったって、つねにあるのは今のこの世。巌頭さんは新しい禅をうちたてている。

蒲葉《ほよう》半ば凋《しぼ》む江漢の秋
生涯の受用は扁舟《へんしゅう》に在り
乾坤《けんこん》一箇の閑家具
年代撈《ろう》波《は》して情は未だ休せず

峰の蒲の葉も、秋ふかくなれば、霜がおりてしぼみはじめる。揚子江から漢江にかけての河辺で、くらしの手段といえば、一そうの舟があるだけだった。天にも地にもただ一つ、しかもこれがつかいふるした道具ゆえに、何年経ってもあきがこない。ああたのしい毎日の船頭生活よ。

心惹かれる中国禅師の姿

一休は普化の風流にも憧れつつ、船頭というなりわいに立って、新しい禅をさしだした巌頭和尚にもふかく共鳴している。

また一休は、杭州近くに住んで、母とともに草鞋《わらじ》を売ってくらした陳尊者、睦州《ぼくしゅう》禅師をも敬愛する。

諸人を売弄《まいろう》し　諸方を瞞《たぶ》らかす

徳山　臨済　没商量《もっしょうりょう》
拈槌《ねんつい》　竪払《じゅほつ》は吾が事に非ず
只《た》だ要す　声名の北堂に属せんことを

ああ、睦州道明和尚はえらい人だった。黄檗さんの法をついだが、師の許からはなれて故郷の竜興寺で母とくらし、修行を怠らず、わらじをつくって路ゆく人にめぐんだ。それで人々は陳尊者といったのだ。

『教外別伝』の禅を求めて、中国では禅師たちはいろいろの苦労をなめ、いろいろな生き方をなさった。徳山和尚は、湖南省の武陵県の人だが、『金剛経』の学者から禅に転向して法を求め、きびしい純禅の傑僧となられた。その門下の雪峰や岩頭に、「道《い》うも三十棒」「道えぬも三十棒」をくらわして、参学の心機をはかられたので、徳山の三十棒は有名になった。また、臨済和尚は、この三十棒に対して「喝ああーッ」を活用なさった。槌を打ったり、払子《ほっす》をたてたり、専門智識はわしの知ったことではないが、陳尊者は、年老いたお母さまのことを心配して、手あつく孝養をつくされた。それだけのこと。その名がひろまるのは自然のことなのだ。

日本の室町乱世を生きる一休の足もとには、嵯峨の地蔵院近くの庵でくらす母がいた。その母を捨てて、一休は放浪していた。睦州和尚の逸話が心を打たぬはずはない。また、母とわらじをつくって人にめぐむ和尚は、黄檗の印可をもらいながら、故郷の貧寺に住んで中央の大寺へは出なかった。一休は、中国の禅者たちの中で、いわゆる正統派ではない、自己独流の禅を生きた人を敬慕するのである。

龐居士《ほうこじ》への思慕もつよい。龐は馬祖の嗣法だが、やはり寺に住むことを嫌い、妻子とともに、巨万の財宝を洞庭湖に捨てたあと、笊をつくって清貧のくらしをする。中国の維摩《ゆいま》居士といわれた禅者である。

河裏捨て来《きた》る十万銭
庫中《くちゅう》終に半文銭没し
真箇《しんこ》簸箕《はき》門下の客
笊籬《そうり》売って多銭に直《あた》らず

おどろいたことに、十万の銭を河へ投げこんで庫には半銭もなかった。見あげた人だ。この人もとうみ屋の伜ですぐれた禅者となられた馬祖道一の弟子だから、笊をつくって売っても苦にならなかった。

その龐居士にもうつくしい詩がある。

余が家は久しく山に住み
早くすでに城市を離れたり
草屋は三間あるのみ
一間は長さ丈二

むすこには報ゆるものあるなし
空々にして坐る処なし
家の中は空に空
空々々にして笑あることなし
日在る時は空裏を歩き
日没すれば空裏に伏す
空しく坐して空しく詩を吟ず
詩空しくして相知るるに空し

余は田舎翁なり
世上もっとも貧窮なり
家中に一物もなし

口をひらけば空々を説く

（入矢義高訳）

赤貧一物もない境涯を生きた龐のくらしと、それにしたがう妻子を一休は日本から偲んで、渇仰敬慕している。

禅録より軍書に熱中する坊主たち

つまり、もっとも禅宗教団が生々した鎌倉期から、南北朝の戦争を終えたあと急に、組織が大きくなって、あるいは宮廷、公家に接近し、経済の膨張で、武具までたくわえて守らねばならぬ土倉、質屋を経営する東班僧と、詩歌文芸に没して、真の修行を怠りかりに坐禅をするにしても、それは印可や悟り欲しさのニセ修行である室町禅のありようを、痛罵する一方で、一休は、日々遠い中国の禅の流れに涙したのである。そのことは、何どもいうようだけれど、大応、大燈の禅の道だった。

さきに引用した、辻善之助氏の他山の乱脈ぶりに対しても、一休は、ひとり童宝山の冬をうたう以上に激昂もした。

中国の祖師たちも、行脚の上に山居だった。風飡水宿《ふうそんすいしゅく》が毎日だった。だが、わが五山の僧らは、その中国の禅をついだというのはうそで、馬鹿坊主どもは、祖師の道に逆行して、仏弟子にあるまじき剣をもち、仏書をよまないで、軍書をよんでいる、とうたう。

元来長久万年山
葉は戦《おのの》く松杉風外の間
済北蔭涼《いんりょう》宗風滅す
白拈《びゃくねん》の手段活機関

元来、相国寺は万年山といい、夢窓の弟子普明の開いた禅宗の寺であった。だが、その開山の思想はどこへか、大きく乱れてしまっている。松や杉に吹きつける風が肌寒い。もう、蔭涼軒を設けて、全国禅寺の総元締となった本山の宗風は滅んだ。

たちまち復興する酒肆婬坊

地震洪水のあとを必らずおそう飢餓地獄は黄泉《よみ》の国を連想させた。骸骨は街頭に散乱している。破壊、火つけ、掠奪、殺傷、強姦は勝手次第。これが庶民の生きる巷だ。不思議なことに、焼けただれた街にいち早く復興するのは酒肆婬坊《しゅしいんぼう》。ここでは悪武士、悪僧どもが日夜風狂三昧だ。破戒の街の樹木は地獄の剣だし、山は大きな刀だ。眼の前は牢獄だ。人はみな獄につながれたけもの。やれ悟りだのやれ涅槃だのと、理窟を口にするだけで、安逸をむさぼる禅坊主どもはひたすら不老長寿を祝って、微塵の懺悔心ももっていない。

洛下《らっか》に昔紅欄古洞の両処あり。地獄と曰い、加世と曰う。又安衆坊の口《ほと》りに、西の洞院有り。諺《ことわざ》に、所謂《いわゆる》小路なり。歌酒の客、此の処を過ぐる者、皆風流の清事を為すなり。今街坊の間、十家に四五は娼楼《しょうろう》なり。淫風《いんぷう》の盛んなる亡国の幾《きざ》し。吁、関雎《しょ》の詩、想《おも》うべき哉《かな》。嗟嘆《さたん》するに足らず、故に二偈《げ》一詩を述べ、以《もっ》て之《これ》を詠歌して曰う。頌に曰う。

同居す牛馬犬と鶏と
白昼の婚姻十字街
人は道う悉《ことごと》く是れ畜生道と
月は落つ　長安半夜の西

仏露柱に交って一つに途を同じゅうす
邪法此の時扶《たす》くること得難し
栄衒《えいげん》の徒作家の漢に似たり
仏法胸襟に一点も無し

詩に曰く
婬風家国喪亡の愁
君看よ睢鳩《しょきゅう》彼の州に在り
例に随《したが》って宮娥《きゅうび》主恩の夕
玉盃《ぎょくはい》夜々幾春秋

逆行三昧境のうめきといってもいい一休の地声がきこえてくる。『狂雲集』『続狂雲集』の前出の詩偈《しげ》は、すべて、このような述志と風狂の熱唱である。まことに「煩悩を断ぜずして涅槃に入り」「破戒の比丘地獄に墜ちず」の消息だ。

盲目の芸人森女との愛

ところで一休は、七十七歳になって、彼の人生上で、もっとも華やいだ暦をおくりはじめた。一人の盲女と出あって、ふたりのあいだに情愛関係が生じたのである。森女という盲目芸人である。

文明二年仲冬十四日、薬師堂に遊んで盲女の艶歌を聴く。因《よ》って偈を作って之を記す。

優遊且つ喜ぶ薬師堂
毒気便々是れ我が腸
愧慚《きざん》す雪霜の鬢に管せざるを
吟じ尽くす厳寒秋点の長きを

さらに、余薪園の小舎に寓《ぐう》すること年有り。森侍者余が風彩を聞きて已《すで》に嚮慕《きょうぼ》の志有り、余もまた、これを知る。然れども因循として今に至る。辛卯《しんぼう》の春、墨吉《すみのえ》に邂逅《かいこう》して、問うに素志を以てすれば、則《すなわ》ち諾して応ず。因て小詩を作ってこれを述ぶ。

憶《おも》う昔　薪園居住の時
王孫の美誉聴いて相思う
多年旧約即《すなわ》ち忘じて後
更に愛す玉堦《ぎょっかい》　新月の姿

『続狂雲集』の後半に出てくる詩偈だが、一休は、住吉に住み、薬師堂で偶然、旧知の盲女とめぐりあったことになる。盲女は、住吉神社の第一本宮（薬師如来堂）で舞をまう巫子でもあったか、その正体はわからないけれど、松栖庵という小庵に住んでいた一休が、よく住吉神社を逍遥したらしく、一日、歌をきいて立止ったことから旧交が復活している。その消息が詩の前書きからうかがえるのだけれど、「問うに素志を以てすれば即ち応ず」の内容ははっきりしないものの、詩の意味はだいたいつたわる。
むかし、わしが薪村にいた時、お前さんはわしが天皇の子だということもあって、慕ってくれていた。この春、偶然またぬぐりあって、ながいあいだ忘れていた約束を思いおこし、契りをむすぶにいたった。何と、お前さんは、玉堦にかかる新月にも似てうつくしいことよ。
とでも訳していいか。ずいぶんののろけである。

若い女性の心身に酩酊

『狂雲集』はこの艶詩群を得て急に色めいてくる。これまでの風狂詩篇はどちらかというと述志のはげしい気魄が行間にみなぎっていたが、森女の登場で、詩は私小説的な興味もふかめ、また、艶が出てくる。

木は凋《ゆら》ぎ葉落ちて更に春を回す
緑を長じ花を生じて旧約新たなり

森也《しんや》が深恩《じんおん》若し忘却せば
無量億劫《おくごう》畜生の身

　森美人の午睡を看る

一代風流の美人
艶歌清宴　曲もっとも新なり
新吟腸断す花顔の靨《えくぼ》
天宝の海棠《かいどう》　森樹の春

　恋法師一休自賛

生涯の雲雨《うんう》　愁にたえず
乱散の紅糸　脚頭に纏《まつ》わる
自ら愧《は》ず狂雲佳月を妬《ねた》むことを
十年の白髪　一身の秋

　美人の陰《ほと》に水仙花の香あり
楚台《そだい》まさに望むべし更にまさに攀《よ》ずべし

半夜玉床愁夢の顔
花は綻《ほころ》ぶ一茎梅樹の下
凌波《りょうは》の仙子腰間を遶《めぐ》る

辞世の詩

十年　花の下　芳盟を理《おさ》む
一段の風流　無限の情
惜別す枕頭《ちんとう》児女の膝《ひざ》
夜深うして雲雨《うんう》　三生を約す

まだまだ、このような詩偈はあって、一休は森女の若い心身に酩酊し、老梅に花がさいたよろこびを満喫している。

凡俗を超えた自由奔放

一休の風狂女犯の生活と、文芸について研究家はいろいろのことをいう。森女の実在を疑う人もいる。森女が実在しないなら、『狂雲集』の数多い森女をうたった詩や、「文明二年仲冬十四日、薬師堂に遊んで……」の時日の記録や、「辛卯の春、墨吉に邂逅して……」などという実在地名はどうなるのか。それも一休の文芸上のたくらみであって、森女とのあられもない情事の報告は誇張にすぎると実際を否定する護法学者がある。「仏教にいう逆行三昧は、衆生済度のための利他行といわれている。一休の場合は禅界の腐敗に対するそれであった。しかし、かれの酒肆婬坊の風狂、森女に対する風狂は済度の利他行というよりも、自受法楽の風情である」と市川白弦氏はいう。私も自受法楽の風情だと思う。

年老いて、七十七歳にもなって、若い美人の盲女に慕われて見給え。冥利につきよう。老梅に春が回ってきたのである。心うれしく抱いてどこが悪かろう。一休の禅は森女を得てさらにふかまっている。つまり、「出塵の羅漢、仏地に遠ざかる。ひとたび婬坊に入って大智を笑す」（一休のことば）であって、この禅境を一休は肉体化し、文芸に高めた。

八十八歳まで、一休は薪の酬恩庵で、大応の妙勝寺を復興し、守護しつつ生きて、大徳寺の住職に迎えられても、居成入山と称して、晋山《しんさん》の偈を使者に托して、身は薪村を動かず、文明十三年（一四八二）十一月二十一日に遷化《せんげ》した。枕もとに森女がいたろうことが想像される。眼前無寺の人のはなやぎである。

一休の生涯を少し深入りを承知で見てきたわけだが、このような禅僧は以前になかった。天衣無縫、日本ではじめての出現で、あとにもさきにもない。先ず天皇の子であったということ。しかも、それが女官の子であって、母は一休を生むために御所を追われて薄幸孤独の生涯を閉じたという血縁の独自ないきさつ、また、天才的才能で、文芸を深め、中国の純禅の流れを研究、祖師を思慕し、自ら虚堂七世と名のったように、臨済宗の源流禅を信じ、体現しようとしたことなど、大応、大燈、関山の流れとはいうものの、純禅上の一休禅をうちたてたといえる。かりに影響をうけた禅者をとあげてくれば、虚堂はもとより、普化、巌頭、陳尊者、龐居士、大燈、華叟などだろうか。それにしても、中国純禅の湧水を汲んで、乱世を必死に生きた。大徳寺養叟への反逆抵抗も徹底していた。あまりにもその生活は自由人だったので、後世の研究家も、いろいろな解釈をして、真姿はかんたんにはとらえがたい。とらえがたいところが一休の面目であって、正しくこれは臨済を困らせた普化和尚ともいえようか。

第六章　三河武士鈴木正三の場合

I　理解しにくい四十五歳からの出家

武家出身では異例のパターン

一休の死は文明十三年（一四八一）だったから幕府は八代将軍義政の時代だった。義政が東山に銀閣寺を建てて隠棲するのは文明十五年。将軍職は義尚にゆずって十七年に剃髪出家。この頃から足利幕府の衰退は目立ち、諸国は群雄割拠、下剋上の時代へ突入してゆく。長享、延徳、明応、文亀、永正、大永、享禄、天文の間に、将軍職は義材、義高＝義澄、義尹＝義稙、義晴、義藤＝義輝と変るが、永禄八年（一五六五）五月十九日に、三好義継と松永久秀が義輝を殺した。幕府は崩壊寸前、奈良一乗院に出家していた義昭が三好らのかつぐ義栄と将軍位を争って近江和田館に入る。国内騒然。ようやく織田信長が義昭を立てて京都に入り、やがて明智光秀が謀反、信長虐殺。豊臣秀吉が天下平定を見るまで、約百年の動乱期は、日本禅宗界も政変にあけくれ、武将と結ぶ政僧の活躍が目立つぐらいで、純禅求道の僧は地平にかくれた。正しく、中国にそれを問えば、安史の乱、会昌の乱で山間支谷に韜晦《とうかい》した馬祖《ばそ》下の弟子たちを想像させる。曹洞宗は永平寺の焼失、懐奘《えじょう》、寂円の死後の教団の変容ぶりはくわしくのべておいたが、臨済では一休後にこれといった禅僧は出ていない。やがて秀吉が死亡し、徳川家康の時代に入って、家康が制度化しようとする仏教政策に真向から反抗した沢庵《たくあん》の出現を見るのは天正元年（一五七三）である。一休死してざっと九十三年後になる。さらにもう一人独歩の禅を生きた人を探すとすれば、曹洞宗の鈴木正三《すずきしょうさん》をあげねばならない。

先ず鈴木正三から追跡してみる。この人も組織教団からはぐれて唯我独尊の禅を歩いた。曹洞宗は、さきにふれたように、永平寺教団は凋み、加賀大乗寺と総持寺の隆昌で、地方武将や豪族の帰依を得て広く伝播していたが、鈴木正三はその武士の出身であった。

武士で出家した人はめずらしくはない。将軍義満も剃髪していたし、八代義政も剃髪している。地方武将にも数多かった。時代はさかのぼるが、西行も文覚も、熊谷入道も、滝口入道も武士からの出家だった。室町の動乱期から戦国時代にかけて、かくれた武将の出家をかぞえればきりがないだろう。武将ゆえに人殺しが仕事である。主君につかえて、戦場に出れば、身命を捨てて敵を討たねばならぬ。それゆえ、出家には一つの型があって、厭世が動機だ。文覚は多少はちがって、荒聖人などといわれたが、西行や熊谷、滝口はみな戦場経験があって、突如、無常観を抱いて、家をも、妻子をも捨てた。武人の出家は、当然、人を殺してきた過去の罪意識がつきまとう。それ故、山中にひそみ暮らすか、旅にあけくれた。ところが、鈴木正三はちがった。四十歳をすぎて出家したもののの、西行のようにはこの世を捨てなかった。妻子は捨てたが、終生弟子や子のことを考え、鈴木家という「家」のことにも心をくだいた。そして、武人生活の経験を禅に生かしたのである。そこが前人未到の禅を生きることになった。正三はつまり、武家生活がいやになったとか、躓《つまず》いたとかいうのではなく、また不平があったのでもなく、円満に出家して僧となって、しかも武人だった。こういう例は正三をもって嚆矢《こうし》とする。

死生観をつくった幼時体験

正三は三河の足助《あすけ》に近い則定村に生まれた。昔から中京の辺境山地といわれた三河高原の谷間である。正三の生れたのは天正七年（一五七九）だから、一休が死亡して約百年後。足利幕府が亡びて織田信長が天下を掌握、ようやくこの国に平和がきざしはじめた頃だ。だが、三河高原の田舎村に繁栄が訪れていたわけでもない。正三の弟子慧中《えちゅう》の書いた『石平道人行業記《せきへいどうじんぎょうごうき》』によると、正三の父は鈴木重次といい、三州高橋庄矢並村から松平の幕下に属していた。母は栗生筑前守の娘。

家康が子松平信康を自殺させたのは家康の大きな汚点といわれているが、夫人は今川義元の甥の娘で、家康がまだ義元の保護をうけている時に結婚した。子の信康の夫人は織田信長の娘徳姫で、信康と徳姫は五歳で婚約、九歳で結婚している。ところが家康は、織田と接近し、今川出身の妻を遠ざける。夫人は今川の一族だし、まるで孤児のようだった家康と結婚して、実力者にしあげた自恃もあったのだろう。何かと権勢ぶった。家康はますます嫌いになって、側室を何人かおいて夫人を顧みなかった。夫人は不満である。そこで武田や北条と交際した。信康の方も徳姫と不和であった。徳姫は姑の築山殿ともうまくゆくはずはなかった。そこで、徳姫はひそかに、父信長に手紙をかいて、徳川家の事情を告げた。信長はさっそく家康に、信康を殺せと命じた。家康は苦しんだ末、信長には逆らえぬから、天正七年八月二十九日、遠州富塚で、夫人の築山殿を殺し、九月十五日に遠州二俣城で信康を切腹させる。戦国の残酷を象徴する暗い事件である。

鈴木正三は、この年まわりに生れている。三河だから、遠州は近い。当然、父母の耳に松平家の不幸がつたわっていただろう。しかしこんな残酷話は家康だけに限らず、戦国時代の諸国がみなそうだった。「年表」はこの翌々年に信長が高野聖千数百人を惨殺したとつたえる。物騒な時代に正三は生誕した。四歳の時に明智光秀が謀反、信長を本能寺に殺し、その光秀がまたすぐ土民に殺された。世はあげて殺人裏切り時代である。正三の身近かで、四歳の子が病気で死んだ。正三はその子の死を知って人間の生死を考えるようになったと『行業記』は書いている。従弟だった。正三は人間が死ねばどこへ去るのか、を考えた。昨日まで元気だった同年輩の子が、急に病気にかかって死ぬ。人間のいのちははかないものだ。また、人は大きくなっても、性こりもなく戦さをつづけ、武士は殺しあいをやる。まことに人の生は死ととなりあっている。「死するとは何事ぞと思心起れりとなり。十二、三歳の頃、丈夫心に住して、生死を自由せざる則んば、武士の本意に非ずと云ふ心、実に起つて、二六時中曾て機を抜かす事無し」とある消息だが、戦国で武士の子が幼くから無常を感じるようではろくな跡取りにはなれまい。そこで正三は十二、三で、生死を自由にしなければ武人になれぬと悟ったという。つまり、武士としての死生観をもつ心根に幼い従弟の死がこやしになったというのだ。

大坂冬の陣で初めて人を殺す

天正十一年（一五八三）秀吉は柴田勝家を北の庄に亡ぼし、大坂城に入った。この時、家康は甲斐に入った。そして、織田信雄と謀って秀吉と絶交したのが同十二年。長久手で家康は秀吉軍と対決するが、まもなく和睦。だが、家康はしだいに秀吉を脅かしてゆく。

十五歳が正三の元服で、文禄二年（一五九三）だった。秀吉の朝鮮出兵の時期だ。やがて、正三は二十二歳で戦役に出た。慶長五年（一六〇〇）である。関ヶ原の戦さだった。じつは、この戦さが始まる前に家康は関東を攻め、子の秀忠軍は会津討伐に向っていた。正三は秀忠の配下本多正信の部下として上総にいた。関ヶ原戦は九月だったから、家康の上杉攻めからいくらもたっていない。すぐひきかえして秀忠に関ヶ原へ向うよう命令がとどいた。秀忠と本多正信は急いで軍をひきい、信州ごえで関ヶ原へ向うが、上田にきて真田軍にはばまれておくれをとった。周知のように、関ヶ原戦は九月十五日からはじまったが、約半日で、西軍は惨敗して家康軍の勝利となった。西軍の離散劇が因で大将三成は伊吹山に逃亡ののち捕われ、小西行長も安国寺恵瓊も一しょに斬首された。だが、正三にとっては、この関ヶ原は不参加なので勲功のたてようがなかった。秀忠はようよう関ヶ原に到着したけれど戦さはすんでいて、家康から大目玉を喰った。本多正信も然りである。

慶長十九年（一六一四）に大坂冬の陣があった。正三は家来と共に秀忠軍として参加した。『戦記』は冬の陣の講和休戦をつたえ、其の時の激戦を記している。西軍は、必死で、上田の真田をはじめ、最後の豊臣家につく武将たちが、城とともに死ぬ覚悟の抵抗だった。東軍にも被害が多く出た。天王寺の秀忠の陣へ敵が斬りこんできた。正三は、秀忠を守っていくつかの首級をあげた。このことが、のち秀忠に寵愛をうける力となった。正三が人を殺したとすれば、おそらく、この時であり、いわゆる正三の禅が戦場の死をもちだすのも、この経験からだろう。

関東の最初の勤番は下妻だった。正三は近辺に住む良尊禅師、宇都宮に住む物外禅師について禅要をきく機会があった。武士として勤務しながらの入門だった。しかし、駿河台に住んでからは、妙心寺の愚堂東寔《ぐどうとうしょく》、大愚宗築《だいぐそうちく》の門に入って禅要をきいた、と

『行業記』は誌す。愚堂は元和二年（一六一六）に江戸へ出ているからその頃だったのかもしれない。石川主殿頭の麻生屋敷で、『臨済録』を提唱していた。正三はその提唱をききにいった。大愚宗築は江戸で南泉寺を創建していた。正三は駿河台からそこへも行ったのだろう。とにかく、戦争がすむと、しきりと禅に興味をもって手当り次第の師匠に入参した。師匠たちは、関山の流れをくむ、京都林下道場花園妙心寺派の人々だった。

愚堂東寔と大愚宗築

愚堂も大愚も、京都の伽藍に安住するのを嫌い、しきりに東国を旅していた。帰依者も多かった。先にのべた石川主殿頭もその一人だった。万治二年（一六五九）九月二十日に妙心寺で催された関山慧玄三百年忌の遠忌で、愚堂がよんだ偈がのこっている。

二十四流日本禅
惜しい哉、大半其《その》伝を失なう
関山幸《つ》い児孫在る有り
焔を続ぎ芳を聯ねて三百年

中国唐に起きた禅が日本につたえられて、二十四流の禅宗がさかえたが、惜しいことに、その大半は祖師の法脈をうけついでいない。形骸化された伽藍禅があるばかりだ。ところが、関山慧玄の門流だけに、わずかにその法脈をうけつぐ僧が一人いる。この人物はもちろん、自分であって、関山の三百年の純禅の旗を背負って立つ覚悟だ……といった意味にとっていいだろう。この偈はどこか、一休が嘗て、大燈三百年遠忌に大徳寺でよんだ偈に似ているようでもある。一休は、虚堂七世を名のり、ひとり、松源の禅を肩にになって重たい、といった。愚堂はその流儀にならったか、関山の禅をうけて肩が重いと言外にいっている。先にものべたように、一休も関山の弟子無因宗因の嗣法謙翁宗為に魂魄をたたきこまれた。愚堂東寔もその流れである。一休と同じ気概があって不思議はない。ところが、この偈をきいていた大愚宗築が、「お前さん、おれもいるじゃないか」といったことから、愚堂は、この偈をあらためて、書き直したということも云いつたえられている。つまり、大愚は愚堂とならんで妙心寺の中興雪江宗深以後の逸才だったとみてよい。

大愚は美濃の武儀郡佐野村の庄屋の伜に生れた。十一歳で出家、岐阜の乾徳寺の子元祖元の許で得度。十七歳で妙心寺の一宙和尚の許で峻厳な鞭を喰ってきたえられ、一宙にみとめられたが、やがて、その一宙をも見限って、大愚は、愚堂らと諸国放浪に出たのである。有名な話に、将軍家光の愛妾だった二人の女が、姦通のカドで断罪されようとした。鈴虫、松虫といったが、二人は顔見知りでもあった南泉寺の大愚の所へ逃げてきた。大愚は堀尾吉晴の帰依をうけて南泉寺を建てたのだが、女たちをかくまったことで、噂が妙心寺にきこえ、破門をくらった。それで、わざわざ本山まで出頭せねばならなくなった。江戸を発って、途中三河をすぎた頃に馬に乗った馬方が、気のしずんだ大愚をのせて唄った。「何をくよくよ北山時雨、思いなければ晴れてゆく」。大愚はそこで京都ゆきをとりやめたという。つまらぬことにかかずらって、真の禅修行を忘れるところだったと気づいたのである。大愚はそれから赦免状が出るまで七年間妙心寺へ出頭しなかった。それで破門となり、終生地方庶民とかかわる放浪禅にあけくれた。

「不図のりてより」の出家

鈴木正三が禅に興味をもち、のちに曹洞宗の僧となる身ながら、最初は臨済の関山系の二巨匠に入参した因縁は大きい。つまり、同時代を苦しみ生きる禅匠たちの真姿を見たのだろう。だが、まだ、この時は、正三は出家していなかった。元和五年（一六一九）に江戸を出て、高木主水正親の組下で大坂城勤番になった。この時に暇をみつけて書いたのが『盲安杖《もうあんじょう》』である。正三文芸の第一作の仮名法語である。江戸時代に入って、民間には草紙類の流行があって、正三も筆がたった。一休の仮名法語にあやかって、『盲安杖』を書いた。剃髪はその翌年。この書は、当時の儒者たちが仏法をやっつけた風潮に対して、一気に書きおろした仏法擁護論である。
一、生死を知つて楽しみ有事
二、己を省て己を知るべき事
三、物毎に他の心に至るべき事
四、信有て忠孝を務むべき事
五、分限を見分けて其性々を知るべき事
六、住る所をはなれて徳有る事
七、己を忘れて己を守るべき事
八、立あがりてひとり慎しむべき事
九、心をほろぼして心をそだつべき事
十、小利を捨てて大利に至るべき事

縷々として説かれた仏教思想による世間法で、正三禅のはじめての兆しだった。「人の悪はよく知る故に明師道を正し、あまねく遺訓に目をひらかん事を願ひて、心をつくして書きあつめけることの葉繁からず、縁ある心の目やみを知りて安きに導かんとて盲安杖とはいふにやあらむ」と正三は序に書いた。

出家は、べつにつよい動機があったわけではない。駿河台の屋敷におれば旗本として暢気にくらせた身だし、何も剃髪する必要もなかった。ところが、正三は謡が好きでよくうたった。とりわけ「定家」が好きだった。「古きことも今の身も、愛も現《うつつ》も幻も、共に無常の世となりて」とあるところに「不図のりてより」思いついたと剃髪の理由をのべている。またべつの機会に「十八、九の頃暁起してちよつと青霄《あおぞら》を見る。因に、青天は平等にして、彼我の隔て無きが、我々は何として彼我の情を生ずるぞと、疑ひ起りてより思ひつきたり」。剃髪を思いつきからだとするところに正三独自の発心の内面がある。いってみれば、これは四歳の時からの宿題だった。戦場でいつも考えていたことだった。正三は得度を大愚宗築に依頼する。大愚はよろこんで師匠となり、四十五歳の男の頭を剃ったのである。名も正三と実名をつかわせたのも大愚らしい。よく正三の心を見ぬいていた。臨済のいう勘弁によるのである。

「出家シテ諸方ヲ行脚シ野山ニ臥シ、衣食ヲ詰メ、又一頃ハ律僧ニナリテ身ヲ責メ、三州千鳥山ニ在リテ律ヲ行ヒタル時分ハ麦粥《むぎがゆ》麦飯ニテ送リケル」とのちの著『驢鞍橋《ろあんきょう》』でいっているが、得度後もこの放浪がはじまるのである。

ところで、正三には二人の妻がいた。『寛政重修諸家譜』で調べてみると、正三は、「元和元年（一六一五）に三河国加茂郡で二百石を賜わった。のち弟重成とともに東照宮につかえて駿河台に住み、東照宮薨去ののち台徳院につかえ、五年大番《おおばん》に列し、九年に病を得てつとめを辞し、男重辰を伴って遁世す。これにより同族こぞりて公聴に達せしかば厳命により致仕す。明暦元年六月二十五日死す。年七十七。法名石平。三河国加茂郡妙昌寺に葬る。妻は飯高五郎兵衛の女。後妻は鈴木藤左エ門が娘」とある。これでわかることは、最初の妻が死亡して後妻をもらっていたこと、出家した時は子をつれて出た。後妻はまだ若かったかと思われる。この当時だ。子重辰は亡妻の子だったろう。亭主が出家したくなって亡妻の子まで後妻にあずけて放りだしては無謀といわねばならない。いくら、定家の謡にのって、ふとその気になったとしても若い後妻は悲嘆にくれたにちがいない。勝手な封建男の出家事情がのぞかれる気がして、このあたり、四十すぎてからの正三の出家になまぐさいものを感じるのは私だけだろうか。若い後妻をもらっておいて、すぐの出家とは、女の身にしてみるとむごい仕打ちである。しかも長子までつれてとっとと出ていった。あとは野山を放浪という。一風変った武士である。そういえば、西行も北面の武士佐藤義清《のりきよ》といった。出家心がおきると、泣きすがる妻子を縁から蹴落して、西行と名をかえて旅立った。正三も似たようなことがあったのかもしれない。しかし、いろいろな本を書いた正三だが、この出家時の愁嘆場だけは秘した。一生誰にもいわず、のちに紹介する仮名草紙『二人比丘尼《ににんびくに》』にこの悲しみをかさねてうたいあげる。

故郷に庵を構える

正三は元和七年（一六二一）ごろ京都に現れて、やはり放浪をつづけ、仏寺だけでなく、神社にまで参拝し、高野山に登り、玄俊律師とともに、大和の法隆寺で経典を学び、律師から沙弥戒をうけた。また三河の千鳥山に入って苦行をつづけ、元和九年に大病を患ったが、「恥知らずな正三なればこそ生命を養いえて今日に存し修行も大略に仕上げることが出来た」と述懐している。この千鳥山時代に正三の風格をきいて弟子入りした台巌、本秀の二人がいた。やがて、正三は寛永元年（一六二四）に入って、西加茂郡石野村山中石平（いまは豊田市元山中）に庵をかまえた。石平山の名をとって、石平道人《せきへいどうじん》とよばれるようになった。

「夫れ、石平山は、参州岡崎城の北五里に在り。其の地や、四山環繞し、林樹鬱密たり。北峰後に聳へ、南巒《なんらん》前に垂る。飛泉涓涓《けんけん》として東叡に吐き、藕《ぐう》（蓮）華欣欣として西池に栄く《はなさく》」

出塵《しゅつじん》の勝境だったという。正三の父の代から鈴木家の所領だった所で、正三の道風を慕って遠近を問わず、男女が仏法を求めてくるようになった。

だが、正三はここにも落ちつかず、江戸へ行ったり、美濃（岐阜）の岩村に万安禅師《ばんなんぜんじ》をたずねたりして、寛永八年（一六三一）には大坂、熊野にゆき、和歌山に至り、城主加納氏に請われて『武士日用《ぶしにちよう》』を著わし、また、三河に帰って、善阿弥の故蹟である医王寺を再興したりする。

翌九年には、石平に仏殿を建てて石平山恩真寺を開創。中央に観音菩薩像、左右に東照宮（家康）と台徳院（秀忠）の位牌を安置して将軍家の恩を忘れなかった。いまも、この恩真寺は、昔の面影をわずかにとどめて、石平山に残っている。

一度、足助を訪ねた際に、近くなので詣でてみたが、「藕華欣欣として西池に栄く」池がのこっていて、仏殿うらにせまい墓地もあった。正三の墓石はあたりに不似合いなほどの大石の一基であった。

一生を放浪におくり、江戸で死亡するまでこの石平山恩真寺が、正三にもっとも馴染みふかく思われたのだろう。旅にあけくれた人が、故郷に近いこの寺で眠るのも自然のように思われた。

キリシタン排斥と多彩な文筆活動

恩真寺を建てて、正三はまた、おちつかず、江戸に行って、婦人教化のため、『二人比丘尼』『念仏草紙』を著わして版を重ねる。また丹波の瑞巌寺にゆき、万安禅師の請《こい》を受けて、『麓草分《ふもとくさわけ》』上下編を著わす。そののち、また石平山にもどって、修行三昧に入るが、六十一歳の時、寛永十六年（一六三九）の八月二十八日の早朝、「はらりと生死を離れ」て悟りをひらいたといわれている。

ところが、五十九歳の時（一六三七）に、島原で乱が起きた。弟の三郎九郎重成が養子にした重辰をともなって、松平伊豆守信綱に従い、戦さに出て、天草の地にとどまり、代官になった。正三の六十四歳の時だが、正三は弟のいる天草へ走って、キリシタン排斥の政策に力をつくし、天草に三十二の寺院を建立する。そして、『破吉利支丹《はきりしたん》』を著わして、寺ごとに一冊ずつ納めて、キリスト教信徒を感化してゆく。

天草に三年いて江戸へ帰る。七十二歳になって、四谷にある重俊庵《じゅうしゅんあん》にむかえられ、ここで『三宝徳用《さんぼうとくよう》』を著わし、慶安五年（一六五二）になって牛込に了心庵を構えて、『修行の念願』を著わし、先に書いた『四民日用』と合わせて、『万民徳用』という一冊の本にまとめて評判になる。『因果物語』もここで書かれた。江戸での生活は文章にあけくれた。

明暦元年（一六五五）、病にかかり、死期が迫ったことがわかると、一切の処理をつけ駿河台の弟の宿舎にうつり、小さな部屋をえらんで、「好《よ》き死に所を見付けたり、これにて死せんずよ」といって住んだ。人が見舞いにゆくと、「正三は三十年以前に死して置きたり」といったのが有名で、六月二十五日に、「安然として遷化」した。七十七歳。

「門人四十四人、夜もすがら荼毘《だび》の左右を囲繞するに、無香無臭、只白煙を見るのみ。第三日に至て、灰塵を掃ふに、その骨白雪の如し。聚会《しゅうえ》の男女、分け取りて供養す。また天徳院、並に師所在の三院に納む。冷灰を小壺に貯へ、天徳院の北岳に埋んで、無縫塔を立て、石平和尚《せきへいおしょう》の四字を書す」

と『驢鞍橋』にある。

II　庶民的な仏法解説

徳川体制下のユニークな禅

鈴木家の長男、正三はこのように、破天荒な生涯をおくったが、建てた寺も「恩真《おんしん》」と名づけ、台徳院の位牌をまつり、大坂冬の陣以来恩寵をうけた徳川秀忠とはなれることはなかった。出家剃髪の際もよく理解してくれたことへの恩を感じていた。子は重辰、重長、重明といい、代々、徳川家につかえた。

いってみれば、鈴木正三は、仏門に入って曹洞宗の僧侶にはなったが、本山に瑞世して見栄のある業績は何一つなく、ひたすら野僧として文筆で庶民禅を説いて、放浪して果てた。

その禅は武士から僧にうつった者の体験を生かして、独自の正三禅といえる。

「我若き時より、総じて言句を持たざる性也。今に仏法を持たず。尤も世事のことは、名聞を始め、胸中一物もなし。是に仍《より》て、人に逢ても咄《はな》すべきことなし。只によんとして居る計《ばかり》なり。人持ち来れば、応対事欠かず。我方より工み出して云ふべきことを持たず。乍去《さりながら》仏法のすべを直し度く思ふと、人を能く成し度くと、思ふ念は強く有る也。

此の外には他事なし」

言行録『驢鞍橋』の一節であるが、いかに無宗派的で、既成の教団にぞくさないで独自であったかが、証されている。曹洞宗の僧ではあったが、曹洞宗に果たして属していたかどうか。疑う研究者もいるほどで、臨済宗の大愚に得度してもらっているから、臨済宗の僧だろうという人もいるくらいだ。弟子の慧中《えちゅう》は、

「禅は、仏心の正宗なり。正宗若し興るときんば、諸宗も亦、自然に須くこれに順ずべし」

といっているし、

「正法の中興と得て称すべきものは、それただ石平道人のみか」

ともいっている。

既成の諸宗派は、自宗自法だけを弘通するにつとめて、衆生の利益のことをあまり思わない。石平道人は、衆生の成仏のために説きまわり、外に別異がなかった、と慧中は、『石平道人行業記弁疑《べんぎ》』でいった。師匠は特定の宗派も、特定個人の宗教的権威も認めなかったと。

歯に衣きせぬ道元批判

『驢鞍橋』に出てくる有名な話だが、ある人が正三に、「日本の諸宗の大師先徳の中に

大修行底《だいしゅぎょうてい》の人がありますか」ときいた。正三はこたえた。

「知らぬことなり。残された法語などをみるに、経文、語録としては書き示されたが、まことに修行つよい人があったとも思えない」

諸宗派の開祖や先徳をも無視したのである。自分は曹洞宗を名のったが、始祖道元をも批判した。『学道用心集』で、道元が人生の無常なることを説いて、「毛嬙《もうしょう》、西施《せいし》の美妙の容顔を見ても朝の露、眼を遮る」とあるのを、正三は、「殊の外弱い云ひやうなり」と批評、もし美人の声や色の繋縛から離れる方便を説こうとするなら、むしろ、「毛嬙、西施が美妙の容顔と云ふも、糞土臭穢の暖かなる」というべきだ。「学道用心などと云ふは、初めよりぶつ付けて、心の用ひ様を書くはず」ときめつける。痛快な指摘である。道元の貴族的教養の温雅さを、三河足助の武士の気風でまくしたてたといっていい。

また、十九歳の玄石《げんせき》という僧が早逝する。その臨終の枕もとで正三はいう。

「いつまで生きても何の替はることなし。苦体の腐物《くされもの》を、一日なりとも早く打ち捨るは好《よ》きこと也。先づ今生の隙明け也。我も此の年まで生きたれども、何の変りもなし。道元和尚などを、隙の明《あ》いた人の様にこそ思はるらん。未だ仏境界に非ず、其の自由に成る物に非ず、思ひを達せぬ者、汝一人のみに非ず。誰と云つても、いつまで後生ありても、何の変りも有るまじ。先づ片時なりとも、早くこの腐物を打ち捨ること、扨《さて》も好きこと也。我も頓《やが》て行くぞ……」

玄石はにっこりして往生した。『驢鞍橋』は、正三が世人を教化した言行を弟子の慧《え》中《ちゅう》が克明に筆記したものだが、このような正三の言葉を割愛せずにのせたのはみごとである。

曹洞宗のある高僧が、「道元はまだ完全にさとりを開いていなかった」といったため、宗派内で大問題になり、高僧は、公の場所で、放言を取り消さねばならなかった事件があった、と中村元氏はいっている。正三が徳川時代に道元を批判し、それを公表した本が出版されているのは、大いに注目すべきことだと中村氏はいわれる。先に、鈴木正三は曹洞宗の僧でありながら、正史からこぼれている、と私がいったのもこの消息につながる。立宗の始祖を云いなじったのだから、外へ放りだされてもいたしかたあるまい。

不自由の中に求める自由とは

正三のこの独自の禅はどこからきたのだろう。正三自身は、

「われ嘗《かつ》て普化《ふけ》の意に徹す。ここを以て大いにその益を得たり」

といっている。普化和尚の感化だという。さきに風狂一休の生涯を普化にかさねてみたが、正三も偶然ながら「普化の意に徹す」といい、自由奔放で何ものにもとらわれないで、鐸《すず》をふりながら、狂人のように庶民の町を歩きつづけて、人倫から離脱したとこ

ろに自由を求めた普化を尊敬していた。だが、正三には、普化とも一休ともちがって、庶民とともに職業倫理を追求したのである。

正三にとって絶対の権威は仏であって、一個の人間として仏に対面しようとした。つまり、教団も、宗祖も要らないのである。といっては云いすぎになるようだが、教団も寺も二の次だ。

「このような態度が公然と表明されているということは、日本仏教史上、全く革命的なことがらである。こうした態度があらわれた理由については、信長、秀吉、家康三代にわたる日本の中央集権的封建制度確立の企図が完全に成功したために、一般仏教教団が世俗的な中央政権に屈服してその勢力が弱まり、かれに圧迫を加えることができなかったこと、および個人的には正三が旗本の有力な人士であったために、出家後にも幕府の勢力が暗々裡にかれの背後に存したことなどが、かれをしてこのような態度をとらしめえたのであろう」

と、中村元氏はいっておられる。

重要な指摘であって、不自由な中に自由を求めた正三の面目である。このことは、室町期に風狂禅を生きた一休とかさなる。一休の時代は、徳川期ほど制度化されていなかったが、五山の衰退ぶりや山上仏教の驕りは先にも書いたとおりで、世相は下剋上の動乱であけくれている。そこで、一休は、教団（大徳寺）にそむいて、彼一流の街頭禅に徹する。正三もどちらかというと街頭禅に近い。一休が後小松帝の子であったという立場が、暗々裡に、世間からも、幕府からも批判をまぬがれたといわれる事情も、正三が旗本武士で出家するにも徳川秀忠の許しがもらえたほど、恩寵をうけていた立場に似ている。一休は宮廷、正三は幕府直参で、その出自を得手にした。

家康が、仏教を幕府に従属するよう制度化をすすめ、本末制度や檀那制度を僧侶に守らせ、何につけても自由な行動を縛った時期であればこそ、正三が、既成仏教の改革を叫んだのである。もっとも近代的僧侶の誕生といわれる所以である。

念仏往生は坐禅の機にかなへり

先にも、本人がいっているように、正三自身、これだという仏法をもっていない。「只によんとして」いるばかりであって、人にたずねられてこたえる中で、仏法を見直し、人がよくなるようにと言葉をつくしただけである。それ故、正三禅の性格をのべるとなると、なかなか複雑で、ひとくくりでくくれない。

まず正三禅を念仏禅だというわけをたずねてみると、ある老婆が若い女をつれて正三のところにやってきて、「後世《ごせ》の用心」を問うた。正三はいった。

「我、後世の願ひ様と云ふは、此の糞袋を秘蔵する念を申し消すべしと大願を立て、日夜強く念仏するばかり也」

女は、「そのようなことをすると、どんな徳があるのか」とまた問うた。正三はこたえる。

「後世を願ふと云ふは、死して後のことに非ず。現に今、苦を離れて、大安楽に至ること也。然るにその苦は何より起ると思ふや。只此の身をかわゆがる念より起る也。此の身さゑなくんば、何か苦なるべき。故に此の身に離たるを成仏とす」

他力信仰の女だったのだろう。正三によると、阿弥陀仏は、西方の極楽浄土にあるのではなくて、己が心の中に存在することになる。そこを、『盲安杖』では、

「人間一生万事皆夢なり、一念の妄心永劫の苦因なりと眼をつけて、南無阿弥陀仏と唱ふべし……。されば唯心の浄土、己心《こしん》の弥陀といへり。我に有る弥陀仏、念じ出すこと、堅かるべきにあらずや。若し又、信心つよくして、勇猛精進の発《おこ》つて、昼夜間断なく念仏せん人は、時節到来して終に己心の弥陀に相見し奉り、則ち唯心の浄土に安住すべし」

といい、また、『念仏草紙』では、次のようにいっている。

「心のいたらざる人は、念仏往生をあさき事におもひ、余の法をふかくおもふもあるべし。是《これ》、則《すなわち》、正理をしらざるゆへ也。古来より坐禅工夫、観念、観法を用るも、念仏わうじやうにかはらんや。禅宗には、万事の中に工夫をなし、工夫の中に万事をなせとおしへおかれ候。何れのをしへにも、坐禅観法の外はなし。念仏往生を用る人は、おぼ

えず坐禅の機にかなへり。総て、もろもろの仏像をよくよく見給ふべし。何も禅定の体ならぬかたちはなし。さる程に、一筋に他力本願をむねとして、名号をとなへ奉る心中に、仏体有る事うたがひなし」

他力本願をむねとする「称名念仏」も、坐禅工夫や観念、観法とちがわない、というのだ。念仏を唱じて往生しようと願う宗教体験も、坐禅観法する人と同じだ。救済の根拠を弥陀の本願におく浄土教、称名念仏する心中にも仏法がある。つまり「自己の真仏」において念仏がある。臨済のいう、もうひとりの自分、一無依の真人がいる。これは自力念仏とでもいっていいか、禅的念仏といっていいか、信心念仏には禅の工夫がなくてはならぬ、というところへ正三はゆきつくのである。

「皆、行ずるところに眼を著《つけ》て強く行ずべし。先づ、念仏を申さん人は、念仏に勢を入て、南無阿弥陀仏〳〵と唱ふべし。是の如くせば、妄想いつ去るとなく自ら休むべし」

いまの用に立てる禅

禅門は仏心の正宗なりといい、既成の宗派にたよらずに仏法を求めた正三は、究極のところ禅にたよったのであって、他力念仏もこのように仏心の正宗にとりこまれた。つまり自力だの他力だのというはからいがなかった。自他ともに、軀内の「自己の真仏」においてある。

仏法は、悟らなければ用に立たぬと思うのはまちがいだ。仏法というのは、ただ今のわが心をよく用いて、いまの用に立てることである。それ故、心をつよく用いることを修行という。心が強くなるほどいい。大いにつとめれば大きな徳がある。少しつとめれば少しの徳がある。たとえていうと、万石取りには及ばないが、千石取れば百石取りにはまさるようなものだ。分々に徳を得ることである、と正三はいう。何と新しい自力禅であるか。ややもすると庶民には高踏的だった禅問答や公案やりとりだった。難解さと馴染みにくさに手古ずっていた庶民や新興武士階級には魅力だったろう。

人はよく、悟ると仏境界に入るというが、それも無いと正三はいった。仏境界というのは、格別のことではなく、ただ悟りなどを求めず、修し行じておればおのずから徳に至る。悟らなくてもいい。ただ修行しておればいいではないか。仏道修行はこれでいいという終りはない。一生が努力。六祖慧能が、神秀上座《しょうざ》の偈に対して、「悟りの木」などあるものか、求めて得られる悟りなどはしれたもので、求めることが悟りなのだ、といったことを思いかえしていただきたい。中国唐末の純禅が、日本の鈴木正三という武士あがりの禅僧が手さぐりでもとめた自力禅に湧出している。

こういう正三禅《しょうさんぜん》を仁王禅《におうぜん》と当人もよんだ。弱気をはらって勇猛心で修行せよ、というのである。つよい心をおこすためには、仁王像のような猛々しい仏像をみつめて修行するのがいい、と。

「仏像建立の趣をみるに、村に金剛の形像を立て置き、座敷には十二神・十六善神・八金剛・四天王・五大尊、各々威勢をふるひ、物の具を着し、鉾、刀杖、弓矢を持てならびましますなり。此の意に徹せずして修行する人は、六賊煩悩を治する事かたかるべし。修行疎《おろそ》かにして、此の意に至るべからず。願はくは、仏像に眼をつけて修行し給へかしとの念願なり」

仏像の中でも仁王の像に表現される勇猛心を体得せよという。

「仁王心を以て、六賊煩悩を防ぐときんば、自ら本心はそだつ也。譬へば下馬には棒つき有り、内には広間番、段々の番処有りて、堅く守護し奉れば、君自ら太平に在すが如し。仁王は是れ如来の足軽坐禅なり。先づこの足軽坐禅をよう仕習《しなら》ひめされよ。……初心の者、仁王心の外にて、万事の上に使ふこと成るべからず。……煩悩心が其のまま菩提心なり。唯用ひ様の替りたるばかりなり。然る間、心をはつしと用ゐて、仁王坐禅を仕習ふべし」

他人には寛容、自らには厳しく

「足軽坐禅」というような云い方も正三の発明だった。何とも勇ましい。静閑坐禅から、積極的意志をもつ工夫の坐禅をやれ、というのだ。旧来の禅は如来禅だ。静かな極致への到達だが、自分の禅はちょっとちがうというのである。

「勇猛心の仁王禅は方法としてはわかるけれど、到達点ではなく、初心の者の修行過程だ」

という人がいて、仁王禅を批判したことがあったらしい。すると正三は、「仏教というものは、ただ修行の一路ではないか。いつになると完成してこれでよいということはあり得ない」とこたえて、「如来禅の静閑な坐相を学ぶ者が多いようだが、そのやり方はかえって無事に堕ちて心をついやし、機をころしてしまうものだ。自分はこういう坐禅を打破したくて仁王禅を唱えはじめた。歯をくいしばり、こぶしを握れ」といった。

このように、正三は念仏禅にしても仁王禅にしても、布教伝道意識がつよかった。

「まったく道心のない者には説き様もないけれど、少しでも志をもつ者には、無理にも仏法をすりつけたいものだ。相手の胸の中へ入ってでも、仏心を起こさせたいものだ」

といっている。

すりつけたい、というような表現も正三の接化法がいかに人間的で、目前の具体で示されたかの証しだろう。こんなふうに、世の中を説きまわったから、当然、社会・人間の矛盾相につきあたる。善悪・正邪を峻別する必要が生じ、正三禅は、大いに道徳性を強調する。

「夫れ仏法は、人間の悪心を滅する法なり。……」

「仏法は諸悪を去りて、諸善に用ふる法なり。……」

「仏法は成仏《じょうぶつ》の法なり。然れども成仏の心得に邪正あり。若し邪正の差別を知らずんば、皆以て邪法なるべし」

その一方で、正三は道徳的に自己を反省もした。

「我は終《つい》に今まで、人を欲深しと思ひたる事なし。只《ただ》、世の中には、我、独り欲深き者と思ふ也、……

我は仏法の能き事を知らず、只、我、悪しき事を能く知りたるなり。我、友に成り、出入りめされば、何時も〳〵我処にある餓鬼畜生を懺悔して聞かせ申すべし」

正三は歩いていて、道ばたのたまり水で口をそそいで手を洗った。ある僧がこれを見て、

「汚ない水ではございませぬか」

といった。正三は答える。

「わしの口よりはきれいだろう」

また、「人が悪を行うのは、人の本性に欠陥があるからで、悪人を憎んではならぬ」ともいった。

「人の僻事《ひがごと》をにくまんならば、碁将棋の下手、あしき手つかひするも、僻事なりとにくまんや。是をもつてしるべし、いづれの人も行ひあしくせんとはあらねども、心たらずして我が身をもほろぼすなり。たとへば貧人の過分のふるまひかなはざるがごとし」

他人には寛容で、自分にはきびしく律した。念仏、仁王、それに儒教的な一面もとりこんで、正三は教団、つまり寺院に温まる坐禅をよろこばず、説法行脚に出てばかりいた。弟子慧中の速記による『驢鞍橋』も『弁疑《べんぎ》』も、この旅の所産だった。

Ⅲ　現実肯定のリアリズム

「仏法は世間法と異ならず」

臨済宗にしても曹洞宗にしても、ともに中国から伝来されて、日本に根づいて年数もたち、先にものべたように、家康はその宗教政策に、自由なる自力宗の禅をも圧迫してゆくので、僧侶はそれに従属さえすれば、平穏無事を満喫できたのである。そのため、自由の生気を失なった形骸仏教ともいえ、組織にあぐらをかく僧には、正三の出現は、まばゆいばかりであった。正三はあくまで庶民との連帯であり、禅界にも、武人層にも、知識層にも帰依者がふえて不思議はなかった。

もちろん、こういう正三禅は、他力派から批判をあびることは当然だった。自力派からもあった。妄情を断截しようとして仁王の真似などする禅は正しくない、と臨済宗の無著道忠はきびしく批判した。

「正三が仁王坐禅は是《これ》邪法にして、真の禅に非ざることを知るべし。……或ひは、人をして散乱を祛《はら》ひ、睡魔に敵し、塵労を遣《や》り、喧鬧《けんどう》を遠《とおざ》け、精進を起し、勇猛《ゆうみょう》を発して、目を竪《た》て、眉を襟《ささ》へ、拳を握り、歯を齩《か》ま令《し》む。此の如きの邪知異解、枚挙すべからず。之《これ》に依て正三邪禅之流、中華にも亦有之《またこれあり》」

正三の方では、逆にその臨済宗を批判する。

「我も私《も》し見性少し有ども、何の用にも立たず。結句、今時、見性したりと云ふ人は、大形《おおかた》、人悪く成る也。其の方も、只土に成りて念仏修行せらるべし。

此の比も済家《さいけ》僧の十八九に成る人を、見性の人とて尊ばる由聞き及び、左様に輒《たやす》く悟道するものならば、我も早や仏菩薩にも成るべし。若きより心懸け、胸中もゆるやうに大事起し、八十まで修すれども、隙《ひま》は明けぬ也」

曹洞の始祖をやっつけ、臨済の軽々しい若僧の見性もやっつけて、無師独悟の禅を正三は追求してゆくのである。つまり、教団という垣の内にすわって、教団坐禅で無事の工夫するなどしりぞけた。世法即仏法。活動的で社会的禅を主張する。これでは敵が多くなってもしかたなかったろう。

「仏語に、世間に入得すれば出世あまりなし、と説き給へり。此の文は、世法にて成仏するの理なり。然《しか》らば世法則仏法なり。華厳《けごん》に、『仏法は世間の法に異ならず。世間の法は仏法に異ならず』如此《かくのごとく》説き給へり。若し世法にて成仏する道理を用ゐずば、一切仏意を知らざる人なり。願は世法を則仏法になし給へかしとの念願なり」

世間法を仏道修行と心得て、しっかりと各々の職業に挺身せよ、と正三はいう。つまり、仏法は僧侶だけにあるのではなく、武士にも商人にも庶民にも工芸人にもある。しっかりその職をやってゆけば、仏道修行と同じだから、必ず成仏できる。

武士のための十七の徳目

ある武士が正三に問うた。「あなたは、仏法と世間法が車の両輪のようだといわれるが、仏法がなくても世間はそう不自由なことはないではないか。どうして車の両輪にたとえられるのか?」。正三はこたえるのである。

仏法と世間法が二つ、別々のものとしてあるのではない。仏さまのことばに、世間に入ってしまえば、別に出世間があるわけではない、とある。仏法も世間法も、道理を正し、正義を行なって正直の道をすすむほかはないのである。

その正直ということには二種類ある。一つは、道理をまげず、正義を守って五倫の道、つまり人の守るべき五つの道を正しくして私心のないのを世間で正直という。これは浅いところから深いところへ入る道である。また、もう一つ、仏法の上で正直というのは、さまざまな因縁によってつくられたものは、すべて虚妄であって、夢幻のようなものだと悟って、本来、自分は法の身であり、天然自然のままに生きはたらくのを本当の正直という。

凡俗人は大病人で、仏さまは大医者である。凡夫は自分の病状を知らねばならない。生れたり死んだりする迷いの心の中に迷妄の病が存する。邪見の病も存する。怯弱不義《こうにやくふぎ》の病も存する。貪・瞋《しん》・痴、三毒の煩悩の心を根本として、八万四千の煩悩の病気がおこっている。この心を除滅するのを仏法というのである。

「修行の道、千差万別なりといへども、肝要は、唯身を思ふ念を退治するの外なし。苦の根源は己《おのれ》、己を思ふ一念なり。如此《かくのごとく》なりと知るは理《ことわり》なり。此の理を知りて力を出し、真実勇猛の心を以て、此の一念を滅却するは、偏へに義のなす処なり。理なき人は苦楽の根源を弁へず、義なき人は生死のきづなを切る事あたはず、強く眼を着くべし」

ここから有名な武士にあたえる徳目がうまれてくる。

一、生死を守る心
二、恩を知る心
三、一陣にすすむ心
四、因果の理を知る心
五、幻化無常を観ずる心
六、此の身の不浄を観ずる心
七、光陰を惜しむ心
八、三宝を信仰する心

九、此の身を主君に抛《なげう》つ心
十、自己を守る心
十一、捨身を守る心
十二、自己の非を知る心
十三、貴人主君の前に居する心
十四、仁義を守る心
十五、仏語祖語に眼を着《つ》る心
十六、慈悲正直の心
十七、一大事因縁を思ふ心

慈悲の殺生は菩薩

以上は物に勝って浮ぶ心の類で、勇猛心を体としている。次は、物に負けて怯える心を悪徳だとする。

一、己を忘れて心をぬかす油断の心
二、遊山活計歓楽の心
三、義理を知らざる心
四、因果の理を知らざる心

五、無常幻化を知らざる心
六、名聞利養を思ふ心
七、華美奢る心
八、狐疑不信の心
九、物にすき好み、一切に着《ぢゃく》の心
十、怯弱にして勇のなき心
十一、慳貪《けんどん》無慈悲の心
十二、他の是非を思ふ心
十三、我執自慢の心
十四、愛念嫉妬の心
十五、恩を知らざる心
十六、諂誑諂曲《てんきょうてんごく》の心
十七、生死をわするる心

これらの悪法はみな煩悩から生ずる。己れに勝たねばならない。「心こそ心まどわすこころなり心に心こころゆるすな」という歌がこれを物語っている。武士はまた、「心を殺す」ということも大事である。

「心を殺し得る時は、直に仏果に到るなり。古語に、殺生せよ、殺生せよ、刹那も殺生せざれば、地獄に入ること矢の如し。如此《かくのごとし》の語に眼を着すべし」

ここから正三は、「仏法と云ふは万事に使ふこと也。殊に武士はときのこゑ坐禅を用ゆべし」（『驢鞍橋』）といった。

「鉄砲をばばた〳〵と打立て互に鑓《やり》先をそろへてわつ〳〵と云ふて乱れ逢ふ中にて急度用ひて爰《ここ》で使ふ事也。なにと静かなる処を好む坐禅が、加様の処にて使はれんや。総じて侍は、なにと好き仏法なりと云ふとも、ときの声の内にて用に立たぬ事ならば捨てたがよき也。然る間、常住仁王心を守り習ふ外なし」（同上）

武士が戦場で相手を殺すのは当然である、と正三はいう。「慈悲の殺生は菩薩の万行に勝れたり」。武士は主君のために、身を捨てる覚悟でいなければならない。それが仏道修行である。

「夫れ武勇の家に生る人は、三尺の剣を磨き、一張の弓を弄し、常に心を強く用ゐて、千万人の中に於て、一陣に進まん事を思ひ玉ふべし」（同上）

「途をありく時にも心を丈夫に用ゐて、譬えば思ひがけも無き所より、鑓など不図、鼻の先に突掛けたりとも、ひつくともせぬ様に用ふべし、総じて武士は平生是の如く機を用ゐる筈なり」（『石平山聞書』）

大坂冬の陣では、秀忠の陣に敵が入ってきて、大立廻りになったという。正三は首級を五つ六つあげたやもしれない。何につけ、自己体験から絞りだすようにに出たことばだから、この武士にあたえたことばもどこか殺気立っている。正三禅を武士道とむすびつけて、禅がずいぶん、戦争中に軍部将校に尊ばれた時代を私は知っている。なるほど、正三は、人を殺すことは、仏法を修験道《しゅげんどう》に変える、といった盤珪《ばんけい》のようなことはいっていない。同時代を生きた禅僧に臨済宗ではやがてのべる沢庵や、白隠がいる。盤珪もそうだが、徳川体制下の平穏無事を、これらの僧たちはどう切りぬけたか、正三の勇猛心あふるる処世禅にかさねて考えてみるのも、これからの課題になってくる。

百姓は世間養育の役人

それでは、その武士階級に、搾取されてくらしていた農民士民に対して、正三はどう説いたのだろう。この時期ではないが、享保（一七一六～三六）に至ると、将軍吉宗は経済改革政策の中で「百姓は生かさず殺さざる様」といっている。ひどい差別のもとに農民は泣いていたが、彼らに対して、正三はどういったか。

『万民徳用』の中で、「武士日用」を第一にかかげた正三は、その次に「農人日用」を設けている。農民を重視する。もちろん、農民にも、農業に専心することで、仏道修行が完成されると正三は説いた。ある百姓が正三に問うた。

「後生を大事にと思うてくらしていますが、いかようにしても農業はお天道さまが相手なので、いそがしくて、ひまがありません。あさましいことです。このままの一生だと空しいかぎりで、未来は苦をうけます。無念至極です。どうして仏果を得ることができましょうか」

百姓にすれば、お坊さまの世界は世間を脱け出た高貴なものにみえる。毎日、鋤鍬《すきくわ》をもって田を這いまわるあさましい生活では、とても仏法に縁がない、とする当時の農民をこの問いは代表している。正三はこたえる。

「隙《ひま》を得て後生願はんと思ふは誤りなり。かならず成仏をとげんと思ふ人は、身心を責めて、楽欲する心ありて、後生願ふ人は、万劫《ばんこう》を経るとも成仏すべからず。極寒極熱の辛苦の業をなし、鋤鍬鎌を用ゐ得て煩悩の叢《くさむら》茂き此の身心を敵となし、すきかへし、かり取りと、心を着けてひた責めに責めて耕作すべし。身に隙を得る時は、煩悩の叢増長す。辛苦の業をなして、身心を責むる時は此の心に煩ひなし。如此《かくのごとく》四時ともに仏行をなす、農人何とて別の仏行を好むべきや。縦《たと》ひ道場に入りて、恭敬礼拝、専する人なりとも、我執の念すたらずば、何たる殊勝をなすとも、皆、以て輪廻の業なり」

辛苦を要する肉体酷使の農業である、その辛苦の一点に宗教性をみとめようとするのである。そしてまた、

「農業を勤むる者には、覚えず功徳そなはれり。三宝を供養し、神明を祭て、国土万民、世を持つ事、唯是農夫の徳なり。畜類等に至るまで此の徳受けざるはなし。是れ則ち我が徳にむくいざらんや。かほど大功徳をなす農人、一心のむけやうあしくして、還《かえり》て三

悪道の業となす事、口をしきに非ずや。偏へに道理を知て、一心を定むべし。夫れ農人と生を受くる事は天より授け給へる世界養育の役人なり」

天から授かった世界養育の役人だと、百姓を位置づける物言いには、正三独自の表現法があって、いかにも文芸人としての一面を思わせる。少し「眼を着けて」（正三流に）みれば、この当時の農民は、幕府の外様藩けんせいのための築城に狩りだされ、夫役はもちろんだし、米をつくっても苛酷な年貢に喘ぎ、飢饉の年まわりは麦さえ喰えず、大根めしを喰い、哀訴をすれば罰せられる憂き目をみていた。寛永二十年（一六四三）の十二月二日付の「在々御仕置の儀に付御書付」という布令では、

一、百姓の衣類、此以前より御法度《はっと》の如く、庄屋は妻子共、絹紬、布、木綿、脇百姓は布、木綿許可着の外は、えり、帯等にも致し申間敷事《まじきこと》。
一、百姓の食物、常に雑穀を可用《もちいるべし》。米は猥《みだり》に食さざる様に用捨致すべき事。
一、在々所々にて饂飩、切蕎麦、素麺、饅頭、豆腐以下五穀の費《ついえ》に成候間、商売無用の事。
一、在々所々にて酒、一切作るべからず。ならびに他所より買入商売仕《つかまつる》間敷事。

とあるし、慶安二年に幕府が出した「諸国郷村へ被仰出」の布告文書には、

一、百姓は分別もなく、末の考もなきものに候故、秋になり候得ば、米雑穀をむざと妻子にも喰わせ候。いつも正月、二月、三月時分の心をもち、食物を大切に可仕候に付、雑穀専一に候間、麦、粟、稗、菜、大根その外、何物も雑穀を作り、米を多く喰いつぶし候わぬ様に可仕候。飢饉の時を思い出し候得ば、大豆の葉、あずきの葉、ささげの葉、いもの葉など、むざと捨て候儀はもったいないことに候。

とある。ろくなものを喰っていなかったことがわかる。私の故郷若狭藩では、築城のために、十年以上も年貢が高く見つもられ、諸国の一俵は四斗であるのに、若狭だけ四斗五升が一俵ときめられた。松木長操《ちょうそう》という若庄屋は、仲間をあつめて藩主に抗議し、諸国なみの四斗にしてくれと訴え出たため、酒井忠勝は、これを捕えて獄に入れ、農民への見せしめに、刑場で断首した。

現世の苦労は超越すべし

寛永二十一年（一六四四）は、鈴木正三はまだ六十六歳で江戸で健在だ。文筆で多忙をきわめていた頃だ。若狭一揆は、慶安五年（一六五二）からであった。諸国を歩いていた正三に農民の窮状は見えなかったはずはあるまい。その農民に、正三は、辛苦な労働ではあろうが、仏道修行だと心得て、仕事に精を出せ、といったのである。「農業を勤むる者には、覚えず功徳そなはれり」といわれても、農民には、何が功徳だか、はっきりわかった者がいたかどうか。しかし、正三は、「世界養育の役人」だと農民を位置づけて、万民のために、いな、虫けらのような生きもののために、専念してみよ、という。それこそ仏道であり、神聖な行であると。

「されば此の身を一筋に天道に任せ奉り、かりにも身のためをおもはずして、正しく天道の奉公に農業をなし、五穀を作出して、仏陀神明を祭り、万民の命を助け、虫類に到る迄《まで》施すべし、と大誓願をなして、一鍬《ひとくわ》一鍬に南無阿弥陀仏、南無阿弥陀仏と唱へ、一鎌一鎌に住して、他念なく農業をなさんには、田畑も清浄の地となり、五穀も清浄食となりて、食する人、煩悩を消滅するの薬なるべし。天道、此の人を守護したまはざらんや。もし貪欲の心に住して、一大事を忘れて農業をなさしめば、田畑も不浄地となり、作出する五穀も不浄食たるべし。善悪共にかならず本にむくふの理《ことわり》を能くしるべし。三毒の心を恣《ほしいまま》にする人には、天道の加護なくして、念仏信心有りて、念々怠らず、勇《ゆう》猛《みょう》堅固の心に住せざる則《とき》は、福《さいわい》消えて災難来り、万人にいやしめられ、現世《げんぜ》の苦患隙なくして未来永劫、悪道に堕在《だざい》せん事、何ぞ恐れざらんや」

　正三は、百姓らがいくら苦しくても、その現世を超越しろ、といっているようである。これは、浄土宗が、他力本願を求めるには念仏につとめよといい、やはり、辛苦なる現世を念仏で超越して極楽往生せよというのと、いくらかちがって、正三には、現世の汚濁穢土観を吹っとばして、農業を天職と心得て、はげめよ、労働三昧に超越があるとする。

「夫れ人間の一生涯は、夢の中の夢なり。楽、身にあまるとも、楽、はつべきにあらず。偏へに一大事の理を知りて、後世菩提に思ひ入り、勇猛の念仏間断なく、一念の中に農業をなさば、覚えず誠の心極つて、離相、離名の徳そなはり、大解脱、大自在の人と成りて、尽未来際、極楽浄土の快楽を受くべき事、是をよろこばざらんや。信得せよ、信得せよ」

あずきの葉を喰い、稲の葉を千切って粥にして喰っていた農民から、年貢をまきあげる領主は、朝から鷹狩りや宴遊にあけくれていた。百姓が、どのように思おうとそれは自由である。わが身の境遇とかさねて人生を考えてみることも、煩悩であるか。正三のこの農業倫理には、時代の底辺の事情が裏打ちされていないから、いくらか首をかしげたくなるところもないではないが、慶安五年（一六五二）八月に、正三が七十四歳で、武蔵の鳩ヶ谷の宝勝寺にいた時、百姓数十人がきて法をきいた時、こういった。

「農業便《すなわ》ち仏行なり。別に用心を求むべからず、各々も軀は是れ仏体、心は是れ仏心、業は是れ仏業なり。然れども、心向けの一つ悪敷《あしき》故に善根を作しながら還つて地獄に入れらるる也。或は憎い愛《かわい》い、慳《おし》い貪《ほし》い抔《など》と様々私《ひそか》に悪心を作出し、今生《こんじょう》は日夜苦しみ、未来は永劫悪道に堕するは、口惜しき事に非ずや。然る間、農業を以て業障を尽すべしと大願力を起し、一鍬《ひとくわ》一鍬に南無阿弥陀仏、南無阿弥陀仏と耕作せば、必ず仏果に至るべし」

貧富の別はすでに、前世から定まっているのであるから、問題とすることなく、農務に励みなさいといった。むかしから正直を守って餓死したという人をきかない。不正直者こそ古今ともに家を崩し身を損じた。また貧をそれほど嫌ってはならない。貧にて餓死した者も聞かない。「富裕の家にこそ横難横死も多きものなり。其上、貧富の因果定まれり。何ぞみだりに邪欲を思はんや」

人間はみな餓鬼畜生になることで平等だ。それゆえに、きめられた職業を尊び勤め、仏道を得ることで平等となる。中世的な身分差別に威丈高に怒りを抱くようなはからいをすて、対立をつくるな、さからうな、平穏な仏心の邪魔になるから、ひたすら自己の職業を守れ。これでは、徳川幕府の武士を優位においた庶民対策を、うまく手助けしているような思いがするのは私だけか。

儒仏混淆のイデオロギー

鈴木正三の著作は、ベストセラーとなって江戸草紙界に読まれた。『念仏草紙』『二人比丘尼』『因果物語』などが有名だが、『二人比丘尼』は一休の『骸骨』を下敷きにしたのではないかと思われるほど似ている。以上のほかに『破吉利支丹』があって、キリスト教を邪教として拒けた幕府のお先棒をかついでいるが、その文体も、「でうす」、天地の主にして国土万物を作り出し給ふならば、何として其《その》「でうす」、今まで無量の国々を捨て置きて出世し給はざるや、天地ひらけてより以来《このかた》、三世の諸仏、出で替《かわ》り出で替り衆生済度したまふこと、幾万万歳といはんや。其中、終に余国へ「でうす」出で給はで、近比、南蛮《なんばん》ばかりへ出世有るといふ事、何を証拠とせんや。「でうす」、天地の主ならば、我、作り出したる国々を脇《わき》仏にとられ、天地開闢《かいびゃく》より以来、法をひろめさせ、衆生を済度させ給ふ事大きなる油断なり。

あくまで仏法から批判するのである。正三調の文章というしかない。

さてこうして、正三禅を眺めてくると、自分は中国唐末の普化を尊敬するといい、道元をも、臨済宗をもやっつけた気概が、『万民徳用』を述して、庶民を接化した方法も儒仏混淆を感じないではおれない。儒はすなわち、幕府の重んじる哲学であった。正三によって、仏法は、巧妙に儒教と握手してゆく。一休とはまったくちがった日本禅の独走がここにあって、ともに本山に背をむけてひた走る。眼前無寺のもう一つの姿である。

第七章　沢庵宗彭体制内からの視線

Ⅰ　吾れ是れ水雲の身

幼少期に見た戦乱の無常

鈴木正三と同年代の臨済宗の沢庵宗彭《たくあんそうほう》は、天正元年（一五七三）十二月一日に、但馬国出石邑《いずしむら》（現在の出石町）に生れた。正三より七つ年上である。父は能登守秋庭綱典、母は牧田氏。出石城主山名宗詮《そうせん》に仕えた代々の武士であった。正三が地方武士三河の鈴木家の御曹司だった事情に似ている。幼い頃からするどくて「性剣鋒金」だったと武野宗朝はその『紀年録』で書いている。剣鋒金とは、易学のことばで、つるぎの先のように鋭い性質、という意味だそうだ。

出石は兵庫県の北端で、京都府との境に近い。丹後野田川からと、豊岡から円山川ぞいの道があってのぼりつめてゆくと、出石盆地へ出る。出石川に沿う町なみは、山が近いので閑雅である。町とややはなれた谷に城跡が石垣をのこし、昔の山砦の面影をよくとどめている。

沢庵の生れた天正元年から、約十年にかけての年まわりは、諸国動乱。織田信長があばれ廻った末、本能寺で殺された。京都に近い出石城主もその余波をまぬがれ得ない。

天正元年は、足利氏最後の将軍義昭が山城から追放され、かわって信長が京都入り。村井貞勝を「天下所司代」に。信長は京都を発って越前朝倉を攻めた。義景は自刃、朝倉一乗谷は亡びた。さらに信長は妹お市の嫁ぎ先小谷城を攻め、浅井久政、長政父子を自殺へ追いやり、さらに伊勢一向一揆を攻略、さらに河内を攻めて三好義継を殺した。松永久秀は大和多聞城をあけわたして降伏。さらに翌二年、徳川家康とともに三河長篠で武田勝頼の軍を大破する。さらに信長は越前の一向衆徒を攻め、四年四月には安土城を築いた。

羽柴秀吉が、信長の命を受けて、中国平定に出発したのが天正五年二月。但馬、丹波、丹後、播磨に戦火はひろがった。先ず明智光秀の氷上城攻めだ。秀吉が波多野宗長・秀治・秀尚兄弟を捕えて身柄を安土に送ると、信長はこれを磔刑《たっけい》。明智光秀は丹後へ入って一国を平定する。

一方、羽柴秀吉の配下織田信雄は、播磨にきて、但馬出石城を攻める。領主山名宗詮はすぐ信雄に降伏、出石城は焼けた。北但の閑雅な盆地が一夜の敵襲で荒れ狂うさまを、七歳の沢庵は山名に仕える父綱典の悲運とともに見たわけである。戦さの激しさはどのようだったか資料はないが、山に囲まれた小京都ゆえ数少ない峠は占拠され、谷間の高台にある城は炎上。町家も武人の館も大騒ぎだったろう。逃げる者、討死にする者。降伏して味方を裏切る者。戦さは人間をむきだしにする。領主山名は逃亡できたが、残った家臣はみじめだった。山名に代って、小出吉英が出石に入って、有子山の麓に城を再建。天正十年がきていた。織田信長は、本能寺で明智光秀に殺され、その光秀も山崎で刺殺される。羽柴秀吉の急遽《きゅうきょ》京都入り。ざっとこうしるしただけでも、但馬も山城も動乱の渦である。「性剣鋒金」といわれた沢庵ゆえ、感性もするどかったろうから、幼少年期に見た戦さのむごたらしさは、のちの精神形成に大きく作用したことだろう。

「春翁」改メ「秀喜」改メ「宗彭」

父綱典が、母と相談して沢庵を十歳で出家させた理由に、一つは、天下の無常、下級武士の運命をかこった末の思案もあったろうか。それとも、沢庵少年の平素からの志だったか。そのことを証す資料はないが、宗朝『紀年録』によると、綱典がつれていった先は出石の町なかの宗鏡《すきょうじ》寺で、臨済宗東福寺派の、大道一以禅師開基の寺。宗鏡は山名時氏の四男氏清の法名。氏清の開創で、宗鏡寺とよんだ。臨済宗の地方寺は武将開創の寺が多い。沢庵は宗鏡寺から唱念寺（浄土宗）へ入った。衆誉上人の弟子になって春翁と命名された。因州へ逃亡した宗詮はまもなく死亡。主君を失なった綱典は生活に困った。子供は苦境の家をみてよく育つものである。沢庵は上人から三部経を習う。『無量寿経』『観無量寿経』『阿弥陀経』である。十歳では、なかなか習読できない。夜ふけまで、写経につとめ、朝夕の勤行もやった。ところが、沢庵に、不満が生じた。

「念仏を専修してもらちがあかない。禅の扉をたたいて名僧にまみえねば仏法をきわめることは出来ない」

衆誉上人が死亡したこともあって、一時、豊岡の某寺で暮したが、臨済の宗旨を慕った。武士の子は他力派の念仏でくらすより自力派の自己見性をめざす宗門にひかれた。

そこで、天正十四年（一五八六）がきて宗鏡寺の塔頭《たっちゅう》勝福寺へ入って、京都から掛《か》錫《しゃく》していた希先西堂に参禅する。名を秀喜ともらった。浄土宗から改宗して師匠がえをこれで果した。希先は、沢庵がよく学ぶ子なので、儒、仏の書も教えた。沢庵はよく読んで、自得した。天正十九年、十九歳。希先和尚が逝去。よくよく師匠の死に出あう運命だった。

翌二十歳。宗鏡寺へ京都大徳寺の董《とう》甫《ほ》宗仲《そうちゅう》が但馬守前野長泰の招きできて、隠寮に住んだ。沢庵は、董甫に参禅。朝夕訪れて教えを乞う。董甫は、沢庵の好学心と、尋常でない参禅弁道に驚いた。三年経った。董甫は京都へ帰ることになった。沢庵も董甫についで京へ上った。

董甫の入ったのは大徳寺山内三玄院《さんげんいん》。のちに石田三成の菩提寺になった。三成が浅野幸長や森忠政らと財を投じて、円鑑国師春屋宗園のために建立した寺で、三玄とは、体中玄、句中玄、玄中玄の三語にもとづいている。仏心あつかった三成が、春屋宗園に帰依して、祖先の追善をかねたのである。

春屋宗園は大応、大燈の松源禅《しょうげんぜん》を汲む徹翁、言外、華叟、養叟、一休の純禅を継承する大徳寺住持であった。董甫はその高弟である。春屋は出石からやってきた沢庵を見て、ただ者でない眼光に驚き、参禅をゆるした。三玄院に居所をきめられた沢庵は毎日、春屋の道場で研鑽打坐する。宗彭という号は春屋からもらった。秀喜は、宗彭にかわった。

ざっとこれが青年期までのあらましだ。下級武士だった父の不運と思案によって、十歳から寺に入り、転々せざるを得ない運命を拾い、放浪の末に京都の禅寺に入って禅の道に馴染んでゆく。つまり、親とはなれてくらす修行が、十九歳で身についた。師の遷化で、浄土宗にかわったり、三部経に打ちこんだりして、他力派の生活も経験したから、ふつうの禅宗小僧とちがった。この経路も、のちの沢庵に大きく作用するのである。

いわゆる天才肌で、大人をびっくりさせる逸話行状に富んだ歩みがなくて、あくまで地道である。出石につたわる沢庵少年期の逸話物語の二、三を点検しても、鋭敏利発で、武にすぐれた、とあるだけだ。

当代最高のサロン大徳寺

禅は学智を尊びはするけれど、すべて決定する刹那《せつな》は、あくまで当人の直観、直覚である。三千世界をわしづかみにするのも、放下するのも、己れの力量である。沢庵は、臨済の道を志した。だがそこでも高僧をさがさねばならなかった。武芸も腕だめしに師をえらぶ。禅は問答によって、師をさがさねばならぬ。武芸も禅に似ていた。

出石で、そのようなことを考える沢庵に、中央の目まぐるしい政争、混乱は、他人事でなかった。信長の急死。光秀の三日天下の討死。秀吉の入洛。矢つぎ早の関白就任。北野大茶会。千利休の謎をはらんだ自殺。これも大徳寺が舞台だった。地方武将の思惑や、策略もからんで、いろいろな風説がとびかって混乱がふかまっていた。

父も母も無常の風の中にある。ならば、この世に不変のものは何か。それをつかみとらねばならぬ。不変なるもの、永遠なるもの。それさえつかめば、無常流転のこの世はいささかもこわくない。仏典をよみ、経文を写していた沢庵に、「無常を悟る」ことこそ、「不変なもの」とする眼が宿って不思議はない。

春屋宗園は在世中に、後陽成天皇から、大宝円鑑国師の号をうけていたが、弟子に玉室宗珀《ぎょくしつそうはく》、江月宗玩の二禅傑をうんで嗣法している。このふたりはのちに、沢庵と流罪をともにするが、いずれにしても、山出しの小僧が京都にきて、最初に見た大徳寺は、巨大な伽藍もさることながら、当代の武将、文化人が出入りしているので、魂消たろう。

何たる大寺か。何たる権力者たちの顔ぶれか。何たる茶人どもの顔ぶれか。大徳寺は、宋から純粋禅をもちかえった大応の法をついだ大燈の開創。修行の叢林のはずだったが、沢庵が眼にしたのは、武将や茶人の道友風景だった。

権力者の帰依がなければ寺はやってゆけない。秀吉は貧農出身で権力志向もつよかった。自分の系図を捏造したことで有名だが、天皇さまの建立された大徳寺へわがもの顔に出入りして茶も禅もかじれる生活に憧れた。また、信長が殺された時、大徳寺で追善の大法要をやり、総見院を菩提寺にして信長の霊をまつった。ことあるごとに大徳寺を応接用に使う。足利将軍が天竜寺、相国寺をサロン化した道に似ている。

秀吉は沢庵の師匠希先西堂が出石で入没した天正十九年に、茶人利休を自殺に追いやり、翌二十年が文禄の役。切支丹をきらって、長崎で多数の宣教師をも処刑した。端折っていえば、沢庵が上洛した頃はもはや、秀吉凋落の予兆が見えている。

三玄院で、五奉行石田三成以下、錚々《そうそう》たる顔ぶれが、春屋宗園に参禅していたのは秀吉への迎合だったか。織部や遠州も同様だろう。つまり最高の文化人が出入りした寺なので武将もまた、たまさかの小閑を、茶禅一味の空気にひたらせて、風流を自分のものにしたかったか。それとも、もう一つ、大徳寺に出入りすることで、中央政治の極秘機関に参入できたか。

貧しい筆耕生活

沢庵宗彭は、このような人々と積極的に親しくなれる関係ではなかった。道場には、兄弟子が大勢いた。先にのべた法嗣の玉室、江月、その後輩はいうに及ばず、少なくとも五、六人の弟子がいたろう。頭がつかえている。ひどい貧乏がつづいたと『紀年録』は誌している。

「師二十三歳。師生貧窶《ひんく》、晨夕の資なし。参禅の暇常に傭書を以て之を給す。其の艱勤勝《あ》げて言ふべからず」

傭書とは筆耕のことである。金がなくて、参禅にゆかぬ日は、部屋にこもって筆耕に精出した。

貧乏のどん底だったころ、慶長三年（一五九八）に秀吉が死亡。

伏見城に聚楽第の建物をうつして、栄華生活をおくっていた秀吉にも悲哀はあって、北政所に子がなく、淀殿とのあいだに長子鶴松が生まれ、その子が夭折、養子にむかえた甥秀次を後継ときめたものの、秀次は三好康長の養子になった。

ところが文禄二年（一五九三）に淀殿にもう一子が生まれた。拾丸、のちの秀頼である。秀吉はこの秀頼を盲愛。秀次は後継の地位をうばわれ、家臣や傭人に気に入らぬ者がいると片っ端から斬り殺した。自暴自棄の生活で、「殺生関白」の無謀惨酷をくりかえす。秀吉はついに高野山へ追放。やがて秀次は、福島正則、福原直高、池田秀氏らの計画で、自殺に追いやられた。有名な哀話である。

　このどさくさに、石田三成は、不思議なことをやった、と歴史家はいう。秀次に近かった前野長重が細川忠興の娘婿なので、忠興をおとしこめ、さらに浅野幸長も秀次と親しかったので、偽書までつくって秀吉に告げ口し、幸長をおとしいれた。三成はこれで性悪な男だとの印象をもたれることになる。もちろん、秀吉も警戒して、三成の讒言《ざんげん》をきいても忠興を処刑せず、幸長も能登へ流すだけで殺さなかった。

　いってみれば、秀次の切腹以後、三成にまで余波は及んでいたわけだが、やがて慶長三年がくると、三月に秀吉は、醍醐で花見の宴を張った。三宝院に家康ら諸大名を招いて、秀頼をともない、妻妾すべてを列席させて園遊をたのしんで、八月五日、夏の暑いさかりが臨終だった。

　沢庵は、三玄院《さんげんいん》の庫裡の一室で、太閤の訃をきき、灯芯のゆらめく筆耕机を前にして、ああ、父綱典の主君をおとしこめ、出石城を信雄に焼かせた男が死んだ。感慨無量の思いがあって不思議はない。それにしても、天下殿といわれた人がその遺産と遺児への愛情をたちきれず、五奉行とのあいだに誓書をかわし、五大老にくれぐれも後事を托した。露のいのちのゆめごとと己が生涯をよみながら、最後まで、子孫の繁栄に心をくだいてもいたという。秀吉も凡夫であった。この最期は、沢庵にとって、無常迅速の感慨以外になかったろう。

翌四年二十七歳の八月、佐和山蟄居《ちっきょ》の石田三成が、一寺を建立して瑞嶽寺《ずいがくじ》と名づけ、大徳寺の春屋宗園に請うて開堂式をあげた。沢庵は老師に随行して佐和山へゆく。やがて、春屋宗園は開堂供養が終ると京都へ帰るが、代りに董甫宗仲を住持にのこしたので、沢庵も、出石からの師である董甫のことであるから佐和山にとどまった。

三成はこの年の三月に伏見の家康を頼って難をのがれ、その家康にうまく仲間割れを調停してもらったものの、佐和山蟄居を命ぜられて、寺を建立していた。しかも開堂式に大徳寺の師家を招いた。それなりの計算があったのだろう。瑞嶽寺は、のち母堂の法名になったことでわかるが、佐和山に、春屋をよんだのは権勢欲がくすぶっていたからであろうか。三成の性格を、いろいろという人がいる。陰険な策略家、小柄でせっかちで人を疑りぶかかった、先にあげた秀吉への讒言などもそれを証すのだが、後世の私たちはそれで迷ってしまう。

三成は、蟄居の佐和山へ大徳寺をひきつけたかった。母堂のための開堂式に、管長の春屋をよんで、大々的な挙式をやる。ところが、春屋はすぐ京都へ帰り、董甫と沢庵を佐和山に残すのである。

ここに、沢庵の運命的な立場が見える。自らえらんだことではなかったが、事のなりゆきがこうなのだ。瑞嶽寺へきてみたら、施主の石田三成は、家康の対抗分子で、国じゅうから注目されて蟄居の身。不運のようだが考えようによっては豊臣家でいちばん筋を通そうとする武将である。秀吉に恩顧をうけたのだから、亡きあと一子秀頼を立てて、豊臣家の再興を期さねばならぬ。それには家康と闘わねばならぬ。三成の使命はそこにあった。

石田三成の死に方

三成のおこした関ヶ原戦は、先にものべたように、わずか六時間の戦闘だった。西軍の死者は四、五千人。三成軍は味方の裏切りと逃散で惨敗だった。

三成はちりぢりばらばらの兵士に見捨てられて伊吹山中に逃げた。ひとりで近江へ歩き、小さい頃、学問を習った三重院に入って、かくまってくれ、とたのむが、ことわられ、また、近所の寺に入ろうとしたが、そこも人目がきびしくて、入れてくれない。結局山中をさまよい、たべるものはなく、稲穂をしごいて喰ったのがもとで下痢をおこした。ようやく、伊香郡古橋村の与治郎太夫という者が助け、この男の義俠心で、岩屋にかくしてもらったが、ここもやがて村人に気づかれた。とてものがれ得ないと悟った三成は、与治郎太夫にすすめ、領主田中吉政の館へつれてゆかれて捕まるのである。この時、家康の陣は大津にうつっていた。縛られてきた三成を見た黒田長政が、「お前さんは、伊吹から伊香まで山中を逃げていたそうだが、そんなにしてまで命が惜しかったのか」

あざけりわらった。三成はいう。

「甲斐守よ、両腕を切り落されても、命さえあるなら家康を討ちとりたいものだ、これが豊臣家に恩を蒙った者の魂だ」

首をはねられることになって、三成は刑場へむかう途中、のどがかわいて、警固の者に白湯《さゆ》を求めた。警固の者にはあいにく湯がなかった。もちあわせた干し柿をすすめられた。すると三成は、干し柿は痰の毒だからといってことわった。いま首を切られようとする者が軀の用心をするのはおかしいことだと、周囲の者がわらうと、三成はいった。

「大義に生きる者は首をはねられる直前まで、命が惜しまれる。忠節なる武士は死んでも本望を達したいと思うものだ」

石田、小西、安国寺の三人は三様の捕われ方をしていたが、大坂に拘置されて、十月一日に鉄の首かせをはめられ、大坂、堺、京の市街をひきまわされた上に、六条河原で、群衆の前で首を斬られた。三つの首は、長束正家の首とともに、三条の橋ぎわにいつまでもさらされた。

沢庵宗彭が、関ヶ原からそう遠くもない佐和山の瑞嶽寺で、董甫和尚とこの戦さを眺めていた。石田三成の生き方とその敗残の最期は沢庵にどう見えたか。

年譜はこの年まわりの沢庵の所在を明らかにしない。瑞嶽寺におれば見たはずだが、阿鼻叫喚《あびきょうかん》の地獄図を。もし、董甫和尚の一言で、佐和山にいても仕方がないとあきらめて、早くに京へ帰っていたものなら、落城の地獄はみていないだろうけれど、六条河原から三条河原にうつしさらされた三成の首は気になったろう。

のちになるが、三玄院には、春屋宗園の手で、河原に捨てられていた三成の死体が埋められた。

「江東院正《しょうゆう》岫因公大禅定門《じょうもん》」

というのが三成の戒名で、佐和山で果てた兄正澄の首も、和尚の手で庭の隅に埋められた。

「玉泉院継芳《けいほう》菊公大禅定門」

との戒名がつけられた。

沢庵は、関ヶ原の戦後処理を、三玄院で石田三成の死体埋葬というかたちで手つだったことになる。このことは、やがて諸国を放浪する沢庵の、武人を見る眼の奥でいつも思いかえされたことだろう。沢庵を論ずるのに、石田三成の死をまたいでは考えられない。

佐和山で枕をならべて死んだとつたえられていた三成の一族のうち、嫡子隼人正重家が花園妙心寺の塔頭寿聖院の和尚がひきとって落髪得度させているという噂が入った。三成の一粒種が生きていた。しかも、寿聖院にいる。この寺はやはり三成が建立したものので、父正継のために、伯蒲和尚を開基に請じて建ててまもなかった。重家は十二歳。

石田多加幸氏の調査だと、三成には子が三人あり、得度した重家は精進の結果、寿聖院の三世住職済院宗亨となり、天寿を全うして貞享三年（一六八六）に卒去しているし、次男の八郎は、幼少で、落城の際に、家臣に守られて脱出し、備中小田郡吉田村に帰農し、同村の庄屋になった、という。

細川幽斎が認めた百首の和歌

沢庵は重家の得度をきいて、天晴れな伯蒲和尚の行動だと声援したかったかもしれない。家康の手前を慮《おもんぱか》って、誰もが三成の家族などに気をつかわない。ひとり、妙心寺の僧伯蒲と、三玄院の春屋が、一方は父親や遺族を弔い、一方は、嫡子をひそかに出家させていた。けなげな話である。

この当時、京の町人は、大徳寺や妙心寺の山門に入ると、塔頭の門扉を眺め、これが徳川、これが反徳川と、そこにまつわる武将の名で色分けしてみせたとつたえられる。それほど、大徳寺も妙心寺も武将が建てた菩提寺が多かった。さしずめ、三玄院も、寿聖院も三成建立の寺だから、誰もが白い眼でみたろう。

三十歳になって、沢庵は堺の南宗寺《なんしゅうじ》にうつった。ここは一休にゆかりのある寺であった。和歌一百首を作った。それを細川幽斎に見てもらったところ、幽斎は賞めた。だが、貧乏はあいかわらずだ。夏に、南宗寺末の海会寺《かいえじ》で法事があった。斎《とき》にあずかることになったが、着てゆくかたびらが垢だらけなので、夜のうちに井戸水で洗って、月下にさらして干しておいたがなかなかかわかない。翌朝、同行の僧がきて、海会寺へさそった。真っ裸ではゆけない。それで沢庵は戸をしめたまま、僧に会わなかった。ずいぶんの貧乏ぶりだが、『紀年録』の逸話はいろいろなことを想像させる。

和歌一百首は、たいへんな精進であった。

　ひだるさに寒さに恋をくらぶれば恥しながらひだるさがます

有名な「めしは何のために喰うものか」の文に出てくる。貧乏をしていても歌はつくれた。ひだるくても歌は出来た。

「飯は何のためにくうものか。ひだるさ止ん為にくうものか。しかるにそえ物なくてめしのくわれぬというは、皆人の僻なり。ひだるさやめんための計略なり、徒に喰うにあらず、添物なくて飯の喰われぬというは、いまだうえのきたらざるなり。飢来らざれば一生くわでもすむべし。若し飢来る其時に及んでは、こぬかをも撰ぶべからず。況んや飯に於ておや。何のそえ物かいらむ」

先のうたは、このあとに出る。「見わたせば心も青む稲の葉に涼しく残る夕立の露」とも沢庵は歌った。とても貧乏人の歌とは思えない。

「沙門の衣くさり色にそむるを本意とす。色をてらすこと、末の世に出来たる事なり」

　身は麻にやつしながらも今日はまた心にかゆる花そめの袖

沢庵には清貧を尊ぶ文と歌が多かった。三十歳代までつづく三玄院、南宗寺での貧乏が、これらの文章の出所である。細川幽斎との縁が生じたのも、南宗寺にいたからであった。

三日で下りた大徳寺住職の座

文西洞仁は慶長八年（一六〇三）八月二十五日に示寂した。董甫についでもう一人の師の死であった。沢庵は、文西の蔵書と僧具を付与された。詩文の才をもらった人から本をもらったのだ。その沢庵を、南宗寺の雲英和尚や、大徳寺総見院の玉甫が、ぜひ本寺へきてくれ、といったが、沢庵は応じなかった。玉甫は兄幽斎から沢庵のなみならぬ才能をきいていたのだろう。ちょうどその頃、一凍紹滴《しょうてき》（大徳寺百二十六世明堂古鏡禅《こきょうぜん》師《じ》という）が堺の陽春庵に住みはじめた。枯淡な一凍には弟子がなく、寺はしずかだった。陽春庵は、一休の師兄養叟の建てた寺である。すでにわれわれも馴染んでいる。沢庵は、すぐ一凍の門をたたいて参禅。沢庵の機弁、応答ぶりは一凍の意にかなった。やがて、一凍が南宗寺へうつる時は、いっしょに沢庵も南宗寺へ入った。

沢庵は、一凍紹滴から悟道成就の印証をうけて沢庵という号を三十二歳でさずかった。一凍は、偈《げ》をつくって次のようにいった。

参堂悟了安閑を得たり
枕に呼べば知る白間に眠る
秋水悠々広きこと多少ぞ
夜は明月を涵《ひた》し昼は山を蔵《かく》す

「ながいあいだ、参禅した甲斐があって、ようやく安閑を得るにいたった。もうお前さんはひるから寝ていてもいい。だが、禅の心は秋の水の悠々たる流れに似ている。夜は明月をひたし、ひるは秀れた山を水にかくしているようなものだ」

沢庵はそこで、師一凍の肖像を描いて、賛を乞うた。一凍は筆をとっていう。

「頂相《ちょうそう》ひとつ描くにしても、おおまかなところは描きやすいが、心の表現はむずかしいものだ。眉のあたりはなかなか描きがたい。平素から心がけておらねばならぬことは、魔界に入れば魔を降参させ、活機自在でなければならぬ。仏界に入れば、よく仏となること」

慶長十二年（一六〇七）になった。沢庵は大徳寺第一座に転じた。ついで、大徳寺二世徹翁義亨《てっとうぎこう》が創めた徳禅寺に住した。四月十三日に、出石で、未亡人ぐらしだった母が病没した。沢庵は出石へ帰って、手あつく仏事を修した。母は六十一歳の死だった。父はすでに死亡、幸福な生涯とはいえない。沢庵はこれで両親を失なった。八月に入ってすぐ南宗寺の住持の命をうけた。

慶長十四年（一六〇九）に大徳寺の長老玉甫紹琮《ぎょくほじょうそう》は沢庵を後陽成天皇に推した。詔をうけた沢庵は大徳寺百五十三世の住持となった。玉甫は細川幽斎の弟である。堺におくのは勿体ないと、先から、大徳寺入りをすすめていた玉甫は、いよいよ帝に請うて、沢庵の大徳寺入寺の許可を得たとみていい。のちに説明せねばならぬが、当時の大徳寺入山は、出世入院といい天皇の詔を得なければならなかった。沢庵は御所に参内。清涼殿で後陽成天皇に謁し住山わずか三日で退山の鼓を打ったあと一偈をのこして退座してしまった。このときの偈は次のようだ。

由来吾れ是れ水雲の身
叨《みだり》に名藍《めいらん》に董《ただ》す紫陌《しはく》の春
耐えず明朝南海の上
白鷗《はくおう》は終に紅塵を走らず

もともとわたしは、雲水の身である。みだりに大徳寺のような名刹に住して、都の春をすごすがらではない。このような生活は耐えられぬから、大徳寺を辞任して、泉南の南宗寺へ帰る。鷗は海にいる方がいい、と解釈してよいか。

私はここで一休の師華叟を思いかさねる。それから養叟のことも。それから如意庵十日の滞留で住職の座を棄てた一休のことも。のちの沢庵と大徳寺の関係を暗示する鍵である。すでに、この詩には沢庵が権力と禅のはざまで苦心惨憺せねばならぬ予兆がうたわれている。玉甫が折角、天皇に請うて大徳寺に入山させたのに、三日で、住職の座を投げた。白鷗は終に紅塵を走らず。泉南へさっさと帰る。天下の大徳寺の住持も、沢庵には虚しい椅子だった。

II　幕藩体制強化の下で

出羽への流罪

「寛永の法度」といわれる「妙心寺法度」「大徳寺法度」は、所司代板倉重宗と金地院崇伝《すうでん》の相談で出来ている。寛永四年（一六二七）の七月十九日に、両寺へ布達された。

一、諸宗出世の儀、さきの元和の令に違背し濫なる由の聞こえあるによって三条、中院両伝奏を経て叡慮を窺い、かの令以後出世のものは之を止め、更に其の器量により選抜すべきこと。

一、各寺院の伝奏たるものはかの元和の令に違背せるものを濫りに執奏すべからず。

一、五山衆にして、紫衣、黄衣、西堂等の、将軍の公帖を有せざるものも元和以前のものに限り赦すべし。

元和以後に授けられた五山十刹への入院出世の特権を無くさせる最後の宣告だった。朝廷が綸旨を下して、勅許するのは、慶長以来の法度の精神に違背する、こんなことを濫りに適用させると、幕府の威信が失なわれる。大徳寺と妙心寺は急遽《きゅうきょ》会議をかさねることになるが、硬軟二派に分れて争ってしまう。

大徳寺では、南北両派に分れた。南派は軟説にかたむき、北派は硬派を主張。当時、大徳寺内の塔頭を分けて四派といっていた。真珠庵、竜泉庵、竜源院、大仙院の派がそれで、真珠、竜泉の二派は栄えず、竜源と大仙の二派が隆盛だった。竜源院は本山の南境にあったので南派といい、大仙院は北境にあったので、北派といった。沢庵宗彭、玉室宗珀は、北派をひきい幕府に反対、強硬の議を固持した。寛永五年春、沢庵、玉室、江月らは、長文の抗議書を所司代板倉重宗に出した。

真向から幕府のいうことを認めない。その文章は沢庵の草案で、意をつくした長文だった。所司代も、ひきさがれなかった。

大徳寺にしてみると、天正十九年の利休の切腹事件以来の危機だった。僧侶の官位昇進、名誉表彰一切の権限は、幕府がにぎる。お先は真っ暗だ。江月、玉室が沢庵とともに連署して、板倉所司代に訴え出た胸中には悲壮な決意があった。だが、幕府がこれを承認するはずもなかった。

幕府は、抗議書を読んで、寺側にも理のあるのを知った。しかし、認めていては元和の法度に反する。それに、抗議は道理をつくしているけれど、公儀をはばからぬ行為だ。幕府はただちに沢庵、玉室、江月らを江戸へよんで詰問する。

寛永六年二月、北派の沢庵、玉室、江月の三人は、江戸に向った。沢庵は翌月に江戸に着いた。

幕府は、藤堂高虎、崇伝、天海らが協議、大徳寺の三人と、妙心寺の硬派東源らの処置を議した。崇伝は厳罰を主張。天海はなるべく軽い処置をといった。七月二十五日判決があった。江月を除いて全員配流である。妙心寺の東源は秋田出羽大悲寺へ、同じく、単伝は出羽由利へ、沢庵は出羽上山土岐頼行へ。玉室は陸奥棚倉内藤信照へ身柄預り。その上、元和以来幕府の許可を得ずして紫衣を着したものはすべて剝脱された。

以上は、「紫衣事件」とよばれ、後世にのこる大徳寺、妙心寺長老流罪騒動である。京都だけでなく江戸でも反響は大きかった。一説に、事件の端緒は崇伝が五山の僧録司になって、自家権勢の拡張をはかろうとしたためだという。いずれにしても、朝廷と幕府との緊迫した関係があらわれていて、崇伝は幕府の代表、沢庵らは勅許寺院の代表。幕府は四人を流罪にすることで、朝廷、公家の封じこめ政策をこれで果した。崇伝が黒衣の宰相といわれたのはこの経過からである。

恵まれた配流生活

この余波は、後水尾天皇の御譲位に拡大した。天皇は、幕府の専横を快く思っていなかった。元和四年（一六一八）、将軍秀忠の娘和子の入内が定められた時、官女およつ御料人の腹に皇子が誕生。幕府は入内を延期、さらに翌五年再び同腹に皇女の誕生があって、また和子の入内は延期、近侍の臣が処刑されたりしていた。このため、天皇はつよく譲位をもらされ、藤堂高虎の調停でとりやめになっていた。そこへむけてこんどの法度違反事件である。沢庵らの流罪は天皇を悲しませ、譲位の念かたく退位された。

　思うことなきだにやすくそむく世にあわれすてても おしからぬ身を
　あし原やしげればしげれおのがまま とても道ある世にあらばこそ

天皇の歌である。

沢庵はひとり白河の関についた。沢庵にも歌興がわいた。

　都おもうむかしの人も今の身も 便りあらばのしらかわの関
　それとなき旅だにあれば黒髪も あかす一夜にしらかわの関

わびしい宿に泊って夜々をすごした。つぎの信夫にきてよんだ。

　みだるなと人を諫むも折からに 我が心よりしのぶもじずり

江戸から奥羽上山まで九十三里といわれた。二十七日に江戸を出て、翌八月も半ばに上山に着いた。

幕命によって、沢庵の身柄をあずかった城主土岐頼行は文武のたしなみ深い人で、仏心あつく、沢庵を預る幕命に仰天して喜んだという。ただの禅僧とちがって、柳生宗矩とも親しい間柄だった。剣禅一如のみちを説いておられる大和尚に参禅もして、武をならい禅をならいたい。また、和歌や漢詩をならいたい。和尚の到着は待ち遠しかった。家中、侍臣によく説明し、至れりつくせりの用意をととのえて待っていたといわれる。

のちに発見された土岐山城守と沢庵の往復書簡は、ざっと五十通に及んでいる。沢庵も配流の先で、よき理解者を得て、幸運だった。寛永九年（一六三二）六十歳で、沢庵は頼行がわざわざ新築して迎えてくれた春雨庵《しゅんうあん》という離れ家で、悠々閑居の身を送った。今日もこの庵跡は残っていて、雪ふかい蔵王山を遠望する上山城近くの高台に閑雅な名残りをとどめている。沢庵はここで歌作、詩作にふける一方で、山城守のために『上中下三字説』を著わし、政治の要道を説いた。

折檻あれば赦免ありの心境

一絲文守がきたのはこの時期で、一絲は当時二十二、三歳。近衛家の出身で元和七年（一六二一）十四歳で相国寺の雪岑梵崟《せっしんぼんぎん》に侍し、その後堺南宗寺で沢庵に入参、十八歳で南宗寺から槙尾山にゆき賢俊を拝して剃髪していた。師が上山流謫《るたく》となり、春雨庵で侍僧もいない不自由なくらしだときいて、やってきた。一絲は、公家出身で、沢庵の影響もあって、幕府を呪うところがあった。だが沢庵は、この一絲文守に法をゆるさなかった。一絲は沢庵から印証をうけたかった。ところが沢庵は、弟子などとる気持はない。自分の法は一代でいい。絶法でいい、世間の禅僧らのように、嗣法する相手は見つからぬ。一絲はそれで半年ほど上山にいたが、沢庵に意志のないことがわかると、京都へ帰った。坐禅をくんでも印可がもらえないようではつまらぬと思ったのかもしれない。のち、一絲文守は、妙心寺の傑僧愚堂東寔に参じ、やがて印証をもらって、江州永源寺に住し、勤王心つよい禅苑を張って、仏頂国師の号を賜わる。もちろん、そのような立身を夢みる青年僧を沢庵は好まなかったのである。余談になるが、この一絲文守は、やがて、沢庵が江戸へ出て家光の厚遇をうけたり、諸藩主の外護をうけるのを批判する。出石の貧乏藩士の子に生れた沢庵と、公卿近衛家の出身で、後光明天皇の生母が従妹だった一絲の毛なみはあわなかったか。

「出家は三界を家とする事勿論に候間、何とても悲事もなく候、武士之御国がえ同前と存じ候う而《て》居申候う。御気遣候間敷候。御なげきも候間敷候。世をなげき、身をかなしむは、白地凡夫の上に候。凡夫にも自然と得心の者は世を嘆事はなく候。為法為先師、武と心より如此成行候身に、何の嘆あるべく候哉と存候。御気遣候間敷候。御折檻の初に候えば、又御赦免の終も可有之候。命候わば、互に可遂再面候」

これは「某に与うる書」の一節である。一所不住三界を家とする仏徒には、どこにいたとて悲しむことはない。そこが極楽である。ちょうど武士が国替えにあったようなものだから、御気づかいなさらないで下さい、と沢庵はいっている。世を嘆き身を悲しむのは凡夫のすることで、その凡夫でも仏心を得た者は悲しむこともなくなる。沢庵は法の為に、先師の為に道をあやまらずに申しあげたのだから、何の嘆きさえない、また、はじめに折檻があれば、終りには、御赦免ということもあるのが道理で、いつか、あなたとお会いできる日もありますよう、と沢庵は、見舞状に返書を書いた。沢庵は筆まめに配流の身を心配してくれる諸領主に、丁重な手紙を書きつづった。もっとも、春雨庵は、その生活閑居にふさわしかった。

　はなにぬる胡蝶の夢をさまさじとふるもおとせぬ軒の春雨
　思いねて昔わすれめさよ枕夢路露けきまどの春雨
　苔あつき草の庵のはるさめはしずくにだにもふるとしられず
　ちる花をおしむ涙か入相の声もうるおうはる雨の空

庵で作った歌は百を越えた。沢庵宗彭に配流赦免のしらせがあったのは、寛永九年だった。沢庵六十歳の時だ。この年の正月二十四日に秀忠が病没。大赦の恵みだった。幕府から、土岐頼行に報せがあって、すぐ頼行は沢庵にしらせた。長い閑居が解かれて自由の身になられた、と。ところが沢庵は、頼行にそう嬉しそうでもない顔つきで、
　御意なれば庵まいりたく思えどもむさしきたなし江戸はいやいや

と、ざれ歌をつくった。また一説には、秀忠薨去による大赦のほかに、柳生宗矩の骨折りがあったという。宗矩は、家光の武道師範だったから、何かと、家光に直言できる立場にいた。

柳生宗矩のために書いた武術の書

『東海寺役者書上』によると、その宗矩は、沢庵に参禅して、観音通身手眼の道理を座示されたために、経道の奥義に達していた、と将軍に言上したため、家光は、そのような傑僧を奥羽に配流させているのは大きな損失だ、さっそく返還せよ、と家臣に命じたという。また、もう一つの説に、宗矩は、当時宝蔵院《ほうぞういんりゅう》流の槍術で天下一といわれた中村右衛門尚政を相手に、御前試合をして、もし宗矩が勝てば、その恩賞として、沢庵を赦免してくれ、と、試合の好きだった家光に言上し、それが家光の許しで催され、みごとに宗矩が勝ったので、沢庵の赦免になった、ともいう。これらはみなのちの講釈師のいうところだが、柳生宗矩が、沢庵に信奉していて、上山配流の年月の長いことを心配して、将軍にあれこれ言上して、一日でも早い帰還を望んでいたことはたしかであろう。そのことは、のちに発見された、沢庵が宗矩にあてた数多い書簡の内容にうかがわれるし、有名な『不動智神妙録』は、やがて宗矩にあてて書かれた武術書であった。のちのちまで、武道の典範として読まれた。『不動智神妙録』は、沢庵の代表的著書でもあるので、先に鈴木正三の『四民日用』でふれた武人への言葉とかさねてみるのもおもしろい。

「無明とは明になしと申す文字にて候。迷を申し候」

こういう文章からはじまる。人間が生きるうえで、いつもとらわれる枝末煩悩、枝末無明を派生する根元について、つまり、生死流転の根本となる無明についてのべるのである。

沢庵によると、その無明とは、智恵に暗く、何かにつけて、心をとらわれるところから生れるのだという。

「貴殿の兵法にて申し候わば、向うより切太刀を一目見て、其儘《まま》にそこにて合わんと思えば、向うの太刀に其儘に心が止りて、手前の働が抜け候て、向うの人に切られ候。是れを止ると申し候。打太刀を見る事は見れども、そこに心をとめず、向うの打太刀に拍子合せて打とうとも思わず、思案分別をのこさず、振り上げる太刀を見るや否や、心を卒度《そっと》止めず、其儘付入て、向うの太刀に取りつかば、我を切らんとする刀を、我が方へもぎとりて、却て向うを切る刀となるべく候」

わかりやすくいえば、智恵に暗い無数の煩悩のよりどころは、何かにつけ心をとめてこだわるところにある。宗矩殿あなたの兵法にあてはめてみるとつぎのようになる。向うから切りかかってくる太刀をひと目見て、そのまま、そこに太刀をあわせようと思えば、相手の太刀に心が止まって、こちらの働きが留守になり、向うから切られてしまうでしょう。これを心がとまると申すのです。打ってくる太刀を見ることは見ていても、それに心をとめず、相手のうってくる太刀の拍子にあわせて、こちらから打とうとも思わず、思慮分別を止めず、振りあげる太刀を見るや否や、それに少しもとらわれないで、そのままつけいって、相手の太刀にとりつくなら、切りこんでくる太刀をこちらへもぎとって逆に相手を切りとるのです、といった調子である。禅と兵法とが、かさねて語られるところが、この書の妙諦である。

わが禅宗では、このことを「かえって鎗頭をとってさかさまに人を刺し来る」といっています。鎗は戈のことです。相手の刀をこちらへもぎとって、逆に相手を切るという意味です。あなたの日頃おっしゃっている無刀流がそれです。

わが身をひきしめておこうとすると自分の太刀に心をとられます。拍子合に心をおけば拍子合に心をとられます。自分の太刀に心をおけばその太刀に心がとられます。要するに何かに心が止まっては、こちらが抜け殻になるのです。あなたにもその経験がおありでしょう。これを仏法にあてはめてみます。仏教ではこの止まる心を迷いというのです。無明住地煩悩というのです。

不動明王は、右手に剣をにぎり、左手に縄を持ち、歯をむき出し、眼《まなこ》をいからして、仏法をさまたげる悪魔を降伏させようと突っ立っておられます。あの姿はどこの国でも見られるもので、その姿を仏法守護のかたちにつくって、つまり不動智を体現してみせたものです。何もしらぬ凡夫は、これに恐れをなし、仏法に仇《あだ》をすまいと思い、悟りに近い人は、そこに不動智の表現を知って、一切の迷いを去り、この身が不動明王ほどに不動智の心法を体現するならば、もはや悪魔は存在しないのだ、としらせているのが不動明王です。それゆえ、不動明王は、一心の動かぬところをさしたもの、身がぐらつかないことです。ぐらつかないとは、心が物事に止まらないことでしょう。物をひと目見て、それに心をとめない、それを不動と申すのです。（市川白弦訳）

鈴木正三との違い

沢庵が説いた兵法が、つねに不動智でなければならぬ、とするところと、さきにのべた鈴木正三が、仁王になれ、といったのをかさねてみると、興味がます。正三はいったのだ。

「武士たる人、是を修して何ぞ丈夫の心に至らざらんや。煩悩心を以て、武勇樊噲《はんかい》を欺く人も臨命終いに至って、無常の殺鬼、責来らん時、日ごろの威勢尽き果て、勇猛の心を失って、力を出す事能わず、眼をひらかんとするに、いろみえず、耳かすかに、舌すくみ、物いう事かなわず。心中には殺鬼責め入りて、心肝五臓を破らんには、出息入息せきつめて三百六十の骨節、八万四千の豪竅《きょう》に通徹して、苦患強に随って、無常の殺鬼に向って臆病をあらわし、死出の山の大難堪えがたく、三途の川におぼれて、閻魔《えんま》の庁庭に恥をさらし、永三悪四趣に堕在して世々生々恥をさらすべき事。自と云い他と云い、遁れがたかるべし」

　武士に対して、仏法を説くのに、仏法世法に二つなきとする立場は同じであって、しかも、両人とも、忠義、孝、五倫の道を守れ、といっている。凡夫は虚妄にして夢幻たるものにとらわれる。沢庵も、とらわれるところに無明煩悩が生ずるといった。だが、いまこれらの文章をうつして、ふたりの資質のちがいがわかる。一方は、三河出身で、四十五歳まで秀忠の寵臣として働いた武人で、四十五歳で出家、諸国を放浪している。正三の文章にはどこやら粗いといえば語弊が生ずるけれど、いかにも、庶民のあいだを走りまわる日常の気魄が感じられるのに比べ、沢庵は静かで雅びである。但州出石の出身だから、同じ山奥の産であるにしても、幼少から仏門に入って、儒仏の書にも親しみ、毛なみのいい京の本山大徳寺に入って、春屋宗園の許で、貧乏ではあったが、学問、修行に打ちこめた上に、歌道にも入れた。細川藤孝や、烏丸光広などの影響もあって、文芸の才気がちがう。沢庵には、正三の気魄はないとはいいえぬけれど、いいまわしに味がある。

正三にも和歌をひくことは再々あった。たとえば、

「己が心に勝得時は、万事に勝て物の上と成て、自由なり。己が心に負時は、万事に負て物の下と成て、うかぶ事あらず。心に心を着て、強く守るべし。心こそ、心まどわす心なれ、心に心こころゆるすな。此の歌尤至極せり」

しかし、沢庵はこういうのだ。

「また挨拶のよき大名をば御前に於てもつよく御取成しなさるる由、重ねて能く能く御思案可然歟《か》」

「歌に『心こそ心迷わす心なれ、心に心心ゆるすな』」

両師とも、歌のこころが日常心だったのだろう。

Ⅲ　寡黙な東海寺閑居の意味

将軍家光、東海寺を建てる

家光が沢庵のために、品川に東海寺を建てたのは、寛永十五年（一六三八）。これまでに、家光は、沢庵をなるべく江戸におらせようとして、老中の堀田正盛に旅館を建てさせていたが、沢庵は新築の館に入ろうとせず、宗矩の別荘に泊った。家光は業を煮やして、堀田にその新築の館をこわさせたという説もある。沢庵は麻布の宗矩邸の一室を、

活はにが手だ。

いつも身辺にもっていないと気がすまないところがある。平穏で、何不自由ない安泰生検束庵といった。沢庵には、名誉を拒み、虚飾を斥け、空庵清貧の願望がある。飢餓を

沢庵は、将軍のひたすらな帰依をうけて、山紫水明の品川は万松山東海寺に住んだが、どのような心境だったか。いってみれば、但馬の極貧の投淵軒《とうえん》ぐらしとちがう。当代の禅匠で出世一座にすわったわけだ。その東海寺で、沢庵がひたすら書きすすめた『東海夜話』は一休の『自戒集』である。この本で沢庵は心境を誠実に吐露する。

我常に思う、我を乞食なりと慥に見給うやうに見を持ちたし〳〵とすれども、兎角人間が残りて人にまぎるる事こそうらめしけれ。我本乞食の跡をつぐ者也。我本師釈迦は、摩伽陀国の王たりしが、下りて乞食となり。我祖師達磨は、香至国の王子なれども、下りて乞食となれり。袈裟は衆生済度の方便にとうとく見ゆるもにくからず、少し見たすくる方もあり、元くさり色の布にて製するを本とせり。錦襴の衣は能仁終に披給はず、慈尊に遺し給う。飲光是を抱きて鶏足の洞に入りぬ。沙門の内衣美しくかざり、前後を見て、出立たる顔の風情うらめし。偏えに美婦の色を衒うにことならず。

衣裳の表裏は公私なり。素より裏勝つときは、公を裏にして私を表とするが如し、表を十分にして、裏は六七分なるが順なるべし。人の一生皆この心ならんか。寝るときの衣は華美にして、出仕に古く垢つける衣着たらば礼にあらじ。表より裏の華美なるはこれに同じ、公を第一にして私を二三にかまうべし。貴く見えて心の賤下なるは、表より裏の華美なる衣着たる人なり。如何となれば、財宝多く持ちたると人に見えんの心あり。実に富貴なる人は富貴と見えず、実に才智あると見えず、才智を人に見せんの心は才智乏しき故也。故に食に飽くものは食を忘れ、才に飽くものは才を忘る。孔子老子に見えて礼を問う。老子の曰く、吾聞く。良賈深蔵若レ虚。君子盛徳容貌若レ不レ足といえり。良賈は財宝あれども、深く蔵して貧屋の如きなり。君子の容貌徳内にかくれて足らざるが如くなる貌ありと云えり。或人曰く。孔子老子に礼を問う也、道をば不レ問、予曰く、礼是道に非ずや、道に違うの礼、孔子豈行レ之乎。

　我終に寂しきことを知らず、問い来る人の帰れば、あら閑や面白やと思い、日暮れは今は早問う人もあらじ。我身に成りたり、あら閑やと思う。雨も月も閑なれば、我雨我月よと思わるる也。然りとて此閑を楽しんでかく閑居するにはあらず。少し心による所ありて、かく閑居せり。若し閑を楽しんで山居を好まば、世人の富貴を好むに同じ。蓼の辛を食む虫あり。甘草の甘を好む虫あり。辛きと甘きとは其身にあり、楽しむ所は同じ。富貴閙熱と閑居寂寞とは変われども楽しむ所は同じ。然れば道を捨て楽を取るは、佚楽《いつらく》の人に同じかるべし。富貴を好て人に諂《へつら》い、仏法を売りて渡世の営をし、仏祖の道を泥土に墜さんよりはと思いて、樹下石上の栖居をせん人は、楽を求め山に入るにはあらじ。

今の世に順ずれば道に背き、道に背くまじとすれば世に順わず。只跡を蔵するに如かずや。

将軍に帰依される孤独

読み方によっては、沢庵が住んでいる万松山東海寺住職の座のありようを思わせてふかい。家光は権力の人だ。沢庵は乞食《こつじき》をねがう無位の人だ。東海寺を訪れてくる客は、高位高官が多い。女性もまた富貴の人である。沢庵は応対にわずらわしさをおぼえたか。しかし、我慢せねばならぬことも多いのがこの世である。心によしとせざる思いをもちながら、耐えしのんで相手せねばならぬ。これらの文芸の裏には、人に諭すというよりは、自分を刺しているところがある。沙門といっても、一般の仏徒へというのではなく、自分自身に牙を向けている。

また次のようなこともいう。人が恐ろしいという鬼を見たものはない。鬼はどこにも見当らぬ。鬼とは名ばかりである。本当に恐ろしいのは人間だろう。人はよく魔がさすというが、人間はふとした拍子から、自他に大きなわざわいをもたらすものだ。人間のしわざほど怖いものはない。

沢庵は、東海寺閑居で、『太阿記《たいあき》』『結縄集《けつじょうしゅう》』『玲瓏集《れいろうしゅう》』を書いた。但馬や京都で書いたのもあるが、著作が晩年に集中したのは、一つには、幕僚との交友のわずらわしさから逃げたい一面もあったろう。『夢百首』など、まことに世間ばなれして、自然のうつろいにふかく心をしずめている。

朝霞たつよとみしも春風にきえてあとなしこれも夢の世
声なくてこえをきく哉うぐいすのなくべき頃のうたたねの夢
はるごとにわかなはつめど身は老て此世の夢じ末ぞみじかき
さくら花かぜの心にまかせつつこの世を夢としらせてやちる
世にうつる月日は夢のうちなれば早苗にむすぶ秋の白露

また『梅花百首』では、

もろともに心も空になりぬれば梅の花ちる軒のやまかぜ
世の中のうきぐもきょうはなかりけり梅の木陰にながめくらして

世の中の憂き苦とは何であったか、高位高官と交友し、将軍の帰依もふかく、大徳寺出世復古の願いも成り、何一つ不足のない閑居生活だったろうがつもる憂き苦はあったのである。さきに、『東海夜話』で、ただの閑居をむさぼるのは凡庸の富貴をのぞむにひとしい、山にもこもるなら樹上坐禅の気魄が必要だといったように、東海寺にいても、沢庵には、思い悩みはあって、老いとともに、それはふかまったと思われる。軒端の梅の花に見とれ、その枝の下にたたずむ時にだけ、憂き苦はわすれられた。

大坂冬の陣では南宗寺が焼けた。但馬と堺を往還しながら、よく大坂城の修羅は見た。ところが、家康が天下将軍となり、江戸に幕府をきずいて、秀忠、家光と三代にいたって、およそ家康が望んだ元和の法度の目的は達成され、幕制三百年の安泰の基礎がかためられた。まことに平和は、戦争よりはいい。だが、江戸城にあって、政権の上層部で働く武将にも、みなそれぞれ過去がある。関ヶ原、大坂の夏、冬の陣は、それぞれの武将にとって踏絵だった。家康は、よくその行動を採点し、功に応じて諸国へ配置、親藩、譜代、外様と分け、さらに、隠密を派遣して諸領主の司政ぶりを探索させ、幕府への忠節を守らせた。参勤交代はその一環。赴任中の領主は、江戸屋敷に起居し、城内へ出仕、中央統一政権は確立した。だが、多彩な武将たちの個性はうすれる。支配者に臣従するどの顔も、見る者にとっては、身分制の型にはめられてゆく顔であった。

政治も人間関係も、みな主君の支配下にある。主君もまた型にはめられて生きる。宗教政策は幕府の御用仏教化である。元和、寛永の法度がそれだ。僧録崇伝《そうろくすうでん》と天海《てんかい》によって監理される出世晋山。地方大名が、それぞれ地方の特性を生かして苦しむように、寺院もまた似た苦しみである。だが、それは支配者に向って逆らえることではない。

型にはめられてゆくタテの末寺制度。人間関係、組織集団には、かならず、ふみはずしてゆく人物がいた。武士では大久保彦左衛門だろう。三河武士の典型で歴戦の勇士として生き残り組では右に出る者はなかったが、生涯旗本として不平不満のくらしだった。本多正純は家康の幕下で、抜群の軍師といわれたが、秀忠の時代がくると失墜。正純は日光東照宮を守護する十五万五千石の城主だったのが、領地没収され、奥羽横手に配流されて寛永十四年（一六三七）に死去。いわゆる宇都宮釣《つり》天井事件が因だった。本多のような取りつぶしの憂き目を見る領主はかぞえ切れなかった。

支配者の周囲には、策士軍師がうずまいた。讒言《ざんげん》、進言、陳情、哀訴は幕政老中がひきうけ、将軍の裁可はよほどでないとなかった。テレビドラマが倦きもせず物語る、封建幕政下の武士、町人、商人、農民の残酷人間模様は地にみちていたのである。

その地平をゆくドロップアウトの僧侶がいたのだ。さきにのべた鈴木正三、それから次にのべる桃水、良寛がそれだ。だが、沢庵はちがっている。江戸の城内に休息所をもち、禅の巨匠と仰がれて晩年を送り、僧侶では、申し分ない出世である。だが、崇伝や天海のように、法度を守る政僧ではない。むしろ法度にそむいて生きていた。

何度ものべてきたように、沢庵は乞食生活を夢みる閑居人だった。東海寺住職だったが大徳寺にはすわらなかった。大徳寺は江月が住職し、その沢庵は末寺僧に徹した。将軍に向ってはいいたいことをいい、法度を無視して大徳寺、妙心寺の出世復旧を実現し、後陽成天皇が国師号をおくろうといわれたのを拒み、本山宗祖徹翁和尚にその栄誉をおくり、自分は孤独な書斎生活に甘んじた。

葬儀もいらぬ読経もならぬ

ここに、沢庵の辿った運命的な立場がある。権力とともにあらねばならなかった臨済宗正統派の実力者としての苦悩を背負った人がいる。

正保二年（一六四五）十二月十一日、沢庵は東海寺で遷化する。

「百年三万六千日　弥勒観音幾是非　是亦夢非夢亦夢　弥勒夢観音亦夢　仏云応作如是観　沢庵野老卒援筆」

と書き、筆をなげて、息をひきとる。世寿、七十三歳、法臈五十七歳だった。遺戒のことばは、漢文で書かれていた。訳してみると、

一、わたしに法を嗣ぐ弟子はない。わたしの死後、もし沢庵の弟子と名のる者があ

ったら、それは法の賊である。官に告げて厳罰にせよ。

二、わたしに法を嗣ぐ弟子はない。従って弔問を受ける喪主たるべき者はない。自宗他宗とも読経にお越しになることもあろう。当寺の首座は門外に出て、ことわけを述べて、お帰り願うこと。どうかお入りになって、と請じ入れてはならぬ。

三、わたしは存命中、衣鉢を先師の塔に還した。従ってぼろをまとうた黒衣の僧にすぎぬ。

四、死後、紫衣画像を掛けてはならぬ。一円相をもって肖像に代えよ。華、燭、香炉は任意でよろしい。

五、鉢盆、供物など一切供えてはならぬ。

六、志のある方は、持参の香合で線香一本立てられよ。これもその人の自由、わたしに関係ない。

七、香典と称して持ってこられたら、たとえ芥子《けし》粒ほどでも受け取ってはならぬ。

八、わたしの死後、禅師号を受けてはならぬ。

九、本寺の祖師堂に位牌を祀ってはならぬ。もし自分の一存で祀ろうとして、位牌を納める者があったらひそかにこれを焼き捨てよ。この人こそ、わたしに最も深切な方である。

十、大徳寺山内の長老方の遷化の際は、必ず一山のおときがある。わたしは本寺を退いて、身を荒野に捨てた者、本寺の営みなど一切存ぜぬこと。おときは必ず行なってはならぬ。かねて考えていたことで、今思いついたのではない。

十一、わたしの身を火葬にしてはならぬ。夜半ひそかに担ぎ出し、野外に深く地を掘って埋め、芝をもって蔽え。塚の形を造ってはならぬ。探しだすことができぬようにするためだ。身のまわりを世話してくれた二、三名も二度とその場所に詣でてはならぬ。

十二、わが息すでに絶えたなら、夜間すみやかに野外に送れ。もし昼間だったら、亡くなったというてはならぬ。夜を待ってひそかに送るがよい。僧としては晃と玖の二人のほか、送ってはならぬ。帰ってきてから、香をたき拝をするのは結構だが、どんなお経も読んではならぬ。

十三、寺の内外に石塔を立ててはならぬ。先師董甫和尚の偈に「本身に舎利無し、臭骨一堆の灰、地を掘って深く埋む処、青山点埃を絶す」と。これを思いこれを念え。

十四、とくに年忌と称するものを営んではならぬ。

葬式仏教の始まり

沢庵の生涯をふりかえって、市川白弦氏は、「権力と仏法のはざまに生きた和尚」だといった。なるほど、そうかもしれない。幕府に抵抗して、流罪にまでなりながら、結局は、将軍家光の帰依をうけてしまった。その家光は、初代家康からの命題だった宗教政策を完全に制度化して、幕府の思うままに牛耳った。「元和の法度」「寛永の法度」によって制定された、この徳川の宗教政策は滑稽千万であった。僧侶には幕府の心、公卿の心をおのれの心として理想的な民衆育成をはじめとするさまざまな役割が課され、見返りとして土地が、千石、百石、五十石といったさまざまなランクで与えられた。江戸時代の僧侶は、まったく幕藩の公務員だった。僧侶は宗派ごとに厳密な本寺末寺関係でしばられ、上下の関係は士農工商の世界と同じように厳しかった。いっぽう民衆は、寺の檀家となることが強制され、それによってキリシタンをはじめとする当時の危険思想の持主でないことを、檀那寺の僧侶から証明してもらわねばならなかった。

幕藩の公務員の僧侶の役割は、三つあった。一つは村役人の仕事の肩がわり。二が思想善導役。三は特高警察である。僧侶は檀家の人々の冠婚葬祭の証明書の発行と旅行手形の権限を握り、檀家や民衆に説く説法の中に、幕藩の期待する民衆を育てあげることに協力した。そのために、仏教の教えの中に大幅に権力の要求する儒教思想が盛り込まれた。

僧侶は檀家制度の上にあぐらをかき、民衆の立場に立って生死の問題を信仰によって解決することを忘れた。生きることを教えられない僧侶に、民衆の布施はなかった。そこで僧侶は食うために檀家の墓の面倒を見はじめた。戦国時代までの僧侶は、一般民衆の墓や葬式などに関係することは少ない。そうした仕事は一階級低い勧進聖たちが村々を回って行なった。ところが僧侶は、一般民衆の葬式と墓守りの仕事を勧進聖から奪い取って副収入の財源とした。

これで僧侶はひと息ついたが、江戸時代二百六十余年のあいだになされた生活の向上は、さらに数々の副業を余儀なくさせた。人間一度しか死なない。葬式は一人一度だけである。これを何回にも活用し、死者を媒介として収益をあげるために考えついたのが、法要の回数の倍増であった。そのために生れたのが、檀家の人々の過去帳である。民衆の過去帳のつくられはじめたのは、江戸時代中期を迎えるころで、僧侶は過去帳によって、檀家に対して三回忌、七回忌、十三回忌等々の法要を次々と要請し、その度ごとに出されるお布施が僧侶の生活を支えることになった。

つけ足すことは何もない。徳川体制の宗教人の窮屈な地平をかさねて、あらためて、沢庵宗彭と鈴木正三の禅風を考えてみるのである。宗祖純禅の人道元禅を守らねばならぬ正三も、大応、大燈の法灯を守らねばならぬ沢庵も、ともにこの徳川体制下の僧侶として生きねばならなかった。ふたりの生涯が、境遇からして対照的だったにしても、苦悩はともにあった。そのあたりを吟味してみる時、日本禅宗の不幸が考えられてくる。

もとより純禅は、権力をみとめない。あくまで自由人である。心奥に一無依の真人を養って、一切無所有、無功徳の道を求めて修行する、徹底した自己との闘いのはずであって、それが中国禅宗の曹渓の道であった。六祖慧能がいのちがけでとらえた頓悟禅のすごさだった。ところが、その宗旨が、すぐれた道元、大応の手で日本にもたらされてから、約百年後に、このような幕府の御用仏教の仲間入りをしていたのである。

もちろん、僧侶とて、体制下の人間であるから、幕命にそむけば、流罪、死罪になるのである。沢庵はその罪状を着せられて大徳寺の法灯を守ったが、正三は、曹洞宗派にありながら、永平寺も、総持寺も無視して街道禅を生き、一般庶民と生きる方策を考え考えして、自己の禅を見つけていた。このあたりに、日本に伝来された禅宗が、中国ばなれして日本の風土に馴染んでいった姿をみとめねばならない。沢庵も、正三も、一休にならって文章をよくして著書をのこした。それらの著作を精読してゆけば、このあたりの苦悩と独自の自己見性の道が見つかるはずである。

第八章　雲渓桃水と白隠禅師の自由自在

Ⅰ　〝乞食桃水〟といわれて

出生も幼名も不明

沢庵と正三が、幕藩体制を無視できない立場で、独自の禅を立てていた時、まったく、幕府に背をむけて、胸のすくような生き方をした僧がいた。世に乞食桃水といわれた、曹洞宗の雲渓桃水である。慶長年間に九州筑後の柳川の名もない商人の家に生れた、とわかっているだけで、生れた年月日も幼名も父母の名もわかっていない。当人はまったく自分を語ることさえ捨てていた。桃水のことを洞水とも書くが、雲渓は諱《いみな》で、桃水も洞水も号である。号の読み書きに二つあるのも自分の名にこだわらなかった証しだろう。洞門の中興といわれた面山瑞方《めんざんずいほう》に『桃水和尚伝賛』があって、風変りな僧の伝なので有名になったが、『積翠閑話』など江戸中期の草紙本にも、桃水のことは出てくる。飄々とした逸話は庶民の間に喧伝され、『積翠閑話』では、「桃水諱は雲関といへる僧あり」といっているから雲関もまたもう一つの諱だったのだろう。

いずれにしても、父母の名も、幼名もわからぬ人の伝だから、行実のあれこれを拾うしかない。六歳の時に肥前の円応寺《えんのうじ》に入って、囲巌《いがん》という和尚に剃髪された。幼くから、家の仏壇から阿弥陀像をもちだして抱いてあそんでいたことがあり、母親が、いくらたしなめても阿弥陀像をはなさなかったというぐらいだったらしい。囲巌はのち熊本の壺井の流長院に住し、門下にすぐれた弟子を生んだ。道元の法嗣第十八世として永平寺の住職にまでなった囲巌宗鉄《そうてつ》というのはこの人だが、囲巌も幼なくから常軌を逸したところがあって雲渓桃水を寛大に育成した。師匠も風変りだったのである。

円応寺にいて二十歳になった時、桃水は旅に出たくなって、師に乞うて行脚に出た。東へ向って、江戸に着き、駿河台の吉祥寺に掛錫《かしゃく》した。のち駒込にうつった吉祥寺のことである。その頃、下谷の末寺の墓場へゆくと、無数の塔婆が垣根につかわれて、畑が隣接していたので、糞尿が塔婆にとびちっている。桃水はその一本一本を川へ流して経文をよんだ。そして、新しい塔婆を立てておいた。下谷の住職が感心して、それからは塔婆を垣根につかわなくなった。

桃水は、江戸で、臨済宗の愚堂東寔《ぐどうとうしょく》、大愚宗築《だいぐそうちく》に師事した。また、鈴木正三《しょうさん》、沢庵宗彭《そうほう》にも会って教化をうけた。沢庵に会ったのは、品川東海寺であった。東海寺は前記したように寛永十五年（一六三八）の創建で、沢庵晩年であるから、その頃に、二十代の桃水が江戸を放浪していたことになる。沢庵の側にも、桃水の側にも、資料がないので、何ともいえぬが、東海寺でしょっちゅう沢庵は提唱をやったから、武士町人にまじって桃水も聴聞したのだろうか。

寛永二十年（一六四三）に、師匠の囲巌が円応寺を出て肥後の流長院に移ったときいて、桃水は江戸を立って熊本へもどり、それから十年間、囲巌に師事した。この時期に桃水は、長州の大寧寺で板首《ばんしゅ》をつとめ、明の禅僧隠元が長崎にきて法を説いた時、相見を求めて、のちの黄檗宗《おうばくしゅう》開祖にふかい感化をうけている。

町家の戸口に立つ

明暦三年（一六五七）に桃水は囲巌から印可をうけた。考証家は、だいたいの想像から五十歳をすぎていたろうという。あるいは六十に近かったか。囲巌の法嗣となった桃水は、万治元年（一六五八）に能登の総持寺に入って仏祖の法をつぐ儀式をすませ、大坂の法巌寺に二年ほど住した。その時、桃水には法弟にあたる雲歩《うんぽ》の弟子で慧定《えじょう》という者が桃水の門に入った。一日慧定が偈《げ》を乞うと、

慧定分明 須《すべか》らく直に休すべし
休休休の処また何をか休せん
喫茶喫飯他に覓《もと》めず

慧定分明万事休す

と桃水は書いた。不思議な偈である。どこか一休宗純が華叟から号をもらった時を想起させるが、次のように訳していいか。

仏の智恵も禅定も、わが身の中のこと、うたがう余地もないところだ。するべきことはただ一つ。背中に負うた荷を捨てて、即今ただちに休息すべきことだ。休して休して、なお休して、休すべきもののなくなるまで休し、その果ての日常で、のどがかわけば水を呑み、はらが減ればめしを喰え。ほかに余念をもたぬがいい。万事休するところ、これこそ仏の智恵と禅定である。それゆえに、お前の名は慧定というのだ。

乞食をはじめたのは、大坂時代からだといわれる。慧定をつれて、よく町に出て、経を誦《ず》じながら町家の戸口に立って、米をもらった。出家の道は乞食になるのが一番だと桃水は慧定にいった。

桃水は、大坂を出て島原の晴雲寺に住んだ。また、城主の高力左近太夫の招きで、禅林寺にも住んだ。高力は三万七千石の大名だったが、百姓から苛酷な年貢をとったので、怨嗟の的だった。そのため、寛文八年（一六六八）に所領を没収されて仙台へ流罪になるのだが、桃水は五年間この禅林寺にいて、やがて蒸発して行方不明になった。城主高力は、桃水の師風を慕ってそこらじゅうを探させたが見つからなかった。藩主の所業をよく知っていたから、桃水は逃げたのであろう。

弟子も乞食に

探洲《たんしゅう》、智伝《ちでん》という弟子がいた。ふたりは師の蒸発で途方にくれた。やがて師匠を探しに旅に出た。京都にきて清水寺の安井《やすい》門跡のうらへくると、大ぜいの乞食があつまっている。その中に、師桃水に似た老乞食がいる。よくみれば桃水和尚である。ふたりの弟子は礼拝して、和尚に島原へ帰ってくれるように、という。桃水はわらい捨てて、島原へ帰れ、という。ふたりは帰らぬ、という。そこで、桃水は、このふたりの衣をぬがせて、乞食にしてしまう。そしていう。

是の如き生涯を　是の如く寛《ひろ》く
弊衣破椀《へいいはわん》また閑々
飢餐渇飲《きさんかついん》只吾識《し》る
世上の是非総に干《かん》せず

この身の生涯は、乞食していると、まことゆるやかで大きくて寛い。やぶれ衣にかけ茶椀、まことにのどかである。飢えれば食し、渇けば呑み、自分だけが識るこの安らぎ、世の人がいかにわらおうとも、判断は、お前たちにまかそう。

歩いていたひとりの乞食が死んで倒れるのにゆきあう。桃水は近所から鍬《くわ》をかりてきて穴を掘ってうめる。探洲は哀れなことだという。すると桃水はいった。

「お前は乞食の死人をみて哀れというが、哀れなのは、死人だけでないぞ。上は将軍大名から下はこの乞食にいたるまで、生れたときは一粒の米ももっていなかった。それゆえ死ぬ時も、みな裸かでひとくちの食もとらずに死んでゆくのだ。たとえ百万石の米をたくわえていても時がくれば粥《かゆ》ものどを通らず、蔵に何枚の衣裳があっても、とどのつまりはかたびら一枚だ。それがわからぬヤツは、将軍や大名が死んでも不憫《ふびん》でなく、乞食が死ねば不憫に思う。おろかなことだ」

桃水は死んだ乞食ののこしていた残飯に目をやった。乞食は、よくみると癩者《らいしゃ》だった。残飯はくさって蠅がたかっていた。悪臭が鼻をつく。

「どれ、新仏の供養をうけるとしよう」

桃水はそれをとりあげて喰いはじめた。うまそうだった。

「さあ、お前らも喰え、はらがすいたろう」

智伝も探洲も尻ごみした。

「これが喰えぬようではわしの弟子ではないぞ。帰れ」

と桃水はどなりつけた。ふたりは桃水の許を去って、黄檗宗《おうばくしゅう》の某師について修行して同派の高足となったそうだ。

法弟の大名仕官を笑う

桃水は、その後大津の駅へ出て、わらじをつくって売ったりした。法弟の雲歩が熊本の細川侯参勤交代の行列に加わってここを通った。雲歩は、わらじを売る老人になつかしい桃水の姿をみて走りよった。

「兄弟子よ、何という身なりだ、なんということをなさっている」

「べつにはずかしいとは思わんぞ。お前さんこそ何しにきたのか」

雲歩は細川侯について江戸へゆくのだといって、法兄にあえたのは、先師囲巌和尚のひきあわせだと落涙した。すると、桃水はいう。

「坊主が大名につかえていては、真の仏教はないわい。わしはわらじ売りでけっこうなんだ。雲歩よ、もうお前とは会うまい」

桃水は、さっさとわらじをつかんでそこを去った。

世を照らす三古仏
されど歩きし道は楚《そ》と越《えつ》
一は国侯の珍　他は襤褸《らんる》の老爺《ろうや》

奇しくも相合うて莞爾《かんじ》たり
難兄難弟優劣のこと
後代具眼《ぐがん》の人を待たん

面山瑞方《めんざんずいほう》は、『伝賛』でこのような意味の詩をかかげている。桃水の行状逸話は江戸草紙作者の格好の材料となった。つくり話も多い。このあたり一休宗純が、いわゆる「一休咄《ばなし》」として、庶民に愛されたのと似ていた。島原からきた智法という尼が、やはり京都にきて桃水にめぐりあう。桃水は、癩者や飢えた乞食のむれにいて、看病していた。智法はなつかしさに声をあげて、桃水の弟子になりたいという。だが、桃水はうけつけない。すると、智法は東山に草庵を見つけてそこに住んで下さい、という。そうして、信徒からふとんをはこばせた。桃水は草庵へゆかない。智法はいう。

「それでは、この金子とふとんは用がなくなりました。川へながしなさろうと老師さまのご自由です。智法は島原へ帰ります。智法は今日のことを永劫にわすれません」

といって去る。

桃水は橋の下にうずくまっていた癩者や乞食にそれをくばった。

最後はその名も酢屋道全

角倉了以《すみのくらりょうい》は京都の大富豪で、高瀬川を改修したことで有名である。角倉は桃水の師風をきいて、禅の心がまえについて参問した。桃水はこたえる。

「醬油は土用のうちにつくるがいい、味噌は冬のうちにつくるがいい」

角倉は胸にひびくものがあって、師事するようになった。

「京都の鷹ヶ峯に下男をしていた蔵助という者がいる。部屋が空いているから、そこに住んで下さい、京都じゅうの残飯をあつめさせますからそこで酢をつくってお売り下さい。すれば、人の供養にたよらないで、老後がおくれましょう」

と角倉はいって、桃水を鷹ヶ峯の庵に住まわせた。桃水は、よろこんで庵にゆき、酢《す》屋道全《やどうぜん》と名をかえて、その日から酢づくりをはじめた。また通念《つうねん》とも名をかえたという。

五、六年ここでくらして死んだ。

七十余年　快なる哉
屎臭骨頭《ししゅうこっとう》　何の用にか堪えん
咦《いっ》
真の帰処麼生
鷹峯《ようほう》月白く風清し

これが遺偈だった。こう書いてくると、雲渓桃水は正史上からまったくこぼれて禅を生きて死んだことがわかる。

入寂の日だけはわかっている。天和三年（一六八三）九月十九日であった。将軍はあの犬公方綱吉だった。

酢屋道全のことを人は散聖《ちりひじり》とよんだ。

Ⅱ　知的増上慢が崩れるとき

熊野旧三家の末裔

白隠《はくいん》は貞享二年（一六八五）十二月二十五日に、東海道原駅にうまれた。父は駅長で名は宗彝《むねのり》といい、母は妙遵《みょうじゅん》といった。父の祖先は熊野侍の勇者鈴木三郎重家の末裔だったといわれる。一六八五年といえば、鈴木正三の死から約三十年のち。正三も三河鈴木家の裔《すえ》だった。白隠の祖先鈴木三郎重家なる者の素性を『姓氏家系大辞典』であたってみると、同じ鈴木氏でも、

「熊野三旧家の其の一なり。此の地、古へ熊野神領となり、鈴木一族・地頭となりて、此の地に移りしならん。鈴木三郎重家、其の弟亀井六郎重清、源義経に仕へて、所々に

軍功ありし事、諸書に見えたり。（中略）義経・奥州に落つる時、高館に安堵するよし、飛脚到来につき、重家・伯父の重次と、山伏の姿となり奥州に下る。重次は病ありて、参州刈屋に留まる。重家は奥州に至り、衣川にて兄弟討死す」

とある。伯父の重次は参州にとどまって三河鈴木の祖となったが、重家は衣川に弁慶とともに死んだ。豪勇の士であったらしい。いま、この鈴木家の系譜をみて、参州に留まった重次の系譜から曹洞禅の一匹狼正三が誕生し、衣川に死亡した重家の末裔から臨《りん》済《ざい》中興の祖となった白隠が誕生したことを、不思議なめぐりあわせに思う。両人は、三十年の空間を置きはしたが、二代百五十年にわたって日本の土に、禅の実践家として生きた。何かの因縁を思う。

三男二女のうち、白隠は末っ子であった。幼名を岩次郎。五歳の時、原の海岸へ出て、砂上にたって空をみていたら、方々から浮雲が出たり消えたりして、得もいえぬ眺めなので、かたわらの母に「いかさま、雲というものはよく変るものだ。世の中に変らぬものはありませんか」と問うた。母はしばらく考えて、「世の中のものすべては雲のようにかわる。無常ならざるものはない。しかし、千年も万年も変らぬものはある。それは仏の教えだけである。これ一つしかない」すなわち「物みな変る」という真理が仏の教えだ、といった。むずかしいことを、五歳の子に説いたわけでもなかろうが、妙遵は法華宗の信者であったために、その信仰心を語ったのだ。岩次郎は、翌日から母に尾《つ》いて寺へゆき、あるいは、じかに母から、仏さまの話をきいたり、お経をよんでもらった。幼少から仏心がそなわっていた。

十一歳の時、原の昌源寺《しょうげんじ》へゆき、日厳上人《にちごんしょうにん》の『摩訶止観《まかしかん》』の講義をききにゆく。上人は村人をあつめて、勧善懲悪、地獄の現世を説いた。岩次郎は、地獄のはなしに身の毛もよだつ恐怖を感じた。

「母上、如何すれば、この地獄に落ちないですみますか」

「観音さまは慈悲ぶかいお方です。信仰さえすれば必ず救って下さいます」

と母はこたえた。岩次郎は、『観音経普門品《ふもんぼん》』を習って一心に読んだ。朝から晩まで読みつづけた。家は原村の本道に面していたので、よく前を人馬が通った。馬上の武士が馬をとめ、家の中からきこえてくる子供の読経の声に感心した。

出家を志し文芸に迷う

岩次郎は出家の志をもつようになった。だが、父母は、年少なのでゆるさなかった。岩次郎の意志は固かった。

ようやく許可がおりたのは元禄十二年（一六九九）二月二十五日、十五歳の時だ。生家から歩いて五分とかからぬ禅寺、鵠林山松蔭寺《しょういんじ》の単嶺《たんれい》和尚に侍した。これが、大白隠の宗門的出発である。得度して、剃髪、名を慧鶴《えかく》とあらためる。慧鶴はすでに、四書五経、『文選《もんぜん》』を読了している。『禅林句集』も暗記している。単嶺は風格のすぐれた人だったが、慧鶴入山の年からまもなく遷化《せんげ》。師を失なった十六歳の慧鶴は、沼津の大聖寺の息道に随従。ところが、折角出家したのに、目と鼻の原にいる父母兄姉のことが気にかかる。これでは出家したことにならない。息道のもとを去って、清水の禅叢衆寮《ぜんそうしゅりょう》に入って学究する。この時、師の千英が巌頭《がんとう》和尚の話をした。例の船頭になった巌頭和尚のことだ。ある日和尚のところへ賊が入って、和尚の首に斬りつけた。和尚の叫び声が、数里の外にきこえた。「五百年に一人といわれた巌頭でさえ、賊難をまぬかれることが出来なかった。自分はどうして、地獄の業苦をのがれられようか」。慧鶴はここで、剃髪得度《とくど》したことを悔いる。といって、いまさら、原へもどって還俗《げんぞく》するわけにゆかぬ。数日苦しみ考えた末に、詩文と手跡をまなんで名を成そうと思った。つまり禅を捨てて文芸に生きようと思ったのである。李杜《りと》、韓柳《かんりゅう》の詩文をよみ、尊円、養拙に手跡をまなび、もっぱら文芸にふける。経典や仏像をみることを厭《いと》う。のちの墨蹟、法語、画業の根がこの時に培われる。

宝永元年（一七〇四）、慧鶴二十歳の時、大垣の西北にあった檜村《ひのきむら》の瑞雲寺《ずいうんじ》に掛錫した。馬翁《ばおう》老人がいたからだ。老人は詩文の大家だった。瑞雲寺は貧乏寺で、米はもちろん薪まで学徒は自まえでなければならなかった。馬翁はきびしい人で、「美濃の荒馬」といわれていた。誰彼なく叱りつける。それで弟子はみな逃亡した。慧鶴だけのこった。

原から母に薪、米、塩をおくってもらった。この時同座に熊沢蕃山の子の穏《おん》上座がいた。日々この男と文をつくって気分をまぎらわせた。だがこの生活にもあきがきた。「かりに詩文で李杜や韓柳をしのいだところで、死んで地獄に落ちるようではいけない。詩文によってそれをまぬかれることは出来ぬ」

やはり禅にもどるべきだと考え、慧鶴は、ある一日、中国の慈明《じみょう》和尚の『禅関策《ぜんかんさく》進《しん》』をよんだ。「引錐自刺の章」は有名なくだりである。慈明は自分の股に錐をさしながら睡魔と闘いつつ修行したと書かれている。これだ。これだったと、慧鶴はわかる。この年の夏、原で母が死亡。白隠は引錐坐禅の最中だったので、はるかに東の空を拝しただけであった。

『虚堂録』に学ぶ

慧鶴が美濃を出て、はるか日本海辺の若狭《わかさ》にくるのは二十二歳の時。常高寺の万里《ばんり》和尚の『虚堂録《きどうろく》』の提唱をきくためであった。『虚堂録』は一休も尊んだ虚堂和尚の語録である。中国臨済禅の峻峰、慈明、楊岐《ようぎ》、松源と継がれた純禅の道を鼓吹した人だ。慶元府の顕孝《けんこう》禅寺に草鞋をとめ、仏法の真髄は何か、と問われて、虚堂は「山深うして過客なく終日猿《さる》の啼《なく》を聴く」とこたえている。のち杭州浄慈《じんず》寺に住し、晩年径山《きんざん》に小庵「天沢」を立てて隠棲、咸淳五年（一二六九）に八十五歳で入寂した。その遺偈は「八十五年仏祖も識らず、臂を掉《ふる》って便《すなわ》ち行く大虚跡を絶す」。日本から大応が、この虚堂にまみえたのは浄慈寺時代だった。『虚堂録』は叢林禅堂の教科書である。

「君清涼を愛することなかれ、清涼は火の如く沸湯の如し。君炎熱を悪《にく》むことなかれ、炎熱は氷のごとく積雪の如し、愛することなく、また悪むことなきも、いまだこれ逍遥の処にあらず」

是非、愛憎の分別を戒めた虚堂は、取捨分別を捨てよ。捨てればすべて石仏だ。『虚堂録』は、つまり、悟りのくさみ、悟りの痕跡、悟りの繫縛《けいばく》、悟りの迷いを強調した。次のような言葉が代表的だ。

「急に涼しくなって、朝は草葉が露にぬれ伏し、昼は残蟬が梧桐の梢に名残を惜み、宵には虫が、石畳の暗陰に清寒を告げ、どれもこれも臨済和尚が黄檗老師の下で、六十棒を頂戴した法味を呈している、といったところで、誰が成る程とうなずけよう。よし、説明をまたずして、その真趣を会得できたとしても、中味はあじけなきもの、そっけもない」

白隠は文芸を捨てて慈明の『禅関策進』に眼がさめ、若州常高寺に『虚堂録』を講ずる万里和尚の名をきいて飛んでいったのだろう。白隠はそこで、虚堂のいった禅者の病弊十項目を学ぶ。
一、自信不及　道が足下にあること、平常心即道であることを知らない

二、得失是非　計量分別を足場とする
三、我見偏執　自分の知見にへばりつく
四、限量窠臼《かきゅう》　自分の境涯にはまりこむ
五、機境不脱　特定のしぐさや事象にしばられる
六、得少為足　少を得て足れりとする
七、一師一友　ひろく正師良友に学ばない
八、旁宗別派　正統、異端などむやみに差別する
九、位貌拘束　相手の地位や様相にとらわれる
十、自大了、一生小下得　現在の体得に甘んじて向上心を欠く

だが、この万里和尚のもとに、長滞在しなかった。東嶺禅師の『白隠禅師年譜』（昭和四十二年三月、竜沢寺刊）は、わずかの月日であったとし、宝永三年（一七〇六）に、伊予《いよ》松山の正宗寺に赴くと記している。逸禅《いつぜん》という高徳がいて『仏祖三経』を講筵するときいて美濃から若狭にきて、さらに四国松山への長旅はまことに尋常でない。『禅関策進』の気概をたくわえた白隠には、慈明の跡を継ぐすぐれた師匠が必要だった。逸禅はつまり、西海の峻厳たる禅者の講席で『仏説四十二章経』に接し、自己啓策の第二の目がひらける。

「夫れ道のためにする者は、猶お木の水に在て流れを尋ねて行くが如く、両岸にふれず、

人の為に取られず、鬼神のために遮られず、洄流《かいりゅう》のために住《とど》められず、また腐敗せずば、吾れ此の人を保す、決定《けつじょう》して海に入らんことを」

釈尊の「微妙の金言」といわれる名句が、四十二章にわたって説かれるこの経は、小乗経典である。仏徒の戒律をのべたものだが、『禅関策進』とこの『四十二章経』を手許から放さなかった。そのため、白隠以後の、つまり白隠禅をきわめんとする日本臨済の師匠は、徒弟教育に、この二経の必読を課すのである。

富士山大爆発下の端座

宝永四年（一七〇七）、白隠は松山を出て、備後《びんご》福山の正寿寺の「正宗賛会《しょうしゅうさんえ》」に加わる。会を終えて、同行三、四人の法友と東に向ったが、白隠は「我が道未だ成ぜず、何ぞ遊観をせんや」と、播州の山寺へ入り込んで、そこに端座して夜をあかし、早朝の渓水をみて一詩を詠んでいる。

山下に流水あり
滾々《こんこん》として止む時なし
禅心若し是の如くならば
見性豈《あに》それ遅からんや

五年間の諸国行脚を終えて、飄然と原へ帰った。すでに、母はいない。墓参をすませて、なつかしい松蔭寺に入った。親族兄弟、幼友達が集まってきて、白隠の旅先のことをきいた。名所旧蹟や風光のことである。白隠はだまってこたえなかった。原の連中は驚いた。何ともいえぬ、とっつきのわるい男になって戻ったのだ。

富士が大爆発をおこしたのはこの年まわり。宝永四年十一月二十二日夜から二十三日の朝へかけて、大地震がおこり、一帯は大鳴動した。沖天に火柱があがり、大音響とともに、山は裂け、石がとび、焼け砂が空を被った。人びとは桶をかぶり、鍋をかぶりして右往左往、この世の終末がきたと驚きかなしんだ。十二月八日頃まで、大鳴動と地震はやまず、阿鼻叫喚の地獄図だった。もちろん松蔭寺も、原っぱのどまん中ゆえ、石や砂が降ってくる。本堂の軒が落ち、壁は破れる。住職の透鱗《とうりん》和尚はじめ、寺僧のことごとくは堂外へにげた。ところが白隠一人、堂内に端座してうごかなかった。心中に誓った。

「吾れ見性の眼を開き、天下有用の者ならば、必ず諸仏善神が擁護して身を全からしめん。見性もせず世に益なき者ならば、棟や梁に撲殺せらるるのみ」

通山宗鶴氏の文章によると、族兄に古関氏なる者がいて、父にいわれて、岩次郎を助けようと寺へ立ち入ると、がんとしてうごかない。「早く堂外へ出ろ」と叫んでも、「わが生命は天にかかっておる。何のおそれることがあろう」とうそぶいた。

「捨身の修行のないところに真の成仏はない。安閑とふとんの上に居眠り坐禅していて、何の得力があるか」

微動だにしなかった。白隠はかすり傷一つ負わなかった。雲煙しずまってはるか富士をながめると、東南にあらたな山が湧出していた。中腹に大穴があき、宝永山の出現だ。白隠の人生に、宝永山噴出が大きく影響したと史家のいうのは、この地獄での坐禅工夫の実践をいう。

法友、信州に誘う

宝永五年（一七〇八）二月、白隠は法友とともに越後《えちご》高田へ旅立つ。英巌寺《えいがんじ》で性徹《しょうてつ》和尚が『人天眼目《じんてんがんもく》』を講ずると風聞したからである。英巌寺の背後に領主の廟があった。白隠は講座がすむと、ここで坐禅した。恍然《こうぜん》として暁となり、遠寺の鐘がかすかにひびいた。瞬間、白隠は根塵を脱落して豁然《かつぜん》大悟し、大声で叫んだ。「やれやれ、巌頭和尚はまめ息災であったわい、巌頭和尚はまめ息災であったわい」

以上は通山宗鶴氏の『白隠』にある消息の解釈である。ただちに白隠は性徹和尚にその所見を呈したが、性徹のこたえが明快でなかったのでとび出てしまった。白隠は自ら思うに「三百年来いまだ予の如く痛快に了徹せる者はあらず、四海を一掃するも誰か能く我が機鋒にあたらんや」なんたる増上慢か。自身も『壁生草《いつまでぐさ》』で「これより慢心大にさし起り一切の人を見ること土塊の如し」とのべている。つまり、虚堂十病のうちの「我見偏執」「限量窠臼」「機境不脱」はどこへいったかわからない。

二十四歳の青年白隠の傲岸一徹の風貌がみえるようだが、鼻柱がやがて挫かれる日がくる。ちょうど、この頃、英巌寺に身を寄せていた宗格という、身の丈六尺余、風容魁《かい》偉《い》の新入僧がいた。きけばこの男、信州飯山の正受《しょうじゅ》庵主道鏡《どうきょう》慧端《えたん》の弟子だそうだ。どうして信州からわざわざここへきたか。性徹和尚の『人天眼目』を聴きにきたのだ。物言いといい、落着きといい凡庸でない。白隠はこの男と論争する。宗格はいった。

「君はまことに卓越の見処がある。ただ惜しむらくは、到あり、未到あり、君がもしわが老漢《ろうかん》に見えたら必ず得るところがあろう。自分は老漢の毒手にふれること多年であるが、君の器量はまさに老人の鉗鎚《かんつい》を受けるにたえると思う」

白隠は、すぐ飯山へゆこうといった。すると「老漢の門はただ真正の種草を要して、多衆鬧熱をもっともきらう。必ず人を伴うてはならぬ。散筵を待ってひそかに行こう」という。宗格は「お前さんは『伝燈録』をよめ」といった。白隠はすぐさま読んだ。中国祖師の行実を語る銘々伝である。達磨の章に「七歳で出家し、道を得てなお般若多羅《はんにゃたら》尊者《そんじゃ》に随侍すること二十年」とある。白隠は自己の慢心に気づいたとのちに述べている。

四月になった。白隠は大男の宗格につれられて、いく重もかさなる国境の山々をこえた。宗格のいった老漢正受老人、道鏡慧端とはいかなる禅匠か。慢心増長の白隠が、その鼻柱を挫かれて、大悟徹底する経過は、日本禅宗史を飾る、美しくも、きびしい光景だ。

さきに、鈴木正三の人となりを紹介したところで、正三に大きく感化を与えた妙心東陽英朝派の愚堂《ぐどう》にふれたが、愚堂の法嗣は至道無難《しどうぶなん》といい、もと関ヶ原の馬宿の亭主だったが、愚堂に相見して剃髪得度し、印可を得て、江戸に至道庵を守って、雲水に清貧枯淡の峻厳なる純禅を説いた高僧。道鏡慧端は、その嗣法である。つまり大応の思想をつぐ関山系で、愚堂の印可が、飯山正受庵にうけつがれていたのである。

至道無難の嗣法

慧端は、寛永十九年（一六四二）に信州飯山城主松平遠州侯に託された真田某侯の子だといわれている。十九歳の夏、城主に従って江戸に至り、至道《しどう》庵主無難に投じて剃髪。江戸には無難という高僧がいて、ふとんもなく、真冬でも筵の上に菰をかぶって寝ている、ときいて、慧端はこれこそわが師だと思ったという。

もっとも、この慧端に仏心を与えたのは、彼の出自と環境であった。母は飯山の賤しい娘であったという。縁あって真田侯に寵愛されて一子をもうけた。それが慧端である。早くから無常心をおこし、十九歳で剃髪する。母は反対したが、江戸から帰ってこない。

身内の者を派遣して至道庵へゆかせる。この時、無難は、その使者をみて、小僧に剃髪用の盤をもってこさせて、カミソリで使者の髪を落そうとした。びっくりした使者は怒った。自分は出家しにきたのではない。飯山のあなたのお母さんのつかいで、あなたを迎えにきたのだ、と。すると無難は、「お前さんが出家を求めなければどうしてわしが剃髪するか。慧端が剃髪したのは、慧端が求めたからだ」。使者はだまって帰った。慧端の母はのちに自ら剃髪して、子と共に禅門に入って尼となった。

至道無難はつまり、十九歳の慧端を得て、後世を託せる弟子が来たと見た。十九歳で、峻厳な師にその風懐をみとめられた慧端は、のちの正受老人の眼をしていたのである。

慧端は至道庵で精練刻苦して二十歳の秋に大悟。わずか二年の研鑽であった。無難は印可を与えるが、慧端はその証文を火中に投じた。「お前は何てことをする」と無難は怒った。「和尚こそ何をくだらぬことをなさるのか」と慧端はいいかえした。無難は、これこそ、自分の法を嗣ぐ資格の弟子だといった。印可証焼却は一休のなしたこととかさなる。一休の魂は、飯山出身の二十歳の青年に流れていたとみていい。無難は、正統の印可をあたえた嗣法者には、伝来の『碧巌録《へきがんろく》』をわたさねばならぬと思い、伝本を慧端にわたす。慧端は固辞してそれもうけなかった。さっさと素手で信州飯山へ帰った。つまり、関山慧玄の法灯を嗣ぐ無難が、たった一人と思った弟子に印可をあたえたのだが、当人は江戸などにいるのはいやだといって信州へ帰ってしまったのである。

慧端は飯山へ帰ると、小庵をいとなんで、半僧半俗の居士姿となり、尼になった母と同居し、日夜、坐禅の生活に入る。清貧枯淡、菰をふとんのかわりに起居する徹底した禅者でも、自分の嗣法には苦労をし、無難は慧端と前記のようなやりとりをした。無難はまた、江戸の小庵に住んで、何度、妙心本山から迎えにこられても、都の大寺に住することを拒否した。禅僧は、巷の小庵で坐禅をやっておればよい。大きな伽藍はいらない、ここにも眼前無寺の骨頂が生きていた。

弟子の慧端も、無難のこの思想をうけ、大悟徹底した翌日からそれを実践する。正受庵に住んで「老人」と名のって、托鉢《たくはつ》生活をやる。その徳を慕った松平侯が、飯山に慧端のために寺をたて、そこを道場にしようというが、断った。あまりしつこく松平侯が寄進をいうので、「それでは石を一つください」。慧端は石ころを一つ頂戴し、これを正受庵の寺宝にした。いまも、この石は保存されて本堂の雨だれうけになっているのをぼくは見ている。

米がなくなれば托鉢に出る。元気な時は薪づくり、農事。人間は、物に執着があってはならぬ。その日その日が食えればよい。母とふたりで、毎日、百丈禅師がいった「一日作らざれば一日喰らわず」だ。慧端は、飯山町民から親しまれて、人びとは「正受老人」とあがめた。

正受老人の禅問

高田の英巌寺で、増上慢の白隠が、自分こそ三百年来の見性をなした大悟の人だ、俗人や雲水どもは土塊にみえる、と豪語するのをきいた六尺男の宗格が、白隠にぜひ相見してみろ、とすすめた老漢とは、この正受《しょうじゅ》老人である。

正受老人のもとには、宗格のような弟子はもちろんいた。けれども、それらの弟子は正受のもつ印可を嗣ぎたいという野心のある者が多い。したがって、入門当座はきびしい修行にたえはするが、正受の毒をふくんだ恐ろしいきめつけに半年と辛抱できない。誰もが途中で逃げた。それで正受にはこれという弟子はなかった。生涯のうちに一人の弟子がいなければ、それはそれでよい。法は消えてもよい。頑固なこの老漢は、宗格が一人の智識ぶった男をつれて村に入った時、ちょうど山へ薪づくりにゆく途中だった。宗格は白隠を紹介すると、正受は、だまって柴を刈りはじめる。お前さんなんぞに用はない。白隠は、みたところ、山男としか思われぬ乞食づらの老人に、尊大さを嗅いで不満をあらわした。すでに、老人の眼は、その白隠を見ぬいていた。

白隠は、折角きたのだから、柴刈りを終えてくる老人を待って、相見して帰ろうと思った。老人はやがて帰ってきた。白隠は宗格を介して入室した。白隠は正受に一偈を書いた紙をわたした。正受はそれを握っていった。「這箇《しゃこ》は是汝が学得底《がくとくてい》」、そして右手をさしだしていった。「那箇《なこ》か是れ見得底《けんとくてい》」、こっちはお前さんの学識だ。こっちはお前さんの眼が見るわしのもう一方の手だが何を見るか、と正受は問うた。白隠はこたえる。

「若し見得底の呈すべきものがありますなら吐きださねばなりません」

いい終ってへどを吐くまねをした。正受はすかさずいう。

「趙州《じょうしゅう》の無字をどうみる」

「趙州の無字のどこに手足がつけられますか」

「馬鹿ッ」とどなった正受は、白隠の鼻をおさえ、「これでも手がつけられんというのか」

白隠は大汗をかいて黙った。正受は大声する。

「この穴ぐら坊主め」

有名な正受と白隠の相見の問答は、右のように、「伝」にみえる。間髪を入れぬ気合いである、思考のスキを衝いてたたかわされる禅問答は、私にいまはっきりわかったとはいえない。しかし、「伝」をひきうつしていて、ふと思う。白隠は高慢にも、道場破りの若者の風体であり、うけて立つ正受は、地虫のようにうごかぬ土塊のつよさだ。智派と体験派の衝突。学僧白隠は、汗をかいて、この山男姿の老人の弟子になってしまう。ここで日本禅宗史は、大輪《たいりん》の花をひらかせる根を保ち得た。

城下町の老婆よりの一撃

「飯山城に五町五村有り、上町、本町、肴町、愛宕町、伊勢町、是を五町と曰ひ、上倉、奈良沢、有尾、大池、小佐原、是を五村と曰ひ、共に城下に属す。正受庵は本と上倉に有り、牆を隔つれば即ち奈良沢なり。先師錯りて記して楢沢深林と為す」と「年譜」にみえる。

町は北信濃の奥の院ともいえた。風光明媚の山峡だ。冬は雪がふかくどこよりも春はおそい。塵世を捨てて只管打坐の生活に入るには格好の土地といえたろう。白隠は老人の足下で修行する。「心あらためて南泉遷化《なんせんせんげ》の公案に参ず」とある。数日後、老人に入室を乞い、ゆるされて見解を披露したが、またたくまにこの穴倉死坊主め、とののしられる。白隠はさらに苦心参究をかさねる。

ある日、ひとりで、城下町へ托鉢《たくはつ》に出かける。とある家の前に佇んで経をよんでいると、老婆が出てきて、早う立ち去れ、とどなる。白隠は何のことやらわからず、老婆の声も耳に入らず、そのまま立っていた。と、老婆は竹箒《たけぼうき》をもって、白隠を撲りつけた。このくそ坊主め。なぜ早々に立ち去らぬ。不意にぶん撲られて、白隠はその場に倒れた。一説には気絶したともいわれる。道ゆく人も、乞食坊主が一人、老婆にやりこめられておるわい、と通りすぎた。ところが、この老婆の一撃は、白隠に大きな衝撃をもたらした。倒れて、気づいた時、不意に眼前がひらけていた。苦心参究していた南泉遷化の公案が解けたという。このあたり、どういう作用だったのか、わかりにくいが、陸川堆雲氏の説明によると、「手の着けようもなかった荷葉団々《かようだんだん》の頌《じゅ》、疎山寿塔《そざんじゅとう》の因縁など、なおその他難透《なんとう》といわるる古則についても、深旨が一時に領悟《りょうご》できた」らしい。

白隠は正受庵へ帰った。と、この姿を見ていた正受は、白隠が部屋の敷居をまたがぬうちから、「汝徹せり」といった。白隠の喜びは大きかった。この夜、亡母が弥勒菩薩《みろくぼさつ》の内院に安楽往生している姿を夢にみた、という。

ある日、また白隠は老人について施主の斎事に行った。途中の峻路で老人はふりかえって、白隠の胸ぐらをとらえて、「我に正法眼蔵涅槃妙心《ねはんみょうしん》実相無相の法門有り。摩訶迦《まかか》葉《しょう》に付属するとはどういうことじゃ」ときいた。白隠はただちに老人の横面に平手打ちをくわせた。老人は黙った。白隠は正受庵に八ヵ月滞留し、その期間に、日夕参禅、ついにその蘊奥《うんのう》をきわめつくした。老人はいった。

「禅宗は南宋にいたって衰え、明代に至って絶滅してしまった。わずかに日本につたわったとはいうものの、見渡せばその真箇の人は昼間の星をみるようなものだ。世間には禅師や師家と名のつく人は多いが、どれもこれも純禅伝来の些事をつたえて頼むに足る人は絶無といってよい」

十一月になった。高田英巌寺から法友連がやってきて、正受庵に掛錫した。白隠は八ヵ月間、食費一切のものは自前であったが、この連中はおかまいなしに老人にあまえ、参禅するにも真剣味が足りなかった。そこで、白隠は、このままずるずると法友連を置いておくと老人にめいわくがかかると断じて、一応自分も退散することにし、別れをつげた。

老人は二里あまりの道を下駄ばきで送ってくれた。庵の居士連も白隠との別れを惜しんで、老人と共に見送った。老人がどこまでもついてくるので居士たちがさしとめた。するとと、老人は、「鶴座主《ざす》よ」といって手を固くにぎった。

「どうかあらんかぎりの力をつくして立派な弟子を二人くらい仕立てあげてくれ。大勢を求めるとかえって困難だ。もし二人真箇の禅者を育てあげたなら、あるいは古風を挽回することもできよう」

さらに、この時尾《つ》いてきた隆蔵司《りゅうぞうし》に、「お前はどこまでも随いてゆけ。きっと白隠は見性の眼をひらいてくれる」といった。蔵司は指示にしたがった。のちの紹岩《しょうがん》和尚である。白隠は老人のことばをふかく胸にたたんで感泣して別れた。そして原の松蔭寺へ帰った。二十四歳の時である。

正受老人は十三年後に他界した。

Ⅲ　破庵在住の宗教改革者

白隠流ノイローゼの治し方

松蔭寺へ帰った白隠は、健康を害した。見性も有名無実のような気がしてきた。そこで、ふたたび師を求めて行脚をはじめた。その行跡は、遠州小山能満寺、静岡菩提樹院、清水法雲寺、静岡宝泰寺、遠州竜谷寺、下総養源寺、下総宗円寺、沼津大聖寺、伊勢建国寺、若狭円照寺、河内法雲寺、和泉施福寺、泉州蔭涼寺、美濃保福寺、岩崎霊松院、巌滝山、ざっと右のようなもので、三十二歳で松蔭寺へまた帰った。この時の松蔭寺は荒れ放題になっており、寺庵は他人のものになっていた。老僕覚左衛門が野菜の心配をなし、一人の侍者がいたが、食事にも事欠いた。

白隠が肺を患って、心身ともに弱まったのは二十六歳の時だが、ちょうど岩崎の霊松院にいる時に、さる人から、京都白河の山中に白幽真人《はくゆうしんにん》という人がいて、仙道、医道に秀でている、訪ねてみるがよい、といわれた。白隠はさっそく出かける。この時の白隠の病気はノイローゼだったという。「禅病」という人もいる。

白幽真人という人は、おいそれと医道を説く人ではなかった。白隠をみて、その熱心さに打たれてその蘊奥を吐露した。教えはのちに『夜船閑話』で披露される、いわゆる内観の法による病魔の克服だ。白隠は白幽子に関して、

「或人曰く、城の白河の山裡に巌居せる者あり。世人是を名づけて白幽先生と云ふ。霊寿三四甲子を閲《け》みし、人居三四里程を隔つ。人を見る事を好まず、行く則は必ず走りて避く。人其賢愚を弁ずる事なし。里人専ら称して仙人とす。聞く、故の丈山氏の師範にして、精しく天文に通じ、深く医道に達す。人あり、礼を尽くして咨叩《しこう》する時は、稀に微言を吐く、退いて是を考ふるに大に人に利あり」と。

白河山中の幽居は仙人の洞穴であって、そこへ登るに、いのちがけだった。

いまは白河砂の散集地として叡山に分け入る川すじで、ふかい幽谷であったろうと思わせる。一ど登ってみたが、なるほど樵径もなく、水声にしたがって辿らねばゆきつけぬ昔がしのばれた。

白隠の名文は、行間に白幽子の神秘性をただよわせて充分だ。また、前文において、白隠は、自己の病気の様子を吐露しているが、たしかに肺病によるものではなくて、神経性の病気であった様子がわかる。

「少焉《しょうえん》あつて衣を振ひ襟を正して畏づ畏づ鞠躬《きっきゅう》して簾子の中を望めば、朦朧として幽が目を収めて端座するを見る」

しばらく息をひそめて立止り、襟をただしておもむろに洞穴の戸口のみすをあけ中をのぞいたら、幽老人がしずかに端座しており、その姿はもうろうとしてみえた。

「蒼髪垂れて膝に到り、朱顔麗しうして棗の如し。大布の袍を掛け、輭草《なんそう》の席に坐せり。

窟中纔《わずか》に方五六笏にして全く資生の具無し。机上只、中庸と老子と金剛般若とを置く」『夜船閑話』完釈をよんで、白幽子が語った医法と、白隠の伝授によってわれわれは教わる。いま、そのことにくわしくふれる余暇はないが、白隠が、その精神衰弱の治療を、幽子の法によって如何に退治できたか、だいたい想像がつく。また『夜船閑話』は人体の内臓についてもくわしく述べる。この書が栄西禅師の『喫茶養生記』とともに、わが国の古医書に撰択されるのもわかる。

生類憐れみの令下の憂鬱

白隠生誕の貞享二年（一六八五）は、将軍綱吉の時代で、前年八月に大老堀田正俊が江戸城本丸内で若年寄の稲葉正休に刺殺され、二年たって、浅草観音の別当が犬を殺したゆえで職を解かれた。生類憐れみの令が布告されていた。大老の殺害と犬の生命の保護、これをみただけでも、時代の様相は変である。

犬公方といわれた綱吉は、徳川十五代の将軍中で、もっとも悪将軍といわれた。大老が殺されて、爾後その職をおかず、自分で何もかもやった。老中の御用部屋は将軍出座の部屋に近かったが、危害を恐れてほかへ移したので、将軍、老臣の連絡はとれず、側用人や御側《おそば》が力をふるう。側用人は大名、御側は旗本である。とくに重んぜられた用人に、柳沢吉保がいた。禄百六十石の小姓組番頭から這いあがって、宝永元年（一七〇四）には甲府城主にまで昇格。すべて綱吉の寵による。生類憐れみの令は、将軍御成りの通路へ犬や猫がとび出てもよい、つないではいけない、馬の尾を巻いたり焼いたりしてはいけない、などといったことにも及んだ。こっけいな記録がある。

「貞享三年六月に、小姓の伊東淡路守基久が、勤務向きがよろしくないというので流罪となり、南部遠江守に預けられたときに、その理由として、淡路守が、頬に蚊がくいついたのを思わず手でうち殺した。井上彦八がみて、顔に血がついているといったので紙でぬぐい、手を洗って勤務をつづけた。それが上聞に達して、鳥類・畜類はもとより、のみ・蚊まで殺すなと命じてあるのに、それに背いたという罪によるのだという。彦八も見ていながら言上しなかったので、閉門になった」と児玉幸多氏の『元禄時代』に出ている。憐れみの令は犬餌差町も富坂町と改めさせた。鷹や鷲は陸奥の小名浜、上総の九十九里、鳩は鹿島、香取、大山、藤沢へ放し、鳶、鴉は三宅島、神津島、新島、大島へ、金魚、銀魚は藤沢の遊行寺の泉水に放し、放鳥について行く御徒目付、御小人目付にはそれぞれ旅費を支給した。

綱吉は、死ぬまでこの悪法をやめなかった。人間は生類のうちに入っていなかったとは児玉幸多氏の述懐である。新井白石のいうところだと、一禽一獣のため一身は極刑に陥り、一族一門まで罪せられて、そのほか流罪、追放になって、安らかな生活をすることが出来ず、父母、兄弟、妻子が別れ別れに流散したものは幾十万人におよぶかもしれないという。一面花やかなムードをおもわせる元禄時代は、じつはこういう暗黒時期であった。

見わたせば犬も病馬もなかりけり、御徒士小人のひまの夕暮

心なき身にも哀れは知られけり、犬医者どもの秋の夕暮

宗教も沢庵の時にみたように統制下にある。

「仏道を学ぶものが、経典の説になずんで、君を離れ親を遺して出家遁世し、その道を求めようとすれば、五倫をみだすことになる。儒道を学んで、経伝の言になずみ、祭式・常食に禽獣を用いるならば、万物の生を害するもので、不仁にして、夷狄の風俗になろう」

綱吉の宗教観であった。

底にある末世思想

白隠の青年期は、幕府の体制が制度的には整いはしていたけれど、その反面で各所に根ゆるぎも起きていた。貨幣が発達して、農民、町人に新経済の智識が浸透してゆくと、いろいろな矛盾が出た。そこへむけての災害、病気の頻発である。大風、洪水、冷害、干ばつ。大凶作がつづくと、飢饉は諸所に起きた。百姓一揆は暴動、略奪を生み、小さな藩は他藩の力を借りねば鎮圧がきかない。政治の貧困は、つねに庶民を奈落へつき落

した。飢饉につぐ病気。幕府は施療もゆきとどかず。名君といわれた上杉鷹山は飢民の救済で名を高めたが、どの藩もこうだったとはいえない。天明の大飢饉は五年にわたった。全国に米価は高騰、細民の蜂起は津々浦々にあった。白隠が巡錫した越後高田英巌寺の周辺に起きた哀訴、強訴の農民の苦況はどうだったか。

宝永七年　村上領不穏強訴
正徳一年　中蒲原郡中之島、大庄屋の非違で強訴不穏
享保七年　頸城郡に暴動
同　九年　中蒲原郡暴動
天明三年　南魚沼郡塩沢強訴

「白隠の宗教と芸術は、実に多面にわたっている。一隅をもってすべてを律することはできないが、彼が生涯をかけて追究したのは、確かにこの世の地獄の課題であった」とは柳田聖山氏の白隠観である。氏は「白隠」という名の出来《しゅったい》についても、「仏典にいう白法隠没の末世思想から来ている」といわれる。白隠ぐらい末法澆季を痛感した人は近世仏教に例がない。「彼の仏教のねらいは、直接に救いや悟りを問題にする前に、現実の歴史的人間の毒素を指摘するにあった」といわれている。

私はいま、手許の『白隠書画集』を繙《ひもと》いてみる。冒頭に大燈乞食行の図を云々したように、たしかに書にも絵にも、地獄を思わせる異様なといってもよい魔性のほとばし

る力がある。地獄がのぞいているのだ。「法界変妖図巻」は着色絵だが、末法寺院のすさまじい地獄図だ。地獄をみたけりゃ坊主をみよといわんばかりである。地獄を語り、地獄を警告しつづけた白隠の心底に、元禄という時代を流れる仏教者の堕落がある。一方、救済の方途もなくて、地を這う修羅をあえぎ生きる庶民の怨嗟《えんさ》があった。そうでなければ、尋常でない東奔西走の禅刹探訪も解せない。飯山で正受老人に逢うまで、白隠は坊主地獄を徹底的に見すえたのだ。白隠は自己の肖像に自讃した。

千仏場中　千仏に嫌はれ
群魔隊裡《ぐんまたいり》　群魔に憎まる
今時黙照の邪党を挫《く》じき
近代断無の瞎僧《かっそう》をみなごろしにす
この醜悪の破瞎禿《はかっとく》
醜上に醜を添ふ　また一層

貧困の極の達磨姿

松蔭寺における貧困の極をゆく生活は、飢饉を這う庶民と同位置にある、というより、つきぬけた禅境であった。享保八年（一七二三）、三十九歳の項に、

「松蔭の厨庫ますます窮乏せること言語に絶す。商家にて捨つるところの敗醬を乞いて膳に供するに至る。ある時弁的蔵司（のち甲斐大福山建忠寺に住す）典座となりて冷汁をすすむ。椀面虫の蠢くあり、白隠叱していわく。汝何ぞことをなすに怠慢なるや。弁的いう、敗醬虫を生ぜり、されどこれを圧殺するに忍びず、ただ水を和するのみ。白隠笑っていわく。別に他の物なきや。弁的いう、松蔭もとより貯えなし、他の捨つる所の物を乞うて供するのみ、しばらくせば虫も出で去らん。しこうしてのちこれを喫せよ、と。その枯淡なること想うべきなり」

食事に汁が出たが、よくみると虫がうごめいていた。これは、典座の小僧弁的が、村の、商家の捨醬油をもらってきてつかっていたためである。

白隠は四十歳をこすと、松蔭寺でひたすら坐禅した。枯淡のみでは甘い、もっと難苦の中で禅道を達成せねばならぬ。そのためには、誦経や礼楽などに拘わる必要はない。日が暮れれば破れ輿《こし》の中へ入って、厚い座蒲団を一枚敷き、頭からふとんをかぶって、村童らをよんで縄でぐるぐる巻いてもらった。手足も自由ならざる達磨の姿である。そのまま、輿の中ですわって夜をあかす。朝がくると、また村童たちに縄をといてもらって、両便にゆき、朝食をとる。昼は作務、夕方になるとまたはじめる。また、白隠は座右に仏祖の語録をおき、参禅する者に説いた。

『息耕録開筵《そっこうろくかいえん》普説《ふせつ》』という白隠の書がある。接化の時代に講筵したものの一書だが、宋の虚堂の語録を講ずるにあたり、自己の立場を述べたものだ。日本の禅宗、鎌倉時代以来の仏教の歪みを是正しようとする試みだ。一休『狂雲集』にも通じる。

「吾れ始め瞻撥《せんぱつ》の時、魑魅《ちみ》に引かれ、魍魎《もうりょう》に導かれて、飯顆山頭、楢沢の深林に入って、一個の破庵主に見《ま》みゆ。号して正受老人と道《い》ふ。老人、諱は慧端、大円を祖とし、無難を父とす。真正悪毒の瞎老漢なり。平生垂語して云く、我が此の禅宗、南宋末より衰廃し、伝へて大明に到るや、底を払つて滅絶す。余毒残つて日域に在りと雖も、纔かに日裏に斗を見るが如し。汝が輩、臭瞎禿、破凡夫、夢にも曾て之を知らんやと」

地から湧くほどの禅のために

白隠は、正受老人を、南宋以来の禅の衰滅を扶起《ふき》しようとする関山の法系に入れ、愚堂、無難、正受、その次に自分をつよく押し出している。

先にのべたように、達磨を始祖とする中国禅は、唐末、六祖慧能の出現によって、北禅、南禅に分れ、慧能禅は中国の山間支谷に無数の参禅者を生んだ。地から湧くほどの純禅の使徒を育生している。彼らは支谷の草庵に住し、あるいは風飡水宿《ふうそんすいしゅく》の旅人に徹し眼前無寺、清貧枯淡の禅を説いた。ところが宋代に入ると、これらの破庵は、宋国の官僚体制のもとに管理された。いわゆる官寺の発生である。達磨の説いた無功徳の思想が、王法のもとに組みしかれて、国家安寧のためのものとなった。したがって、僧もまた官僚に媚び、栄達の道を求めようとする。大まかにいえば、禅の衰滅は、宋に入ってはじまっている。

日本の道元、栄西がもち帰った禅は、つまりはその宋国のものである。鎌倉五山、京都五山が、北条、足利の政権と密着、禅僧は外交官となり、文書作成のための秘書官となり、あるいは、文学者となり、茶人となりして、禅の功徳を追求する経過をみれば、海をへだてた宋禅のありようが判然するだろう。前述したように、室町期に一休宗純が、建仁寺に得度して、大徳寺住職の座をきらって堅田禅興庵に独座する清貧の高僧華叟宗曇に入参したのも、官寺制度の五山十刹の「山」に住む茶人、文人僧の地獄に背を向けたからだ。一休は、薪村の草庵で八十八歳の孤独を楽しんで逝った。この一休の法灯は前記したように大燈に源を発する。

破庵在住の禅は、何度もいうように、白隠に受けつがれた。『息耕録開筵普説』として、白隠が、『虚堂録』を講ずるまえに、先ず前置きを必要としたのは、この経過である。白隠の数多い著作は、多方面にわたっているふうにみえるが、邪説を破り、念仏禅をしりぞけ、黙照枯坐の徒を敵とする決意が、あらゆる行間にほとばしる。柳田氏が、白隠を禅の宗教改革者だといわれるのもこのあたりだろう。数多い著作や墨蹟について、「中世の官寺や名山大刹のような、上層権力者の援助のない彼の教団は、自らの生活を自らささえねばならなかった。しかも、時代は農耕を中心とする自給自足の経済体制より、さらに次の段階に進んでいた。白隠の教団は、彼がほとんど席の暖まる暇のないほどに、全国各地を巡回して行う結制を中心とするものであった。結制は、新しい形の宗教結社である。彼の教団は、自律的に修行し行道する僧俗の個人の集合であり、特殊な檀越をもたなかった。それは、各自に目覚めた、開かれた新教団であった。そこには、既成教団や他の結社から転向したものもかなりあったが、彼が本拠とした松蔭寺の周囲には、常に二百人を超える修行者が集っていた」

柳田氏は、白隠禅のありようをかく説明しておられるが、つまり、大きな瓦ぶきそり棟の伽藍は不要だった。人が集まれるところがあればよかった。飛騨川沿いの柏原禅昌寺、高山宗猷寺をみるまでもなく、他の岐阜県下の白隠ゆかりの古刹は、前代は天台か真言だったり、廃寺だった。つまり、破れ庵に白隠は腰をすえて、集まる者のすべてを拒まなかった。

風捲《ま》いて怒濤《どとう》のごとく田苑《でんえん》荒る
分離す吾が野の鬼閑神
心肝挟鉄の二十輩
共に菜茎を嚙《か》んで苦辛に甘んず

公案「隻手の工夫」の独創性

有名な「隻手の工夫」の公案は、白隠の生んだものだ。

「此五六ヶ年来は、思ひ付きたる事侍りて、隻手の声を聞届け玉ひてよと指南し侍るに、従前の指南と格段の相違ありて、誰にも格別に疑団起り易く、工夫励み進みやすき事、雲泥の隔てこれある様に覚え侍り。是に依て、只今専一に隻手の工夫を勧め侍り。蓋し隻手の工夫とは如何なる事ぞとならば、即今両手相合せて打つ時は、丁々《ちょうちょう》として声あり、彼の山姥が云けん、一丁空敷谷の響は、無生音を聞く便と成るとは、此等の大事にやはある。是全く耳を以て聞べきにあらず、思量分別を交へず、見聞覚知を離れて、単々に行住座臥の上において、透間もなく、参究しもて行き侍れば、理つき詞究して、枝もまた究する処において、忽然として生死の業悔を踏翻し、無明の窟宅を劈破す。……」

岡山侯の側侍に送った書信である。私にいま、この隻手の工夫の内容は、わかりにくいので、柳田聖山氏の解説から、うけうりしてみると、禅宗で、古人が刻苦修行して来た無字の公案を、白隠は日本流にわかりやすく、隻手の声だといった。宋朝の禅を承けついだ日本の禅宗は、まず中国の文化に通じ、その特殊な教養を得ることが要求される。そこでは公案そのものの意味や目的を反省する余裕がない。公案は単なる智識にすぎなくなった。盤珪《ばんけい》がのち公案を排して、直ちに不生の仏心でおればよいとすすめたのは、そうした大陸の公案禅と日本仏教との矛盾に気づいたからである。鈴木正三も同様であった。日本人の生活に即した仏教の発見であった。むずかしい異国語を学ぶだけが禅ではないはずだといったのである。しかし、白隠の隻手の創唱はこの二者をはるかに超えていた。白隠は漢文の公案も排斥しない。むしろ、宋朝以来の公案禅を、内容的に日本人のものとしたかった。いかにして悟るか。この最大の関心事を、日本流にあかした。

「印籠の中から富士山を出してみなされ」

「海上の帆かけ船をここにいて止めてみなされ」

「東海道に一人も人の通らぬのはなぜか」

松蔭寺の周囲を中心として、白隠はこれらの公案をつくったのである。日本人の禅が、白隠からはじまるといわれるのもこの消息である。

死三日前の予告

三島市にある竜沢寺は、白隠開山の名刹である。もともとここは、心経寺の管理する廃寺であって、その名を竜沢といったが、弟子東嶺の力によって草創された。東嶺は第一世として竜沢寺を純禅道場とし、雲集する道俗を接化したが、正受、白隠の峻厳なる純禅を世間にひろめた功績は大きい。

宝暦十一年（一七六二）になった。白隠は、竜沢新道場で『息耕録』を講じ開山の儀式を行なった。

しかしながら、白隠は、禅僧の位でいえば、座元であった。首座の上であるが、雲水坊主の頭の位くらいである。もっともこの階級は、妙心寺本山が官寺制によってつけたものに他ならないが、竜沢寺は、格式からいって妙心寺派の孫末にすぎない。ゆえに、この位は、全国末寺の住職と比べても、一ばん低位だった。階級がそうなら、紫衣《しえ》、緋衣《ひえ》はもちろん、いかなる色衣もなく、一生墨染《すみぞめ》の衣だった。

明和五年（一七六八）、白隠は八十四歳を迎えた。白隠は山を降りて、原へ帰り、松蔭寺の隠寮にいた。十二月七日、雷がなって地がふるえた。塩津古桂が脈をみると、白隠がいった。

「どうだ」

「べつにかわったところはありません」

古桂がこたえると、

「三日前に人の死ぬことぐらいがわからねば名医とはいえんぞ」

臨終の枕もとにすわった医者に、白隠は、己が寿命の時を教えたのである。そのあと、山梨重四郎という者がきて、白隠は碁を打った。十日に床へ入り、遂翁をよんで、後のことを託し、翌十一日の早暁に安眠高臥して、大吽《だいうん》一声たてただけで、遷化した。遂翁は、枕頭にいて、その往生を目撃している。

「末期の吽声は、真に巌頭老漢の最期にひってきする。世人は取沙汰して、遺偈《ゆいげ》を留めないのは、さすがの鶴林も一著を放下した、などというが、好箇の吽声、上は霄漢《しょうかん》に透り、下は黄泉に徹する」

世のあらゆる高僧の遺偈に比べても、勝ること十倍だといい、骨を分けて、松蔭寺と竜沢寺、無量寺の三処に塔した。

かえりみて、白隠は、その生涯を説法と行脚にあけくれた。したがって、晩年に弟子たちが建立してくれた三島竜沢寺にも、そう長く滞在していない。講筵の時は、逗留したけれど、臨終の床は、「在所」であった。墨染の衣で生涯を通し、大勢の僧がならぶ時には、いつも末席にいた白隠は、妙心寺本山からみれば、片田舎の野犬だった。伽藍に安座する黙照禅と文化禅と念仏禅を罵倒しつづけ、純禅再興の道を尊んだ、このような白隠を座元の位においていた妙心寺は、ながいあいだ、白隠のこの実践と徳をみとめなかった。竜沢寺開創の東嶺によって、無難、正受、白隠の峻厳な道は宣揚されたけれど、異端の人という眼が多かった。白隠が、やがて臨済の正統であったことがわかるのは、東嶺の功績である。その他の弟子が、山間支谷から、地に湧くごとく出て、白隠法系道場を建立してゆくことによって実証された。今われわれが、京都五山を訪ねて、そこにある「専門道場」なる看板をみる。岐阜や博多や、松島の遠地にまで、多くの雲水の修行する道場が経営されているのをみる。これらの道場は、白隠の弟子が蒔いたのである。

衆生《しゅじょう》本来仏なり
水と氷の如くにて
水をはなれて氷なく
衆生の外に仏なし
衆生近きを知らずして
遠く求むるはかなさよ

『坐禅和讃』は、今日も全国津々浦々の禅寺の小僧が暗誦し、檀越もまた暗誦する。この平仮名入りで書かれた仏教は、白隠が、元禄時代の地獄をみて、その地獄に降り、庶民と共に苦しみ考案した日本禅の「ことば」である。

第九章　日本禅の沈滞を破る明国からの波

Ｉ　盤珪永琢を刺激した明僧

播磨訛りで説く禅

白隠は正統的な公案禅をこの国に定着させたけれど、これに真っ向から反対の立場をとった僧がいた。盤珪永琢《ばんけいようたく》である。白隠と同じ関山系の大愚や愚堂の法系につながる妙心寺派にぞくするけれども、その一生は、盤珪独自の不生《ふしょう》禅を唱えて生涯京都の本山に背をむけて、播磨の地方禅に徹した。宗旨は人間そのままに生きよというにある。そのままに生きるのだから、よけいな学問はいらない。本来の仏心そのままでいい。道元が坐禅に打ち込めといい、白隠が中国や日本の祖師語録を中心の参禅を尊んだのに、盤珪は、まったく、中国漢語による禅をきらって、日本語で、しかも、日常のことばで、自分の禅を説いた。

「日本人ににやうやうに《あ》、平話で道を問ふがやうござる。日本人は漢語に拙なうござって、漢語問答では思《おもう》やうに道は問い尽されぬものでござる。日本の平話で問へば、どのやうなことでも、とわれぬといふことはござらぬ。すれば、問ひにくい漢語で精《せい》はつて、問いまわろうより、問い安い日本の辞《こと》ばで、精はらず自由に問ふたがやうござる」

「したほどに、皆さう心得て如何やうな事でござろうと儘《まま》よ、遠慮せず自由な平話で問ふて、埒《らち》あけさつしやれい。埒さへあけば、心安い平話程、重宝なことはござらぬ」

（『盤珪禅師全集』）

生れ在所の播磨訛りで、右のように説いた。白隠を臨済禅中興の祖といっておいたが、盤珪はようやく日本で生れた独創禅の人といえる。

元和八年（一六二二）三月八日に、播磨国揖西《いっさい》郡浜田郷で生れた。現在の兵庫県姫路市網干《あぼし》区浜田である。いまもこの地に産湯の井戸まで残っているが、揖保《いぼ》川の河口に近い平坦な地区で閑雅な村である。

痰を吐いたら眼が開けた

父親は儒者で、菅原竹庵《すがわらちくあん》といった。その父が盤珪の幼少時に亡くなり、母の手で育った。盤珪は四男であった。『盤珪和尚行業記《ぎょうごうき》』（蒙山《もうざん》）には、幼少から非凡で、人の長になる兆しがあったと書いてある。八、九歳の頃、隣村の大覚寺へ手習に通ったが、勉強は大嫌いで、いつも早びけして帰る。兄の正休が、揖保川の渡し守にたのんで舟にのせないようにしたが、盤珪は水にもぐって帰ってきたという。よほど勉強が嫌だったのだろう。

十二歳の時、『大学』の冒頭にある「大学の道は、明徳《めいとく》を明らかにするに在り」で疑問を抱いた。塾の師匠にきいても、明徳とは本性の善だとか、天の理だとかいわれる。得心することができない。

「だうがなして、此明徳を埒明《らち》けて、先づ年よつた母にも知らせて死なせたい事かなと存じて、我が知るよりは、年とつて今死ぬるも知らぬ母に先づ知らせたうござつて、色々にあがきまわつて、明徳の埒が明かうと思《おもつ》て、ここな談議、彼所《かしこ》な講釈、或はそんじやうどこに説法があるときけば、其儘走り往て聞《きき》、よき事の尊い事を聞いてもどつては、母に云つて聞かせすれども、彼の明徳は未だ埒明かず」

と述懐しているとおりであった。十四歳の時浄土門に入った。そこでも得られない。十六歳で、稲富の円融寺《えんゆうじ》（真言宗）に学んだが、埒がまだ明かない。ある人にきくと、それは、禅僧にきいてみたらどうか、埒があくかもしれん、という。そこで、赤穂の江《こう》西山随鷗寺《せいざんずいおうじ》に雲甫《うんぽ》和尚を問うて得度する。十七歳であった。雲甫は甲斐恵林寺《かいえりんじ》の快川《かいせん》紹喜《じょうき》の弟子であった。織田信長に甲斐が攻められた時、「心頭を滅却すれば火も亦涼し」といって火中に投じたことで有名な恵林寺の快川の法嗣《ほうし》だから、尋常の人ではなかった。その雲甫は、盤珪の眼光をみただけで、只者でないとみて、永く心の珠を琢いて世界を照らせという意をこめ、永琢という名を与えた。二十歳で盤珪は行脚に出た。四年間、放浪にあけくれた。

「禅宗の和尚に参じ明徳を問へば、和尚の曰く、明徳が知りたくば坐禅せよ、坐禅すれば明徳が知れるほどに、と仰せられたに依て、それからして直《じき》に又坐禅に取りかかつて、そこな山へ入りては、七日も十日も物を喰はず、ここな岩へ入つてはとがつた岩の上に着物裾をまくつて、直《じか》に居しきを岩につけ、坐を組むが最後、命を失なふ事をも顧《かえりみ》ず……」

とやってみるが、埒は明かない。寛永十四年（一六三七）の頃だった。島原の乱が起っているから、鈴木正三が長崎へ走って破切支丹《はきりしたん》を説いた年だし、沢庵が東海寺に入った年である。白隠はまだ生れていない。世は前記したように、宗門改め、宗旨人別帳をにぎる僧侶が充満しているから宿なし坊主の放浪は苦労だったろう。とにかく、埒あかぬままに、赤穂へ帰って、野中村の小庵に入って、雲甫和尚にあいさつにいった。諸方の師に会っても埒があかなかった、どうしたらいいかと問うたところ雲甫はこたえる。

「求めようとすれば、たちまち別のものだ」

盤珪は、野中の庵へ帰って徹底的に考える。一丈四方の牢のような部屋をつくって出入口をふさいで、一日二回の食事しかとらない。

「それから病気が段々次第に重ふ成つて、身がよわつて、後には痰《たん》を吐けば、親指の頭《かし》ら程な血痰が固まり、ころりころりとまん丸に成つて出ました。或時、痰を壁へ吐かけて見たれば、ころりとろけて、落ちる程の事でござつたわい」

七日ほどで食がとまり、死の覚悟をきめた。心残りはないけれど、「明徳」の解決がつかずにゆくしかないと思った。ある日、のどが変なので、痰を壁に吐くとムクロジの実のように真黒になったのが、ころりと落ち、胸のつかえが降りて、気が安らかになった。

「ひよつと一切のことは不生《ふしょう》で調《ととの》ふ物を、今日まで得知らいで、さてさてむだ骨を折つた事哉《かな》」

と思いつくのである。すべては、分別以前の不生で調うている。「明徳」の疑問がここで解決される。有名な盤珪の独悟の消息である。吐いた痰で悟った人はこの人をおいてない。母のところへ走って、盤珪は、この境地を告げている。雲甫和尚にも告げにいった。二十六歳になっていた。

「お前は徹底した男だ。もはや、達磨の骨髄を得ている」

雲甫はそのようにいって悟りを証明した。

満たされなかった聖胎長養の旅

この日から、盤珪は難解だった経典も、祖師語録も何のこだわりもなく理解できるようになった。雲甫はさらに、諸国を廻遊して、かくれた師匠に会うようにといった。聖胎長養の旅をすすめたのだ。

「鏡に物をうつせばうつる、のくればのく。鏡は明かなれば、うつりたるまま、うつる物をのけふとも、のけまいともいたさぬが、鏡の明かな徳でござる。人々の心もその如く、目にさへぎり、耳にさへぎるほどの物を、一念もなくして自《おのずか》ら見ること聞くことが明《めい》に通じるが、仏心の徳としるまでにござる。信心のふかきを如来といひまする」

この見解を諸国の師に会ってためしてみたい。盤珪が目ざした師匠は妙心寺の愚堂東寔《ぐどうとうしょく》であった。愚堂はこの当時、美濃の大仙寺にいた。もちろん、これは雲甫のすすめだった。白隠、正三を探った際にも、桃水の時もこの愚堂東寔が登場するので、ここで、少しく、愚堂にふれておく。

関山慧玄の道場である妙心寺は、授翁、無因、雪江とつたわって、大応純禅の命脈はたもたれてきているけれど、一休、沢庵が大徳寺系で苦悩したように、妙心寺もまた、権力と純禅のはざまで苦しい立場におかれている。雪江宗深以後、四派に別れ、元和の法度による幕府の圧力にも屈せざるを得なかった。愚堂東寔はその渦中で、大愚宗築とともに殆んど行脚に日をすごしている。本山に背をむけ、純禅説法にあけくれている。その途次、大垣で宿の亭主だった至道無難を弟子にして江戸至道庵に法嗣として残し、自らは、大愚と流水の暮しだった。大愚も愚堂もともに美濃の出身で、大愚は、文字禅を批判したために妙心寺を放逐、僧籍さえ剝脱されているし、愚堂はまた容貌魁偉《かいい》、人なみ以上に額がひろく、鼻は大きく、耳はあつく、眼光炯々《けいけい》の人だった。名聞利益に無頓着の生涯を送り、愚堂は寛文元年（一六六一）、大愚は寛文九年（一六六九）に死亡した。愚堂は美濃伊自良《いじら》の東光寺にまつられ、今日も、美濃臨済の中心にある林下道場だ。

盤珪が、その愚堂を訪ねたところ、大仙寺に愚堂はいなかった。江戸へいったという。盤珪は残念なことに会えず、近辺の霊松院の石翁や、大智寺の了堂や、慈渓寺の密雲をたずねる。どの師にも満足はできなかった。

「皆様の御示は、忝《かたじけ》なう存じて受けぬではござらねども、何とやらん履《くつ》をへだててかゆい処をかくやうに存ぜられて、直にさし付、搔くやうにござらいで、此の方、骨髄に徹しこたへませぬ」

明僧道者超元との貴重な出会い

二十九歳まで放浪して赤穂に帰った。三十になった時、明国《みんこく》福建から道者超元《どうしゃちょうげん》が来朝した。盤珪はさっそく、長崎の崇福寺まで行って道者に参禅する。これも雲甫のすすめであった。中国禅も宋末から儒学に押され、国家鎮護の禅は元代に入って南遷して福建にうつり、念仏を尊んで禅浄一致を唱えている。純禅僧の行き場がなく日本へ渡ってくる。蘭渓道隆、無学祖元は北条氏に招かれ、超元とのちに登場する隠元《いんげん》は臨済派の妙心寺に招かれる。

道者超元に拝謁した盤珪は、道者にふつうの男ではないと見ぬかれる。道者はいう。

「お前は、真の自己の問題には充分対決し得ているけれど、禅の宗旨である一歩をすすめるところに到ってはいない」「自分の問題にとらわれて、自己を活用する道を手にしていない」

盤珪は、道者の日常を見ていて、弟子たちへの教化が応用自在であるのに、自ら反省して、弟子となった。ある日道者に盤珪は問う。

「生死の一大事とは何か」

「いったい誰の生死のことか」

と道者は問いかえす。盤珪はすぐに両手をひろげてみせた。道者が、何か書こうとして筆を取ろうとしたのを、盤珪はもぎとって地にたたきつける。道者は翌朝になっていった。

「永琢《ようたく》禅人は大事を悟った。生死をこえた男として、道場の第一座にすわらせよ」

大衆はびっくりする。

「死に了り、焼き了るとき、いづれの所に心を安くし、命をたてん」

という問答だったらしい。この問答で、盤珪は省悟《しょうご》を加え、三十一歳で、彼の不生禅が道者によって証明されたことを知る。盤珪は開悟しても崇福寺で、典座《てんぞ》職で働いた。典座職は台所長である。道元の『典座教訓』がかさなってくる。

盤珪は道者の指示で、崇福寺を辞して故郷へ帰った。師匠の雲甫をたずねたが、師匠はその前日の十二月二十九日に入寂していた。

盤珪は師匠なき播磨にとどまって、自己の不生禅を説きまわる。

「生れたる時は、物に恐るる心なく、不生の仏心のみ也。物におそるる妄念は生れてのちにできたる一念の化物《ばけもの》也。雷は人のために世界へ雨ふらす物にして、人にあだをなす物にあらず。雷の声きく時は、自心自仏を一筋に信仰すべし」

何事も仏の心よりの不生禅

「仏心は不生にして霊明である」と盤珪はいう。不生がはたらく時、智恵才覚をまじえずとも、一念を生じる以前に、悟りにも迷いにも執着することなく、自然にととのう。ある人にいった。

「私にまかせて、先ず三十日の間不生でゐてみなさい。それからあとは、自らすすめなくても、いやでも不生で生活することになります。それが今日の生仏です」

鈴木正三が、百姓に一鍬《ひとくわ》々々打ちおろすたびに南無阿弥陀仏を唱じて耕作せよ、といったが、その百姓に盤珪はいうのだ。

「人々みな生れそなはりたる不生の仏心なる故に、今始めて叶様《かないよう》はなし。只、百姓の所作を余念なく勤めるを、不生の心行といひまする。（略）怒りながらも、鍬打ちはなれども、怒りは地獄の悪縁にて難行苦行なり。怒りなどの迷《まよい》なく鍬打すれば、易行楽《いぎょうらく》行《ぎょう》也。是《これ》仏心の行にて不生不滅の行なり」

正三とは少しちがっている。だが、ここには、士農工商の身分差別を課せられて、享保の掟以後、幕府が農民に課した「生かさず殺さず」の圧迫のもとに、苦しみ怒っても、それを口に出してさえ取締られる農民への慰撫はない。慰撫よりも、怒るな、という。

不生に帰れ、という。農民はどううけとったか。

「寝れば仏心で寝、起れば仏心で起き、行けば仏心で行き、坐すれば仏心で坐し、立てば仏心で立ち、住せば仏心で住し、眠れば仏心で眠り、覚めれば仏心で覚め、語れば仏心で語り、黙すれば仏心で黙し、飯を咬《こう》すれば仏心で咬し、茶を喫すれば仏心で喫し、衣を着れば仏心で着、脚を洗へば仏心で洗ふ。一切時中、常住、仏心で居て、片時も仏心にあらずといふ事なし」

盤珪は「仏心宗」「明眼宗」といい、禅宗とも臨済宗ともよばず、無師独悟の不生禅に徹した。不生でくらせば、仏心は決定している。ある女性が、

「女は業がふかく、成仏は困難だといわれますが、ほんとうでしょうか」

ときいた。盤珪はいう。

「あなたはいつから女人になりなさった、あなたは、いつの間に不生の仏心を業ぶかい女にすり替えなさった」

男女差別にもとらわれることのない禅境が示されている。ある尼僧が、

「両親への孝行はどうすればよろしいか」

と問うた。盤珪はこたえる。

「親のうみつけてもろたままに生活するのが真の孝行です」

盲目の女性が、「自分には仏様を拝む力がないから成仏もかなわぬのではないか」と問うたのに、

「私のいう不生には身体の具不具の差別はない」と説いた。こう見てくると、盤珪の独悟禅は、日本の庶民にはじめてしみわたった気もしてくる。難解だった中国禅僧の『語録』や、『問答録』の解釈に解釈をかさねることにあけくれてきた禅が、毛穴から入るようにわかる。生きてゆく上の力となる禅が、文盲の人にもよくわかる。女性にも人気が集まったのは当然である。網干の竜門寺は、京極家の帰依で盤珪のために建立されたが、門前に市が出来るほど、善男善女の参問がつづいた。女人成仏は盤珪禅の特徴でもあった。網干の里には、仏心決定した有髪の尼が多く誕生している。元禄六年（一六九三）九月三日、生れ在所の浜田で盤珪は死亡した。いまの竜門寺である。私は何どかこの竜門寺に詣でて、師の木像の前に佇んだが、眼光するどい、大きな顔の異形さに息を呑んだ。元禄のその頃は、白隠が、原の昌源寺で日厳《にちごん》から地獄の説明をきいて戦慄している年まわりだった。

II　隠元隆琦の禅と念仏との合体

同行三十人の大移動

ここで隠元にふれておかねばならない。諱《いみな》は隆琦《りゅうき》、明の万暦二十年、日本では文禄元年（一五九二）に福建省福州府福清県《ふくせいけん》万安郷に生れた。六歳の時に父が旅行に出かけたまま行方を絶った。二十歳頃から父を求めて放浪、郷里黄檗山《おうばくさん》の鑑源興寺《かんげんこうじ》のもとで剃髪、紹興の雲門寺、碧雲寺を経て、三十三歳の時金粟山広慧寺《きんぞくさんこうけいじ》密雲に参禅。四十二歳の時黄檗山にもどって、密雲の嗣法費《ひ》隠《いん》和尚について大悟したといわれている。

四十六歳の時黄檗山万福寺の住職となったが、ここは福州から莆田《ほでん》に向った山中の寺で黄檗宗では、日本にも万福寺があるので、莆田の方を古黄檗《こおうばく》とよぶ。この寺は六祖慧能の嗣法正幹の建てた寺で、宋、明代に栄えたが、隠元が入山した頃は衰微して殆んどの伽藍が焼失していた。隠元は九年の歳月をかけて七堂伽藍を復興する。だが、この時代の中国は各地に戦乱が起きている。金の南進だった。明軍は各地で惨敗し、金の大宗は清と国号をあらためる。その間に李自成が北京を襲い、明の毅宗は自殺。明軍は清に応援をたのんで北京は清に占領させる。隠元の黄檗山復興はこの時期だった。一六四二年郷里福清県の東方鎮東衛と海口鎮が清軍に陥される。数千人が惨殺された。隠元の友人黄道周は処刑。

一六五四年、日本の承応三年に、長崎興福寺の逸然性融《いつねんしょうゆう》が四回にわたって隠元の渡日を招請した。隠元は故郷の混乱をさけてアモイから船で長崎に着いた。六十三歳であった。性聞、性機、性善、道実、性獅、性瑩、性派、浩然、楊津、自戒ら三十人が同行してきた。鑑真和上以来の中国高僧の集団来日である。

戒律の尊重と念仏のすすめ

『隠元語録』という本が隠元の来朝以前から日本禅僧たちによく読まれていた。隠元は戒律を重んじた。明末の禅は密教と浄土の思想を重んじている。のちの『黄檗清規《しんぎ》』がよくその持戒生活を表現している。

「学道の人は先づ須らく堅く禁戒を持つべし。沙弥の十戒、比丘の二百五十戒、菩薩の十重四十八軽戒の如き、相を識つて堅持し違犯すること勿れ。設《も》し、違犯有らば、即ち当《まさ》に大慚愧《ざんき》を生じて痛く自ら心を責めて発露懺悔すべし。次に種々の利益の事を行ひて、以て戒徳を助けよ。大抵「諸悪莫作《しょあくまくさ》、衆善奉行《しゅぜんぶぎょう》」ならば、則ち梵行の二字、已に包括して遺すこととなし」

「凡そ是れ黄檗の児孫は須らく黄檗の規約に依つて持戒礼誦、ますます参禅を激すべし。禅暇博く蔵典尊宿の語録を覧《み》るを妨げず、智力余り有る者は博く群書に及ばば、庶幾《こいねがわ》

く は可ならん。常に少年の僧衆を見るに、罪福を明めず、軽重を識らず、仏祖の経教之を置いて聞かず。競つて俗土に従つて書を習ひ、悪友に狎近して流浪して返ることを忘る」

のち隠元の法系を興す鉄眼《てつげん》が、『一切経』を刊行するのもこの宗旨による。どちらかというと、日本の禅は、唐宋の臨済、曹洞の流れを重んじた。隠元の持戒主義と、浄土教的念仏のすすめは、新しい禅として注目されたのだろう。『清規』には「朝暮には阿弥陀仏の縁起文、三部小経を読誦《どくじゅ》し、常に念仏繞堂せよ」とある。のちの万福寺独湛《どくたん》が「念仏独湛」と称されるのもこの法系ならこそである。

来日をめぐる妙心寺内の確執

妙心寺派は関山の系統だと何どもいっておいたが、同派の仙寿院の禿翁《とくおう》と、竜安寺の竜渓が『隠元語録』に打たれて、妙心寺に迎えようとした。ところが、愚堂東寔は反対した。さきにのべた至道無難、正受老人、白隠とつづく正法山正統派である。妙心寺は二派に分れた。竜渓は孤立する。妙心寺は竜渓の僧籍を奪う。隠元は、寛文九年（一六六九）に竜渓に嗣書と法衣を送る。竜渓はこれで隠元の嗣法になった。日本僧ではじめての弟子だった。後水尾《ごみずのお》上皇は竜渓に帰依されていた。そのため黄檗派は大いに威をふるった。妙心寺派はいっそう竜渓を憎む。竜渓は大坂の檀越の招きで禅要を説きにいった際、暴風雨にあい、水に流されて死亡する。一説によると、この時竜渓は声をあげて助けを求めたが、弟子たちは手をこまねいて放っておいたという。妙心寺はのちのちまで、竜渓を水死させたこの洪水のことを「関山濤《とう》」とよぶそうだ。つまり、隠元の来朝は、関山系の叢林道場を騒然とさせていたことを物語っている。

「方今澆風《ぎょうふう》日に扇《あお》ぎ、仏法下衰す。宗門の真風も亦地に堕ちて振はず。僧侶懶惰《らんだ》にして、禅誦等の勝行を勧むるなし。逸門を開放し、諸々の不善行に習熟する者、年代其れ尚ぶ。本山末寺比々として皆爾《しか》り。誠に大息すべき者なり。縦《たと》ひ道徳関山に侔《ひと》しき者出で来ると雖も弊風を移し、淵瀾を廻らす能はざるべし。今頼《さいわい》に隠元禅師の海を越えて来るに値ふ。まことに三百年来稀有の事なり」

竜渓、禿翁が隠元に傾倒した事情はこの『答妙心壁書《とうみょうしんへきしょ》』に出ている。『妙心壁書』は、隠元を山内に入れることを拒んだ愚堂派の壁書で、それへの宣戦状といってよかった。そのため妙心寺派からぞくぞく隠元、竜渓批判が出た。『禅林執弊集』『黄檗外記《げき》』などがそれで、口汚なくののしる文章で充満している。たとえば隠元が長崎へきた翌年、大村侯から寄進された銀百枚で生魚を買って、明神池に放ったが、どういうわけか魚はすべて死んで浮いた。それを見た人が「日本人ハ如此事《かくのごときこと》ニテハ肯信セズ、何トゾ別ニ法ノ広メヤウハナカト。隠元漸《やが》テ云、我レ日本ニ無縁、帰唐セン」などといったものだ。たぶんつくり話だろうというのが定説だ。

日本黄檗宗の創立

いずれにしても、権力に媚びて沈滞状況にあった日本禅宗界に、持戒派の隠元の来朝は大きな刺激となった。愚堂東寔や大愚宗築が妙心寺を背に各地方を巡錫して、廃寺を興し、道場を設け、禅要を説きまわったのもその影響だろう。また、愚堂が、妙心寺に嗣法を見出すことが出来ず、大垣の番太郎と名のる宿場出身の至道無難に印可を与え、その弟子がさらに雪ふかい飯山の正受老人にうけつがれてゆく経過は、京都本山の荒廃を証していた。ようやく駿河の原村に白隠が出て、臨済中興の祖といわれるのだが、さきにのべた盤珪永琢が、雲甫の寺を出て聖胎長養の旅に出たものの、自分の悟境を保証してくれる僧が国内に見当らず、崇福寺で道者超元にめぐりあって印証されるあたり日本禅沈滞を物語っている。云いかえれば盤珪の不生禅の発明も、帰化僧に行列をなして帰依せねばならぬ日本禅界を嘆くあまりの専心求道の結果だったか。辻善之助氏が、

「黄檗禅渡来の最大の意義は、彼らに真の禅者たることは何か、ということを目ざめさせる契機となったことかもしれない」

といわれる。隠元は、やがて、宇治に在所福州の黄檗宗万福寺と同じ名称の寺を建立して、日本黄檗宗を創立する。中国から随っていた木庵《もくあん》にその思想はうけつがれ、木庵から鉄眼にいたって、黄檗禅は日本に定着してゆく。持戒と伽藍建立と社会事業への挺

身である。鉄眼は宗祖の思想を日本人で具現した人だ。『一切経』の刊行の苦心や貧民救済の事業は後世に永くたたえられた。

第十章　大愚良寛「無住の住」の生涯

Ⅰ　「任運騰々」放浪者への変身

没落名主の跡取り

良寛は、宝暦八年（一七五八）に、越後の出雲崎《いずもざき》の名主《なぬし》、橘屋《たちばなや》こと山本以南《いなん》の長男に生れ、幼名を栄蔵《えいぞう》といった。一説には長男夭折のため次男の栄蔵が長男となった。

橘屋は代々の名主で、良寛が生れた宝暦八年は父以南二十三歳、母秀二十四歳、婿養子の以南は石井神社の神官をかねていた。だが、橘屋は落ち目にあった。出雲崎は天領佐渡国と結ぶ要港。御用金山の陸揚げで繁忙をきわめた。将軍が代わるごとに、佐渡巡検使がくる。その都度、町は御座船三艘、御使船三艘、御馳走船三艘あわせて九艘を新造せねばならなかった。もちろん、これには、諸藩から役人がきて、大工、人夫と一しょに宿泊するので、港町はにぎわう。橘屋はこの差配にあたった。しかし、徳川初期元和の頃から、尼瀬《あませ》の京屋が独立、尼瀬が佐渡の船の寄りつき場に近くて、商人店も軒をつらね繁昌したので、橘屋の利権がうつって隆昌を見、かわりに橘屋は没落した。

良寛の幼少の頃、以南は、もう家力挽回のための気力を無くした。というのは、祖父の跡をうけて、名主になって四年目に、金紋高札移転の一件で、京屋に負けたのである。金紋高札は、幕府からの通達、法度や掟を墨で書いて、庶民にしらせる制札だが、金漆の定紋入りのは一段格式があった。出雲崎でその高札の立つ場所は、昔から橘屋の門前一ヵ所になっていた。これは全国どこでもそうで、高札の場所はかんたんにうごかしたりできなかった。ところが、京屋は、代官所へ、この高札の移転を願い出た。京屋の申し出は、代官所から橘屋へ告げられた。以南はびっくり。両家は抗争をはじめ、橘屋以南は敗北する。良寛八歳の時である。

このようなことから、以南は家にあまりいなくなり、風雅三昧に身をやつした。酒も呑み、旅に出ては景勝の地に泊って俳句をひねるようになった。落魄の境涯である。

八歳の栄蔵は、十一歳頃から、西蒲原郡地蔵堂にいた大森子陽《おおもりしよう》という儒者の家へ通って漢籍を学んだ。由緒ある家の長男だから家業をつぐための教養、修行のためである。十八歳に名主見習になったが、長つづきせず弟由之《よしゆき》にゆずって、栄蔵は尼瀬の光照寺《こうしょうじ》へかけこんで、玄乗破了《げんじょうはりょう》和尚に身を託して出家してしまった。

この出家の原因は謎というしかなかった。常識的には、長男だから、家運挽回に努めねばならぬ。その名主放棄である。山本家の血には、神官でありながら仏教へのふかい関心はあった様子。家譜でみると、弟妹のうち三人は僧または尼になっているし、次男由之は老後に剃髪した。父以南の家出も、また遁世のけはいがある。世俗から逃亡して、超えた何物かを求める気風がこの家にながれていたか。栄蔵はまた名主見習時代に、いろいろ失策もやった。

「師、年十八歳にしても名主見習となりしが、折節出雲崎代官と漁民との間に葛藤起り確執解けず、名主は居中調停の地位にありければ、師は其意を得て仲裁せんとし、代官に対しては漁民の悪口、雑言をそのままに上申し、漁民に向ひては代官の怒罵、痛嘲をも飾りなく通達しければ、両者の怨恨、疾悪高まり激烈となりければ代官は栄蔵の魯直を譴責したり。栄蔵慨然として謂へらく、人の生けるや直し、之を罔《し》ひて生けるは幸にして免れたるなり。（中略）決然厭離せずんば将に魚肉とならんとす。嗚呼恐るべきかなとて、直ちに光照寺に奔れり」（『沙門良寛全伝』）

村民は名主見習栄蔵を「昼あんどん」とよんだそうである。

出家四つの動機

良寛出家の動機について、史家は、西郡久吾氏があげる次の四つの点に思いをふかめている。

一、父の跡を継いで一たび荘官となったが、時事に感ずるところあり、一日同友と青楼で酒飲し、酣酔淋漓《かんすいりんり》、百金を散じつくして悔いる色なく、帰途すぐ桑門に入った。

二、いったん家督を相続して名主になったが、町内で盗賊の死刑執行に立会い、無情を感じて、帰宅ののち直ぐ出家した。

三、いちど婦人をむかえたが、半歳を経ずして、恩愛を捨て、無為に入った。

四、名主見習になった時、出雲崎の代官と漁民との間に面倒がおこり、両者の間を調停しなければならない立場のかれは、代官に対して云々の、前述の動機である。

西郡氏は、以上四説を紹介したのち、良寛出家は、厭世でもなく、失意でもなく、絶望でもなく、思うに昼あんどんといわれた名主の若旦那ゆえ、俗務を処理する才がなく、父母もかれの性質をよく知っていたので、家督をまかす器でないと決意し、その素願をきき入れて出家をゆるしたと推察される。東郷豊治氏も、この素願説に賛意を表しておられる。

「素願」という意味を調べてみると、ふつう私たちは、「もとからの願いごと」「平素からの願望」といった意味に解している。西郡、東郷氏の「素願」もつまり、そのような意であって、良寛は、もともと出家したかったのだという。平素からそれを口にしていた、ということになる。しかし、自分のことは何もしゃべらなかった良寛のことゆえ、この「素願」もまた憶測以外にはないだろう。

十八歳までの家の事情、父母の顔いろ、弟妹のありさま、外へでれば、京屋との高札事件以来の世間の眼。栄蔵にとって、世の人らの暗い視線が已れを空しゅうし、自然と出家しなければならない環境へ育てていた。そうして、世の中は、先にも見たように、封建幕府体制が、諸所にウミを出している。佐渡は、罪人の収容所でもあった。江戸で裁判をうけた無宿人たちが、金掘りの終生労役をいいわたされ、軍鶏駕《しゃもかご》にのせられて運ばれてゆく。代官所は当然、この罪人うけ渡しを任務とする。出雲崎に住む名主は、罪人船出をしょっちゅう見なければならない。罪人にもいろいろある。一揆の首謀者もいた。不義密通の町人もいた。大泥棒もいた。殺人犯もいた。いつの世も、罪人の顔は、世情をうつしている。江戸は、収賄の大御所といわれた田沼意次が老中だった。佐渡へ流人を送る出雲崎は、見ようによっては、この当時の幕政の縮図といえたかもしれぬ。多感な青年栄蔵が、軍鶏駕が出てゆく港に住んで何を考えたか、そのことについて本人は何も書き残していないから、これは私の空想でしかないが、西郡久吾氏が「父の跡を継いで一たび荘官となったが、時事に感ずるところあり、一日同友と青楼で痛飲し、酣酔淋漓、百金を散じつくして悔いる色なく、帰途すぐ桑門に入った」といわれる事情も、うっすら見えてくるのである。

国仙禅師と出会う

栄蔵が走った寺は光照寺である。この寺は皮肉なことに、橘屋の宿敵である京屋の裏にあった。不思議といわねばならない。栄蔵はわざわざ、京屋の近くの寺をえらんで俄か道心になった。光照寺は曹洞宗であった。山本家は代々の真言宗に帰依する檀家だった。かりに、平素から出離の心があったとしたら、栄蔵に真言宗の円明院への入門が考えられていいわけだが、なぜか禅宗を志した。ところがその禅宗にしても、父以南の生家のある与板《よいた》には、曹洞宗の巨刹《きょさつ》徳昌寺があって、彼の実家はここの檀家であったから、素願の心からいえば、ここへ走っていなければならない。栄蔵は、なぜか、この縁故ある二寺をきらって、尼瀬の光照寺へ走ったのである。かいわいでは、曹洞禅の寺はほかにもあったが、光照寺は格式も劣った。不審に思えるほどの、ゆきあたりばったりのやり方である。

栄蔵は破了和尚に参じて剃髪、良寛と名をもらった。一説には良寛は、この時、家に書置きをのこして飛び出し、数年音信を絶ったといわれている。『北越奇談』の中に「その出づるとき書を遺して中子《ちゅうし》に家禄をゆづり、去つて数年、音問《おんもん》を絶す」とある消息である。いったい良寛は、次男の由之に家督をゆずると書き遺し、数年間もどこをほっつき歩いていたのだろうか。

なにゆゑに家を出でしと折りふしは心に愧ぢよすみぞめの袖

のちの述懐だが、年老いてから、この無鉄砲な出家の日を思いかえして、良寛は、ひそかに心愧じている。長男の出家は当時、代官所でもひんしゅくを買ったろうし、町内にも香しい風評でなかったことは当然である。ましてや、暢気な父親にも、苦労している母にも、年若い弟の由之にも、無責任に思えよう。親不孝の一言につきる。

玉島円通寺《えんつうじ》の国仙《こくせん》和尚が、尼瀬の光照寺に掛錫《かしゃく》したのは安永八年（一七七九）。良寛は二十二歳だった。国仙掛錫の折には光照寺にいた。良寛は国仙をみてこれこそ自分の求めていた師だと思った。大忍《だいにん》国仙は曹洞宗でも著名な傑僧だった。光照寺の破了もその弟子だから、師はたまたま江湖会《ごうこえ》のために草鞋《わらじ》をぬいだのである。良寛は、国仙をひと目みて、その風貌と禅の境涯にうたれ、弟子になろうと思った。あるいは、その志を国仙がよしとして、この年に剃髪得度したという説もあるが、いずれにしても、破了のもとにいるよりは、国仙のもとで修行した方がよい、と思ったのだろう。やがて、国仙が玉島へ去るに随って、良寛も、越後をあとにする。二十二歳の冬であった。良寛の姿は越後から消えた。西海の玉島まではるばる歩いて、丘の上にあった円通寺の、庫裡の片隅で草鞋をぬいだ。

備中玉島の風土が与えた影響

玉島円通寺に行っても、良寛の行跡をつたえる確かなものは残っていない。国仙禅師のことについても資料はない。だから、その修行の様子は、のちの良寛の詩文から想像するしかないが、たとえば、『草堂集《そうどうしゅう》』の、

従来円通寺
幾回経冬春
門前千家邑
乃不識一人
衣垢聊自濯
食尽出城闉《じょういん》
曾読高僧伝
僧可可清貧

東郷豊治氏の訳文をうつさせてもらうと、
「円通寺に来てから、なん年たつかな、着物も持たず、食物もろくになし、洗濯をすませては托鉢に出る、町はにぎやかだが、知っている顔は一つもない。まえかた高僧伝をよんだ中に、二祖は清貧を説いておられる」

曹洞禅は、さきに道元の項でのべたように『永平清規《えいへいしんぎ》』『学道用心集』をみても、修行はきびしい。行住坐臥の境に悟入しなければならない。良寛は、二十二歳の道心だから、他の弟子が七つ八つから国仙師下に入って、『語録』も空んじているのと事情がちがった。遠い越後への望郷の憶いも、時には修行を邪魔したと思われる。しかし、良寛は、ここで苦行十二年余の歳月を重ねた。

円通寺は、玉島港湾近い川岸から小高くせりあがった丘陵の頂きにある。今日も山陽本線駅からは南へはずれているので、車の音もしない。なだらかな坂道を登りつめると、自然公園になった山頂の高台へ出る。椎や杉の木立ちのなかに伽藍がしずまっている。庫裡《くり》、本堂、良寛堂。別棟になった簡素な建物はそれぞれ風霜をしのばせ、故郷越後を捨ててきた栄蔵が、厳格な国仙和尚のもとで修行の日々を送った姿が想像される。

庫裡前に巨石をもちこんだ庭園があって、その築山にのぼると、瀬戸内の海景がひろがる。足もとへえぐられる玉島湾には、漁船が帆をたたんでおり、紫紺の海には、白い船が走っている。備中は春でも出雲崎はまだ雪だったろう。日がな岸を洗う荒波。吹きよせる北風。石置き屋根の漁家。砂よけの茅がこい。きびしい北越の自然はここにはなかった。

そこでふと思う。二十二歳まで、雪の越後でくらし、あとの十二年、つまり青壮年期を、のどかな備中で送った良寛に、温暖の自然は何らかの影を落としていないか。良寛に、もし、越後人にめずらしい気風があったとすれば、円通寺があたえたかもしれぬ。そう思うと、良寛の、四十代以後からの、のんびりした任運騰々《にんぬんとうとう》の境涯は、玉島ののどけさに通じた。きびしい越後の培った精神ではない。そういえば、国仙和尚の性向にも、この備中の陽気さがあったか。たとえば、悟入の弟子にあたえるに、山へ入って一本の枝を伐ってあたえたあたりだ。

良也《や》愚の如く道転《うた》た寛《ひろ》し
騰々任運誰《たれ》か看ることを得ん
為に附す山形爛藤《らんとう》の杖
到るところ壁間《へきかん》午睡《ごすい》の閑《かん》

良寛に「大愚」の号をあたえた国仙の偈頌《げじゅ》だが、いかにも大らかで図ぬけている。良寛は印可をもらったのだが、その証明はこの偈と一本の杖だった。

「良よ。お前は一見愚の如くにみえるが、いまやお前が得た道はどうころんでもゆるがぬ貴い道だ。お前の、到達した任運騰々の境涯をいったい誰が深くのぞくことが出来ようか。お前の今日の大成を祝って、わしは一本の杖をさずけよう。ありふれた自然木の木切れにすぎぬが、この杖は今日からお前の大事なものだ。どこへ出かけてもよい。到るところのお前の部屋の壁に、これをたてかけて午寝するがよい」

大応が大燈に、大燈が徹翁に、臨済禅の祖師たちが弟子にあたえた印可の偈頌はそれぞれ難解をきわめている。こんなわかりやすい偈頌はめずらしいように思う。まこと、玉島円通寺の山庵でとりかわされた師と弟子の情愛きわまる嗣法風景はうつくしい。つまり、良寛は、二十二歳まで越後で苦しみ凍らされた軀と精神を、温暖な備中にきてやわらかくほぐされ、国仙の気風を、己が精神の根にやどしたのだろう。良寛は、つまり、ここで変った。任運騰々の生活のはじまりだ。

茫洋たる男の誕生

国仙の死はいつだったか確かなことはわかっていない。史家は、良寛悟入を備中にきて十年のちとしている。師を失なった良寛は、円通寺を出て放浪の旅に出る。どこへいったか、わからない。たぶん、中国、四国、九州あたりではないか、といわれる。その放浪中に父が桂川入水。母も死亡した。あるいはその都度、京都なり、越後へ帰ったにちがいないとする説もあるが、確かな資料はない。とにかく、彼が、越後に姿をあらわすのは、まだ、これから十年近い歳月がかかる。

土佐の高知で見かけたという人の記録がある。近藤万丈の書いた弘化二年（一八四五）の記録だが、若年のころ土佐に旅行し、高知の手前三里ばかりで大雨に出会った。道から二丁ほどはなれた右手の山麓に破屋があったので、そこへかけこんでゆくと、「ひとこともいわず、坐禅するにもあらず、眠るにもあらず、口のうちに念仏唱ふるにもあらず」。こっちからはなしかけると、ただ微笑するばかりの変な男がいた。気ちがいかなとも思った。だが、その変り者とその夜は炉端で寝て、明け方目をさますと、この僧形の男も炉のふちに手枕してよく寝入っている。雨は少しもやまない。午前十時ごろ、麦粉を湯にまぜたものをたべさせたくてこの破屋の内を見まわすと、木仏を一つたててあるのと、窓の下に書物を二冊おいた小机があるほかは何もない。書物は何だろうとひらいてみると、唐版の『荘子』である。その書物の中に漢詩をかいた紙切れがはさまれていた。なかなかの達筆なので、自分はおいざるから白扇をだして揮毫を乞うた。その文章はわすれてしまったが、末尾に「越州の産了寛書す」と書いたのだけはおぼえている。かれこれ三十年前のはなしになる。

というのがその記録の大意だが、なるほど、これは良寛にちがいあるまい、と史家のうなずくのは、のちの越後へ帰ってからの良寛の風格と変り者のふぜいが合致するからだろう。

しかし、この変り者が「良寛」でなくて「了寛」であり、別人であったとしてもいっこうさしつかえない。同名の、同じような奇人がいても不思議ではない国柄だ。だが、大半の史家は、この近藤万丈の記録を重視して、良寛四国放浪説を信じるのだが、私に重要なことは、良寛は円通寺を去って、四国に現われていたとしても、その時はもう越後を出た時の人間でなく、『荘子』を読む玉島の風土に培われた任運騰々の人だったということだ。近藤万丈が越後人であって、かりに昔の栄蔵を知っていたら、見まちがえるぐらいの変りようだったろう。京屋問題や名主の仕事で、くよくよと悩みつづけていた栄蔵の、眉間をしわばませていた顔がそこにはなく、とてつもない茫洋たる男が誕生している。

独りで生れ
独りで死に
独りで思う
そもそものはじめそれは知られぬ
いよいよの終りそれも知られぬ
この今とはそれもまた知られぬもの
展転するものすべて空
空の流れにしばらく我れがいる
まして是もなければ非もないはず
そんなふうにわしは悟って
こころゆったりまかせている。

この境涯の人が四国から、九州、中国、近畿を放浪していたのである。

Ⅱ　故郷乞食行の胸の内

「帰ってきた栄蔵」

良寛が、越後に姿を見せるのは、寛政十二年（一八〇〇）の四十三歳、寛政八年（一七九六）の三十九歳、寛政三、四年の三十四、五歳と説がわかれている。またある史家は、二十八歳のときの母の喪で一ど帰国したが、ふたたび玉島に赴いて、四十二歳の時に帰国したという。東郷豊治氏は、三十八歳の頃にはもう帰国していたと判断されている。それは、遺墨にのこされている年次の字によっての判断であるが、それによると寛政七年（一七九五）には越後にいた。判断は国仙禅師が寛政三年に遷化されていること を理由とされる。また父以南の自殺もこの年の前後だった。「師父ともに去って、身辺にわかに空豁《くうかつ》を感じて、弟妹の行末を案じて、そぞろ望郷の念を禁じえなかった」とは東郷氏の見解だ。私にもそれはわかる。ところで良寛は、帰ってきても、寺へ入らなかった。家へも入らなかった。乞食坊主になって、飄然ともどり、家郷の近くの寒村僻地を流浪して、無住の堂があればそこに棲み、追いたてられれば、またそこを出て、在所の生家をめぐる村々を転々する。

　きてみればわがふるさとは荒れにけり庭も籬《まがき》も落葉のみして

良寛はこう詠んでいるが、帰国して、由之夫婦が守る家へもゆかず、黙って流浪していた事情にも、不思議な頑固さが感じられる。行雲流浪の人生を送るなら、なにも捨てた故郷の近くをうろつかなくても、日本国じゅうどこへいってもよさそうなものだが、なぜか、在所に身をひそめる。このあたりにも、もう少し立入ってみる必要があろう。父も母も死亡している家。心に愧《は》じねばならない出家当初の、にがい思い出のある家。町民からは昼あんどんといわれ、代官からは、愚直者と譴責された、ごたごたがまだ、いっぱい思いつながる家。その家の近くへわざわざもどって良寛は、僧とも俗とも乞食ともつかぬ、尋常でない生活者に変身する。

出雲崎の人びとは、「帰ってきた栄蔵」をどう見たか。由之とその妻が、どんな眼で迎えたか。ここのところをあかす資料はない。けれど、厄介な兄が飄然と立ちもどったことへの、うっとうしさはあったろう。兄に去られて、荒れた籬で十六年、父の死、母の死を見送った弟の心中には、きてみれば、などという暢気な詠歎はない。彼らは暮しの修羅場にいた。由之は家運挽回にまだ野心を捨てずにいた。兄は、その実家を見ぬふりして、放浪しはじめた。『北越奇談』の筆者橘崑崙《こんろん》は、「帰ってきた栄蔵」について、「出雲崎を去ること三里の郷本《ごうもと》という海べの部落のとある空屋に、一夕旅僧が飄然とあらわれて、隣家にことわってそれに入ったが、翌日から附近を托鉢して廻るその様子がまことに殊勝で、諸人ひとしくその奇をたたえ道法に感じ入った。托鉢で得た食糧にあまるものがあれば、すぐに乞食鳥獣に分け与える。もらった衣服も惜しげもなく貧乏者に恵むという態度である。半年もするうち、どうやら、出雲崎の橘屋の以前出家した長男らしい、という風評が立った。そこで筆者の兄の彦山がたしかめようと、その住まいを尋ねていった。庵とは名ばかりのあばら屋。柴扉はとざしもせず、あたりいちめんのつたかずら。本人は折あしく不在である。内に入って様子をうかがうと、机の上に筆と硯とがおかれてあり、炉に土鍋が一つかかっているだけ。四囲を見廻すと、壁という壁には、ことごとく書き捨てた詩稿が貼りつけてある。近寄ってこれを読みくだしてみると、いかにも塵外仙客の情が湧き、胸中清月の思いの生じるのを禁じ得ない。それらの筆跡は、まごうかたなく見おぼえのある橘屋の息子の手である。そこで人を介して出雲崎の生家へ連絡してやった。その後橘屋から迎えの者がやってきて、ぜひ家にもどるようにと説きすすめたが、良寛何としても承知しない。まもなく、ぶらり何処へ行ってしまったやら、二度と姿を現さず消えてしまった。それから数年たったいま、この僧は五合庵に住んでいるが、平日の行いみなこのようで、実に近世の逸僧である」（東郷豊治氏訳）

実家への帰宅拒否

崑崙の兄の彦山は、若いころ大森子陽の狭川塾で栄蔵と机をならべていたので、壁の字をみただけで、すぐ栄蔵だとわかったそうである。実家へしらせると、由之が飛んできたが、由之が説得しても、栄蔵は帰らなかった。乞食のようななりをして家のまわりをうろついてくれるな。没落した家であっても、兄の一人ぐらいは起居できる部屋もある。とりあえず家へ帰って、出家するなら、ゆっくり相談してからでもよいではないか。由之はそういったかもしれぬ。しかし、良寛は、聞き入れず、だまって郷本を出てしまう。どこへ行ったかわからない。

落髪して僧伽《そうぎゃ》となり
食を乞うていささか素を養う
自から見る已《すで》にかくの如し
如何《いかん》ぞ省悟せざらん
われ出家の児を見るに
昼夜みだりに喚呼す
ただ口腹のための故に
一生外辺に鶩《は》す
白衣の道心なきは
猶《なお》なおこれ恕《じょ》す可《べ》し
出家の道心なきは

その汚《お》やこれを如何せん
髪は三界《さんがい》の愛を断ち
衣は有相《うそう》の色をやぶる
思を捨てて無為に入り
是非をば等間に作す
われ彼の朝野をゆくに
士女おのおの作《しわざ》あり
織らずんば何を以て衣《き》
耕さずんば何を以て哺《くら》わん
いま釈子の子と称するは
行もなく亦《また》悟りもなし
徒《いたず》らに檀越《だんおつ》の施を費し
三業《さんごう》相かえりみず
頭《こうべ》をあつめて大語をたたき
因循旦暮をわたる
外面は殊勝を逞しゅうして
他《か》の田野の媼《おうな》を迷わす

謂《おも》うわれこそ好箇手《こうこしゅ》と
ああ、いずれの日にか寤《さ》めん
たとい、乳虎の隊に入るとも
名利《みょうり》の路を践《ふ》むことなかれ
名利わずかに心に入らば
海水もまたそそぎ難し
阿爺《あや》、なんじを度《わた》せしより
暁夜何の作す所ぞ
香をたいて仏神を請じ
永く道心の固きを願う
なんじ今日の如きに似なば
すなわち抵捂《ていご》せざるなからんや
三界は客舎《かくしゃ》の如く
人命は朝露に似たり
好時は常に失い易く
正法もまた遇い難し
すべからく精彩の好きを著《つ》くべし

手を換えて呼ぶを待つなかれ
いまわれ、ねんごろに口説《くぜつ》するも
ついに好心の作にあらず
今よりつらつら思量して
汝がその度を改むべし
つとめよや、後世の子
自ら懼怖《くふ》を遺すなかれ

寺院仏教の否定者として

『草堂集』の中で、もっとも私が愛唱する「僧伽」の全文をよんでみたが、ここに良寛帰国の心がまえがすべてうたわれている気がする。他者への戒めばかりでなく自分への戒めが感じられる。

同じ『草堂集』の次の詩にもうかがえる。一部を抜き書きしてみると、

師の神州を去ってより
悠々いくたの時ぞ
枳棘《ききょく》高堂に生じ

蕙蘭草莽《けいらんそうもう》にしぼむ
陽春たれかまた唱えん
巴歌《はか》日に岐《き》にみつ
ああ、われ小子
この時に遭遇す
大廈《たいか》の将に崩倒せんとするや
一木の支うる所にあらず
清夜、寐《い》ぬる能わず
反側してこの詩を歌う

道元禅師がこの国から姿を消されてから長い歳月がたつあいだに、立派な禅門に醜草が生じて香草はくさむらの中でしぼんでしまった。高邁な説教をとなえるものはだれもいなくなって、卑俗のみ日ましに巷にみちている。ああ、私はこのような時にめぐり会うているのだが大きい建物がいま倒れかかろうとしているのを、一本の材木でどうして支えることが出来よう。しずかな夜、どうしてもねむれず、ねがえりうちながら、この詩をつづってみた。

訳してみると、良寛はこの国の禅門の汚れに絶望している。道元禅は、もうこの世になくなった。香りたかい草は、醜い草のはびこるくさむらにかくれしぼんでしまったと歎いているのである。

良寛はつまり、寺院仏教に絶縁状を送っている。おそらく、国仙亡きあと、良寛は、この国に一人の師友をも見出せなくなっていたのではないか。懐中に秘めている印可状は、左の如き、国仙の偈である。

「良也如愚道転寛、騰々任運得誰看、為附山形爛藤杖、到処壁間午睡閑」

寺院仏教の否定者として、帰国した良寛であれば、出雲崎附近の空屋を仮宿として、乞食は当然だ。

耕さずに喰う決意

だが、良寛は、越後瞽女《ごぜ》のように全盲の障害者ではなかった。足萎えに生れて、路頭に放りだされた業苦を負うての旅人でもなかった。五体健康な三十男であった。ここのところに、そのつよい意志力がみられるわけだが、それほどまでの乞食希求の思想は尋常ではない。前記した如く、越後の農民は、ゆたかなくらしをしていたわけでもない。悪政の親玉といわれる田沼意次の治政下で、代官と癒着した商人、支配者の苛酷な鞭の下で喘ぎ働いていた。その時世に良寛は耕さずして、ただ行脚して喰《くら》おうと発心する。

東郷豊治氏は良寛の乞食行を、同行に対して反省を促したかったからだといわれている。おそらく彼が西海といわず、近幾といわず、地方を遍歴して見た寺院という寺院は、内実は腐敗堕落していたろう。ことに禅寺は外に向って公然と、『葷酒山門ニ入ルヲ許サズ』と標識しながら、許サザル葷酒が山門ニ入ルのはまだしも、金殿玉楼にまごう院第に住み、暖衣飽食しながら、なお貪婪《どんらん》の破戒をかさね、しかもそとの衆生に向って罪悪を説く偽善さ、厚顔さにはふかく嫌厭をおぼえたにちがいない。

「同行に反省を促したかった」良寛が、一切の物への執着を自ら絶ち、住居としての「寺院」を拒否した精神は、つまり、乞食の実践によってしか示し得なかった。

「世間どこを歩いてみても、男も女もそれぞれ何かして働いている。機《はた》を織ってはきる着物をつくり、田を耕しては食う米を作っている。それなのに、こんにち僧侶と称する者どもは行もつまなければ、悟りも持っていない」

これは先にあげた「僧伽」の一節だが、いたずらに檀家からのお布施を費して、仏戒の三業を顧みようとしない僧たち、と良寛は、寺院僧を口をきわめてけなしている。日がな子供たちとかくれんぼしたり手鞠つきをしたりしてあそぶようになった。良寛のこの乞食三昧の日常こそ、じつは心の痛みの連続ではなかったかと思う。

農婦の涙を見ながら

越後の歴史を調べてみると、良寛の住んだ五合庵のある西蒲原郡下は信濃川の出水で、三年に一度の水害をうけ、分水工事の哀訴は二百年に及び、完成は大正年代に入っている。藩政時代の疲弊は言語に絶する。『中之島村史』をみても、飢餓の年は三年に一度。そのような村々から、売られていた娘たちが、上州各地の飯もり宿で十八、九を頂点にして死亡している資料も、最近、『新田町史』などで発見された。年ごろになれば売られてゆく娘たちの、少女時分に、良寛は、手鞠をつき、かくれんぼしていた。五月の田植時、秋の収穫期、良寛は野良を修羅として働く、農婦の涙と血汗のくらしを、どのような眼で眺めたか。ここのところの消息を、彼は多くの文章を書いたのに一語もさしはさんでいない。ただ、のうのうと、次のように歌う。

きょうはひねもす村々を
あちらこちらに乞食《こつじき》して歩いた
日が暮れてから山路が遠く
風が身を切るばかりだった
破れた衣はけぶり同然だが
木鉢《きばち》にますますさびが出てきた
飢えも寒さもなんのその
先輩はみなこの試練を嘗めたのだ

あおぞらに　かりなきわたり
やまやまに　このはまいとぶ
むらみちに　ひはくれかかり
わがはちに　こめつぶなし

きそのひる　ちまたにいでて
にしひがし　こつじきつづけ
やせかたに　ふくろは重く
ひとえぎは　つめたかりけり
ふるきとも　いずこにゆき
あたらしも　あわずなりけり
むかしわれ　あそびしあたり
まつにふく　かぜかなしけり

『草堂集』の漢詩の東郷訳がみごとなので、披露させてもらった。良寛の乞食の境涯に、松に吹く風もかなしかったというあたり、日がくれて山路が遠くなり、風が身を切るつめたさだった、足いそぐ良寛の、「家路」とはどこをさしていたか。到るところの山野が、良寛の寝ぐらである。

Ⅲ　心ひとつを定めかねつも

方二間の破れ小舎

禅林に「無住に住む」ということばがある。住まない所に住むとは妙な云いまわしだが、住んでいて住まぬ、つまり、一所にこだわらない行雲流水の境地をいったとみてよい。「随所作主《ずいしょさしゅ》」、いたるところの山河のゆきついた場所が住居である。これは中国の曹山《そうざん》、洞山《とうざん》の山居とかさなるのだが、大自然そのものが棲家である。山の中でも、川のほとりでも、雨露をしのぐ場所さえあれば、どっかとすわって主人になれる。知足無欲の境涯なれば、大自然は自分のものだ。

良寛が棲んだ五合庵は、分水町国上山《くがみやま》にある。文化元年（一八〇四）四十七歳の時から七十歳まで住んだ。

方二間ぐらいしかない破れ小舎は、真言宗名刹国上寺《こくじょうじ》へ登る途中にある。山麓から約七、八丁。杉木立のこんもり茂った中腹台地である。貞享年間に万元《ばんげん》という僧が住み、一日に五合の米を国上寺から給してもらった。そのことから五合庵とよばれていた。文化元年は、万元が死んで百余年のちだ。良寛はぶらりとこの無住の庵へきて住みつくのである。

索々たる五合庵
室は懸磬《けんけい》のごとく然り
戸外杉千株《せんじゅ》
壁上偈《げ》数篇
釜中《ふちゅう》時に塵あり
甑裡《そうり》さらに烟《けむり》なし
ただ東村の叟《そう》ありて
しきりにたたく月下の門

襤褸《らんる》また襤褸
襤褸これ生涯
食はわずかに路辺にとり
家はじつに蒿萊《こうらい》にゆだぬ
月を看《み》て終夜うそぶき

花に迷うて言《ここ》に帰らず
一たび保社を出でしより
錯《あやま》って箇の駑駘《どたい》となる

衣は破れはててしまった。ああ、この破れ衣がそのままわしの生涯だ。たべ物はどうにか路傍に乞食して間にあわせるが、家はといえばよもぎの生い茂るにまかせている。月が美しければ、夜どおし仰いで詩をくちずさみ、花がさいておればきれいだなと思うて、迷い歩いて庵に帰らない。ああ、なんということか。きびしい僧堂の修行生活をはなれてしまうと、こんな気違いじみた馬鹿者になってしまったわい……。

保社とは修行の場で、そこをはなれて駑駘、気ちがいになったと、良寛は自らを悟る。大愚良寛といわれる消息である。大愚良寛は教団禅を去り、ここに無住の大愚禅を打ちたてているのである。

世の中にまじらぬとにはあらねどもひとりあそびぞわれはまされる
夜もすがら草のいほりにわれをれば杉の葉しぬぎ霰ふるなり

村人とともにの知足接化の生活

破れ小舎の一人住いが、良寛の身心ともに安らげる家であった。淋しいなどといえるものではない。孤独の極限を良寛は生きていた。越後は雪がふかい。ましてや国上山の山中である。村なかよりも雪量は多い。三日も四日も降りやまぬ。良寛は炉に薪をくべてぽつんとすわっていた。

　あわ雪の中にたちたる三千大千世界《みちおほち》またその中に沫雪ぞ降る

降りしきる雪の中に三千大千の世界が存在する。三千大千世界は、華厳の法界である。降りしきる雪中に立つ良寛は仏である。一切が一つ。大自然が自分――。

　雪がとけ、春めきたち、道がかわけば、村の子らがなつかしくなる。良寛は「鉢の子」をもって托鉢に降りる。頭陀袋《ずだぶくろ》に米が一杯になればあとは道で出あった乞食友だちにわけてやる。衣類もたまれば分けてやる。子供らにあえば、まりつきもする。相撲もとる。かくれんぼもする。日がくれれば、またとぼとぼと山へもどってくる。

　道のべにすみれつみつつ鉢の子を忘れてぞ来しあはれ鉢の子

『僧伽』でうたった良寛の教団僧への憤りは、五合庵の知足接化《ちそくせっけ》の生活からうまれたつぶやきであったろうか。村の衆たちが、休日に良寛サをよんで、今日こそお説教をきこうと酒をだしてみても、良寛サはむずかしいことは何もいわなかった。

　たとい恒沙《ごうしゃ》の書を読むとも
一句を持するにしかず

人ありてもし相問わば
如実にみずからの心を知れ

むずかしいことは何もいわず、経の話も偉い祖師の話もせず、ただ、ありのままの己れの姿をみせただけで、良寛は越後の民衆に仏道の大事を教えていた。

生活品無心の手紙

良寛は国上山にいたが、飢饉の年でもかなりな貯え米や薪や衣類やがあったらしい。諸方へ無心しての所物である。

「寒気之時節　如何御凌被遊候や。野僧無事に罷過候。今日人遣候、何卒大豆一斗度被下候。ぬのこはふろしきもたせず候間、重ての使に可被遣候。御入用無……　よよひん度被下候　以上。

良寛

解良熊之助老」

大豆一斗は味噌をつくるためのものだろう。よよひんは不明だが、禅家がもちいる道具の説がある。溲瓶のようなものか、というのが谷川敏朗氏の解説である。国上山は史家のいう如く机を一つ、『永平録』一冊、あとは何もなかったというのは嘘で、いろいろ所帯道具があり、良寛に味噌をつくる才覚もあった様子である。おそらく、これは、玉島で学んだものか。その材料の大豆も、使いの者をやっている。

「春寒如何被遊候也。野僧無事に罷過候。然《しからば》あはせ一日もはやく被遣たまはるべく候。外へまゐり度候間。

能登屋元衛門老　　良寛」

遠慮のない手紙である。寒くなったので、袷《あわせ》着《ぎ》を所望しているが、新調品か洗張りしてもらっていたのか、そこのところはわからない。とにかく冬がきて、旅に出ようと思うから早くもってきてくれ、といっている。

「御歳暮として酒一樽　にむじむ　ごぼう　あぶらげ　うや〱しくをさめ候。としつきハいきかもするにおいらくのくればいかずになにつもるらむ。いささか病中の心やりに、

としつきのさそひていなばいかばかりうれしからましそのおいらくを

わがやどをはこねのせきとおもへばやとしつきはいくおいらくはくる

定珍老　　良寛」

年の暮れがきて酒、人参、ごぼう、あぶらあげをもらった記録とみてよい。その御礼に良寛は歌をかえしている。谷川敏朗氏の調査によると、この種の手紙は二百六十七通あって、そのほとんどが物を依頼するか、贈られた物への返書である。贈り主は三十二家をかぞえ、食糧を品別にみると、「酒三十二回、餅九回、百合八回、煙草八回、米七

回、砂糖五回」ということになる。そのほか日用品をあげると「帽子、頭巾、冬ごろも、足袋、肌着、綿子、枕かけ、下着、手ぬぐい、踊り手拭、桐油、油、炭、香、燭、器物、茶器、なめし皮、たわし、円座、ふとん、帯、手毬、椅子、水瓶、よよひん」などである。薬品類は「三蔵円、三黄丸、福寿方寸金、金竜丸、万能膏、やけどの薬、眼病の薬、痰の薬」。病名は「ひぜん、風邪、いんきん、たむし、眼病、やけど、足のけが、きりきず、痰、せんき、こしけ、下痢」の記録もある。

忍び寄る老の足音

これらの記録は、良寛直筆の書簡からの孫引きだが、当人が国上山生活で必要とした物資だろう。私がいま、この記録をもち出してみたのは、良寛研究の史家の大半が、国上山生活を、簡素清貧の極致だと断じておられるのに、かすかな疑問をもったからだ。谷川氏のこの書簡集は、いろいろのことを教える。もしかりに、これらの生活物資を要求していた年まわりに百姓が飢餓で這いまわり、粥もすすれずに死んでいたとしたら、良寛には、相当の富裕家の信者がいたのだろう。富農にたよることによって、良寛は生きながらえ得た。いんきん、たむしに悩まされながら、詩作をしたり、手鞠つきをしていた姿を想像すると、私には、人間良寛の一面がわかりかけてくる。富裕者に、衣類や酒を（酒は三十二回も）無心していた良寛の実生活に、私は、人間を嗅ぐ。大愚の人を嗅ぐ。耕さずして呑み喰いしようとすれば、人にたよるしかない。

だが、その五合庵の生活も、年老いてくると不可能となった。山の登り降りがつらくなった。足もよわり、腰もよわり、眼やにもたまって字もよめない日もあったろう。良寛は、五合庵を降りて、麓の乙子《おとご》神社の境内にあった草庵へうつった。文化十三年（一八一六）、五十九歳であった。

六十有余多病《たびょう》の僧
家は社頭《しゃとう》を占めて人烟《じんえん》を隔つ
巌根穿《がんこんうが》たんと欲す深夜の雨
灯火明滅す孤窓の前

わしももう六十余歳になって病気がちの日がつづいている。乙子の宮の近くにある庵にうつってくらすことにしたが、ここは人家も遠くてひっそりしている。今夜もふけてからしきりと雨が降っているが、雨足はつよくて巌《いわ》の根に穴をあけるほどの激しい音がする。一つしかない窓の前でじっとしていると、風が入ってきて、あんどんの灯がゆらぎ、明るくなったり暗くなったりするのだ。

この生活も五合庵と似たようなものである。自炊しなければならぬから、山へ薪もとりにゆかねばならぬ。水汲みもせねばならぬ。ここを終焉の地ときめてはきたものの、まだ寿命はもつようだ。不自由な軀で、それでもこの乙子神社に良寛は十余年をすごした。だが、とうとう不自由も度を越えたので、ひとの家にひきとられた。国上から南へ約三里はなれた、いまの三島《さんとう》郡和島村島崎の木村元右衛門という人の家であった。貞心《ていしん》尼《に》の『蓮《はちす》の露』によると、元右衛門は、日ごろから良寛の道法を慕い、国上へかよっていたが、老境の一人暮らしが心細くみえ、お見受けするにも忍びない。それで、自分の家の裏に小さな空家があるからそこにおうつり下さい。万事当方でお世話しましょう、とそのかせたところ、どう思われたか、稲舟《いなぶね》のいなともおっしゃられず、ご承諾なさって、そこへうつられ、と綴られている。文政九年（一八二六）、良寛は六十九歳であった。

七十歳で得た女の友

貞心尼は越後長岡藩士の娘で、美貌をのぞまれて嫁したが、五年で夫に死別し、柏崎の洞雲寺《とううんじ》で剃髪、古志《こし》郡福島の閻魔堂に住んでいた。禅宗の尼である。良寛の高い師風を慕って島崎で初対面したのが文政十年だから、良寛は七十歳。木村家に入った一年目であろう。貞心三十九歳である。良寛は七十になって、はじめて、女性の心の友を得た。ぼくはここで一休宗純が七十七歳でめぐりあった盲女森侍者《しんじしゃ》のことに思いをかさねる。

「この若い女性に会って、良寛の枯れなんとしていた精神が俄かに潤い、いかにみずみずしく蘇ったかが推察される」とは東郷豊治氏の感慨である。

「良寛は貞心尼にあって、ますます優秀な歌を作った。その歌は寒く乾ききったものではなく、恋人に対するような温い血の流れているものである」「死に近き老法師の良寛が若い女性の貞心尼に対した心は真に純無礙であった」と斎藤茂吉は『短歌私鈔』に書いた。

君にかくあひ見ることのうれしさもまださめやらぬ夢かとぞ思ふ　貞心
夢の世にかつまどろみて夢をまたかたるも夢もそれがまにまに　良寛
向ひゐて千代も八千代も見てしがな空行く月のこと問はずとも　貞心
心さへかはらざりせばはふつたのたえず向はむ千代も八千代も　良寛
立ちかへりまたもとひこむ玉鉾の道のしば草たどりたどりに　貞心
又も来よ柴のいほりをいとはずばすすき尾花の露をわけわけ　良寛

ふたりは、このような歌をいく首も、恋文のようにかわしあった。貞心尼は柏崎から島崎まで、何度となく通いつめ、老衰してゆく良寛の世話をした。ある日ふたりで与板の某家を訪ね、日もくれてきたので、木村家へかえらねばならぬ良寛はまた明日こそと

思い、

いざさらばわれはかへらん君はここにいやすくいねよ早あすにせむ

といい、翌日はまた早く訪ねていった。貞心は嬉しく迎えて、

うたやよまむ手まりやつかむ野にや出でむ君がまにまになしてあそばむ

とうたった。すると良寛は、

うたもよまむ手鞠《てまり》もつかむ野にも出む心ひとつを定めかねつも

とかえした。老良寛の病床に、このような、心うつくしい女性が登場したことで、涙ぐむ人は多いだろう。二十二歳で越後を出、玉島円通寺に走って修行し、師の遷化《せんげ》後は長い歳月を諸国放浪。飄然と故郷へ戻ってからの乞食生活は、何どもいうように孤独の極致であった。その良寛に、突然の女性の登場は、夢のようだ。それだけに、われわれは、貞心尼と良寛のあいだにかわされた数々の歌に、ふかい感動をおぼえる。

良寛は天保二年（一八三一）一月六日、弟の由之と貞心尼、木村家の人びとにみとられて、木村家の離れで遷化した。うらをみせおもてをみせてちるもみじ。辞世である。七十四歳であった。

終章　民衆が純禅を支える

市井の禅者龐居士の影響力

良寛七十四年の生涯を曾遊の地に佇みながらかんたんに辿ってみたのであるが、円通《えんつう》寺《じ》における国仙《こくせん》下での修行生活を終え、一所不住の西海放浪と、帰国後の乞食頭陀《ずだぎょう》行は、禅宗渡来以後の、どの日本僧にも見られない捨聖《すてひじり》の半生といえぬこともない。権力志向を徹底的に拒んだ桃水も同じ乞食頭陀だったが、晩年は酢づくりの鷹ヶ峯に清月を見ていて、酢をつくり草鞋《わらじ》をつくる業を尊んでいる。だが良寛はその業さえ捨てていた。「僧伽《そうぎゃ》」では、世のどの男女も機《はた》を織り、鍬《くわ》をもつのに、僧だけは何もせず、老婆をたぶらかしてまことしやかな法を説くと戒めながら、己れは何もせず、ひたすら詩文の道をふかめてゆくのみである。

辛うじて、先例を探すとすれば、馬祖《ばそ》の法嗣で寺へすわらなかった龐居士《ほうこじ》だろうか。今、この龐と良寛とを詳細に対比してみる時間がないが、龐は一休にも影響をあたえていた。一説では金満家だったが、財産のすべてを洞庭湖に捨てて、妻子ともに山にこもって笊売りをはじめ、娘霊照女《れいしょうじょ》も父にならって禅をふかめたという。

余は田舎翁たり
世上最も貧困なり
家中に一物なし
口を啓けば空々と説く

僧院を捨てて、赤貧無一物の境涯を龐は楽しんだ。娘の霊照女が先に坐亡《ざぼう》する直前、龐はいう。

「娘よ、すべては幻化である。実体のないものである。お前のあり方次第で、すべてが生滅する。ちょっと出ていって日の高さを見ておいで」

娘は戸をあけた。真昼なのに真っ暗だった。日蝕だったのだ。かわりに父が立ってゆくと、そのスキを見て娘は坐亡する。

むすこはあれど嫁はとらず、
むすめはあれど、嫁にゆかぬ
一家そろってむつまじく、

仏の法を語りあう

と龐はうたった。道元も、この龐を敬った。

「学道の人は先づすべからく貧なるべし。（中略）龐公は俗人なれども、僧におとらず禅席に名を留めたるは、彼の人、参禅のはじめ、家の財宝をもちて出でて、海にしづめんとす。人これを諫めて云《いは》く、『人にも与へ仏事にも用ふべし』。他に対《こた》へて云く、『我れすでにあたなりと思うてこれをすつ。いづくんぞ人にあたふべき、財は身心を愁へしむるあたなり』と。遂に海に入れ了《おは》りぬ」

『正法眼蔵随聞記《しょうぼうげんぞうずいもんき》』にかくある消息も、道元がいかに無所有の龐に傾倒したかがわかる。つねに『永平広録』を手許においていた良寛が、始祖道元の入宋の修行暦を探索していたろうことは想像される。さきに道元の『典座教訓《てんぞきょうくん》』を披露しておいたけれど、道元が寧波《ねいは》の港と育王山《いくおうざん》で出会った老典座のような仙桂和尚を、良寛も円通寺の庫裡に見出している。仙桂は、国仙下で修行する雲水のために、畑づくりに精出して、坐禅もせず、経文もよまず、日がな畑へ出て野菜をつくっていた。良寛は円通寺にいた時は、台所爺ともいえる仙桂に関心をもたなかったが、越後へ帰ってから、円通寺時代を思いおこして、真の道者をさがすとすれば、仙桂和尚だった、とその畑づくりに徹した老典座を絶賛回顧している。

一休が普化《ふけ》の風狂をならい、良寛が育王山の老典座を敬仰しながら、乞食頭陀にあけくれる姿を想像すると、やはり桃水も普化や龐の生き方をかさねているように思える。幕藩への抵抗はもとより、宗派内の抗争昇進にさえ無頓着で、清水坂の乞食にむれてくらした行実《こうじつ》は、先例を探すとすれば大燈《だいとう》の五条橋下二十年の聖胎長養《しょうたいちょうよう》しか日本には見当たらない。

日本純禅二つの型

そこで、思うのだけれど、応・燈・関の純禅の流れは一休、桃水、良寛のように地を這って生きる乞食頭陀生活型と、正三《しょうさん》、沢庵、白隠のように、宗派内にあって、立宗の初心にもどれと叫びつつ日本の純禅を開拓しようと闘った型の二つに分れる。盤珪《ばんけい》の不生禅《ふしょうぜん》も、京極家の加護による竜門寺復興を考えれば、白隠の公案禅に対抗しながらの日本純禅の開拓だった。いずれにしても沢庵、正三、白隠、盤珪には武家の加護があった。一休、桃水、良寛には権力の加護はなかった。あったとすれば民衆の加護をうけて風狂を生きただけだ。

もっとも、かんたんに、このように分けて考えることも早急すぎる思いもないではない。白隠にも、正三にも、民衆接化の実績は顕著だからである。『おたふく女郎粉引歌』や『坐禅和讃』は白隠の庶民接化である。正三の『二人比丘尼《ににんびくに》』『因果物語』もそれである。そうしてまた彼らも、本山に背をむけていたことで共通しており、沢庵も終生、大徳寺の法城を守ろうとする熱情はあったものの、当人はそこに住まなかった。三人とも、放浪説法にあけくれたことも共通している。著述、語録の多いことも似ている。盤珪もそうだった。

そこで思うのだけれど、応・燈・関時代にはむしろ、純禅を唐にさかのぼって、叢林《そうりん》を建設しようとする意志がうかがわれ、大燈などはもっともその志向を見せたけれど、室町期の一休がその思想をうけはしたものの、『仮名法話』があるように、日本禅は、僧堂内や岩窟内での見性打座から街頭へ出てゆくように思える。もちろん、大燈の五条橋下や、関山の美濃韜晦《とうかい》も彼らの街頭禅にほかならなかったろうが、一人は大徳寺を、一人は妙心寺を開創することで、組織教団をつくってしまった。曹洞宗の道元にもそれはいえて、宇治を去って、越前に永平寺をひらく経過をつぶさに見てみたが、組織教団は立宗の人を失なえば、すぐその立宗の人の思想を観念としてうけつぎはするが、修行求道の峻厳さは衰えてゆくのである。組織による安泰に抗して、臨済では華叟、一休が生れ、曹洞では正三、桃水が生れ、江戸期の完全な宗教統制のなかで、日本臨済禅は、盤珪の不生禅を生んだ。そして同時に、曹洞では桃水、良寛の乞食禅を生んだ。大ざっぱな集約だけれど、その著作や詩歌をふところに由縁の地に佇んでいると、純禅を求めて苦しんだ高僧たちのそれぞれの血が感じられてならなかった。

何が〝禅浄一致〟をもたらしたか

もう一つつけ足せば、渡来直後の禅はまことに、自力の求道を標榜《ひょうぼう》しており、修行ぶりも峻厳だったけれど、一休以後、戦国時代を経て、江戸時代に入ると、どういうわけか、念仏禅に染まってゆく。誤解をおそれながらいえば、徳川家は他力の浄土宗を重んじた。念仏はその宗旨であった。明僧《みんそう》超元、隠元の渡来は、念仏禅への民衆の傾倒を証しているが、白隠や正三も、念仏三昧を拒まなかった。日本禅は、朝廷、公家、幕府と対峙する時は、達磨の「無功徳」か、大燈の「王法と対す」立場をとって、自力の強さを見せたが、江戸時代に入ると、元和、寛永の法度布告で、自力禅も念仏禅を拒まなくなる。

もっとも、これは中国にも見られたことで、不思議に思わなくてもいいのかもしれぬ。始祖達磨以後、中国禅は念仏を修した。牛頭宗《ごずしゅう》の法持《ほうじ》は黄梅《おうばい》で五祖弘忍《こうにん》の心要を得た人だが、常に念を浄土にかけ、西方往生を願っていたといわれる。法持は、六祖慧能と同門だった。元代に入ると、『百丈清規《ひゃくじょうしんぎ》』も変って、病僧念誦が生れた。病気になった僧は、ひたすら南無阿弥陀仏の名号をとなえて、百声千声唱和して安養を期すべしというのである。臨済の雲門宗、法眼宗の二派は禅浄一体を宗旨としていた。

「法門八万四千あるも一句の阿弥陀仏に如かず、公案一千七百あるも亦一句の阿弥陀仏に如かず」

とは雲門《うんもん》派の天衣宗本《てんいしゅうほん》の言である。宗本はまた、

「本禅を修する時、必らず、極楽世界に在って二拍なし」

といった。臨済宗の居士で有名だった蘇東坡《そとうば》が、父母のために画家に浄土の仏像を描かせて、讃仏偈をつくった。白居易《はっきょい》も、黄山谷も、柳宗元も、蓮華浄土念仏社を結んで、浄業を修したといわれている。しかもみな、禅宗の居士であった。杭州霊隠寺《れいいんじ》、浄慈寺や径山《きんざん》万寿寺でも、禅浄一致がみられた。南宋が金に亡ぼされ、福建に禅僧たちが流れてきた時、福州の黄檗山から念仏禅者隠元が生れた。日本に帰化する経過も、日本ですでに培われていた念仏禅の湧水の誘いに思える。

白隠は『遠羅天釜《おらてがま》続集』のなかで、公案と念仏のいずれがすぐれているかを論じている。禅者の工夫が純禅で堅固でなければ、たとえ十年二十年参禅工夫しても何の利益もない。また念仏行者が念仏一筋になり切って唱名しても、純一無雑でなければ、念仏三昧に入れない。要は精進一筋にかかるといい、円怒《えんぬ》などの念仏者を登場させて、遠江国の独湛《どくたん》と円怒の問答をのせている。

独湛「お前さんはどちらの人か」

円怒「山城のものです」

独湛「何宗を修行していなさるのか」

円怒「浄業《じょうごう》です」

独湛「阿弥陀さんは年がおいくつか」

円怒「わたしと同じです」

独湛「お前さんは年はいくつになられるか」

円怒「阿弥陀さんと同年です」

独湛「只今どこにおられるか」

円怒は、左手をにぎって、少しあげた。独湛は、「お前さんこそ本当の念仏の人」だといった。白隠もこの円怒こそ真の念仏者だといい、禅と念仏は究極において一つだと説いたのである。妙好人礼讃といっていいかもしれぬ。

正三の念仏禅についても詳しくふれておいたが、

「一大事のこころざしをはげまし万念を放下して所作所為の上に就て切に急に真実勇猛の念仏を以て自己の真仏を信仰せば気の熟するに随って、自然の誠の心究極して、経に信得す」

と『職人日用』でいっている。

相手によっていろいろ説いた正三の念仏観である。

さて良寛はどうか。

他力とは野中にたてし竹なれやよりさはらぬを他力とぞいふ

良寛に辞世あるかと人問はば南無阿弥陀仏といふとこたへよ
不可思議の弥陀の誓ひのなかりせば何をこの世の思ひ出にせむ
極楽にわが父母はいますらむ今日膝もとへゆくと思へば

宗派にとらわれず、すべてに垣根のなかった人の念仏禅である。

白隠も、桃水も、正三も、良寛も禅者でありながら、庶民接化《せっけ》に当っては、他力を無視できなかった。庶民とは、農、工、商でなりわいを生きる人々のことである。武士はここにはいない。もちろん、朝廷、幕府もない。日本の禅僧は、地平を這う民衆に向うとき、自力の鎧をぬいで、他力をひきよせる、あるいは他力によりそう禅を説いたかと思われる。徳川三百年の宗教統制は、智識的な禅宗を、野にひきずりおろしたといえようか。このことは、日本の農民や町民がながい圧政下で、ひそやかに培ったであろうふかい霊性《れいしょう》の前に僧の方から変容せざるを得なかった運命だろうか。そんなことを考えながら、越後の和島村の真宗派隆泉寺の墓地にねむる曹洞宗の僧「良寛和尚の墓」の前に佇んだことを告白しておく。

あとがき

この本は、諸先輩の研究書や祖師語録注釈の書をふところに、中国洛陽、西安から黄梅、岳陽、成都、昆明、広州、蘇州、杭州、福建に旅して中国純禅の人々の由縁の地に佇み、さらに日本国内では、応、燈、関をはじめ一休、白隠、沢庵、桃水、正三、盤珪、良寛と、その生誕地や、終焉の地をたずねて心にうかんだことどものノートを整理したものである。達磨から良寛和尚まで、ずいぶんとながい歳月だが、一衣帯水の二国につながる禅思想の湧水は、それぞれ日本の和尚たちの手づくりのつるべで汲まれていたように思う。そしてそれが日本の地平にそれぞれの沁み方で生きていた。その様子が、その地に立てばおぼろげにわかるのだった。だが、あくまでおぼろげなことであって、ぼくにはまだまだ課題が生じて、思いつめねばならぬ問題も残った。それで、機会あるごとに、すぐれた先輩学者老師に直接会って話をきくことにもつとめた。故市川白弦氏、故中川宋淵師、入矢義高氏、柳田聖山氏、中村元氏、秋月龍珉氏、白川静氏、平野宗浄氏には長時間の教えを得ている。また中国では、行った先の寺院の御住職、法師から、昔の話をきいた。それらのメモとノートを整理し、ひとまず求められるままに、去る日、東京新宿の紀伊國屋ホールで六回にわたってしゃべったことの速記録をも照合しながら、このような本にまとめてみたのである。

ぼくは、九歳で得度し、十九歳で勝手に禅門をとび出して、いまだに宗門に帰らないで放浪している。片よった見方もあるかもしれない。だが、ぼくもかぞえで七十歳になってしまった。元気なうちにと、ぼくの敬仰する祖師たちの足跡を、自分の足で歩いてみたかったのである。といっても、まだまだ歩き足りないし、これからも余暇があれば中国にも、国内にも旅をつづけ、純禅に生きた僧たちの山河に立って、その実像にふれたいと思っている。

掲載写真は平凡社や出版元の新潮社から提供されたものの他は、殆んどぼくが撮ったものだが、なかには同行の人や、友人から借用したものがある。また、旅に携行した諸先輩の貴重な書物も左に列記させていただいて感謝の意にかえたい。

昭和六十三年五月一日

水上　勉

参考文献

孤峯智璨『印度支那日本禅宗史』（大本山総持寺）
辻善之助『日本仏教史 中世篇 近世篇』（岩波書店）
笠原一男編著『日本宗教史』（山川出版社）
阿部肇一『中国禅宗史の研究』（誠信書房）
木宮泰彦『日華文化交流史』（冨山房）
鎌田茂雄『中国仏教史』（岩波書店）
日本の歴史・中央公論社版
石井　進『7鎌倉幕府』
永原慶二『10下剋上の時代』
杉山　博『11戦国大名』
林屋辰三郎『12天下一統』
辻　達也『13江戸開府』
佐々木潤之介『15大名と百姓』
児玉幸多『16元禄時代』
奈良本辰也『17町人の実力』
北島正元『18幕藩制の苦悶』
児玉幸多編『別冊5　年表・地図』

日本の禅語録・講談社版
古田紹欽『栄西』（第一巻）
寺田　透『道元』（第二巻）
荒木見悟『大応』（第三巻）
田島柏堂『瑩山』（第五巻）
平野宗浄『大燈』（第六巻）
柳田聖山『夢窓』（第七巻）
加藤周一・柳田聖山『一休』（第十二巻）
市川白弦『沢庵』（第十三巻）
藤吉慈海『正三』（第十四巻）
市原豊太『無難　正受』（第十五巻）
玉城康四郎『盤珪』（第十六巻）
源　良圓『鉄眼』（第十七巻）
鎌田茂雄『白隠』（第十九巻）
入矢義高『良寛』（第二十巻）
禅の語録・筑摩書房版
柳田聖山『達摩の語録』（第一巻）

中川　孝『六祖壇経』（第四巻）
入矢義高『龐居士語録』（第七巻）
秋月龍珉『臨済録』（第十巻）
日本の仏教・小学館版
西村恵信編著『臨済宗』（第六巻）
今枝愛眞編著『曹洞宗』（第七巻）
大乗仏典・中央公論社版
柳田聖山『一休・良寛』（第二十六巻）
山田無文『臨済録』（禅文化研究所）
柳田聖山『臨済ノート』（春秋社）
柳田聖山『禅の山河』（日本放送出版協会）
柳田聖山『禅の遺偈』（潮文社）
柳田聖山『純禅の時代』（禅文化研究所）
柳田聖山『続・純禅の時代』（禅文化研究所）
柳田聖山『一休「狂雲集」の世界』（人文書院）
玉村竹二『日本禅宗史論集』（思文閣）
古田紹欽解題『自戒集』（酬恩庵）
柳田聖山編『一休骸骨』（禅文化研究所）
平野宗浄『狂雲集全訳（上）』（春秋社）
平野宗浄『一休和尚年譜の研究』（禅文化研究所）
中本環校註『狂雲集・狂雲詩集・自戒集』（新撰日本古典文庫　現代思潮社）
鈴木鉄心編『鈴木正三道人全集』（山喜房仏書林）
藤吉慈海『鈴木正三の禅』（禅文化研究所）
中村　元『日本宗教の近代性』（春秋社）
中村　元『近世日本の批判的精神』（春秋社）
中村爲喜他編『沢庵和尚全集』全六巻（沢庵和尚全集刊行会）
荻須純道『沢庵和尚年譜（東海和尚紀年録）』（思文閣）
伊藤康安『沢庵和尚の人と思想』（今日の問題社）
森　大狂『近古禅林叢談』（禅文化研究所）
深谷克己・加藤栄一編『幕藩制国家の成立』（有斐閣）
深谷克己・松本四郎編『幕藩制社会の構造』（有斐閣）
通山宗鶴『白隠』（春秋社）
加藤正俊『白隠和尚年譜』（思文閣出版）
信濃教育会『正受老人集』（信濃毎日新聞社）
藤本槌重『盤珪国師の研究』（春秋社）

藤本槌重『盤珪禅師法語集』(春秋社)
田中忠雄『乞食桃水』(曹洞宗宗務庁)
日本随筆大成・吉川弘文館版
　中村経年『積翠閑話』(第二期第十巻)
東郷豊治『良寛』(東京創元社)
東郷豊治『良寛詩集』(創元社)
東郷豊治『良寛歌集』(創元社)
谷川敏朗『良寛の生涯と逸話』(野島出版)
谷川敏朗『良寛書簡集』(野島出版)
西郡久吾編述『北越偉人沙門良寛全伝』(思文閣)
矢吹活禅『大忍国仙禅師伝』(円通寺白雲会)
相沢恵海『禅学要鑑』(瀬川書房)
深見要言『禅宗辞典』(日本仏書刊行会)
森脇正之『聖僧良寛』(倉敷文庫刊行会)
秋月龍珉『禅の探究』(三一書房)
福永光司『荘子』(岩波書店)
百瀬明治『道元に出会う』(旺文社)
谷川道雄・森正夫編『中国民衆反乱史』(東洋文庫)
鈴木大拙監修　講座・禅　筑摩書房版
　西谷啓治編『禅の歴史　中国』(第三巻)
　西谷啓治編『禅の歴史　日本』(第四巻)
駒沢大学内禅学大辞典編纂所『新版　禅学大辞典』(大修館書店)
忽滑谷快天『禅学思想史』上下(名著刊行会)

編集付記

一、本書は一九八八年に新潮社から刊行された水上勉『禅とは何か——それは達磨から始まった』（新潮選書）を底本とした。
一、固有名詞と引用箇所を除き、新字・現代仮名遣いに改めた。
一、同作品を収録する『新編　水上勉全集　第五巻』（一九九六年　中央公論社）を参照し、明らかな誤字脱字は訂正した。
一、底本に掲載されていた図版は割愛した。
一、今日の人権意識または社会通念に照らして、差別的な用語・表現があるが、時代背景と原著作者が故人であることを鑑み、そのままとした。

編集部

中公文庫

禅《ぜん》とは何《なに》か
——それは達磨《だるま》から始《はじ》まった

2018年12月25日　初版発行

著　者　水《みず》　上《かみ》　勉《つとむ》

発行者　松　田　陽　三

発行所　中央公論新社
〒100-8152　東京都千代田区大手町1-7-1
電話　販売　03-5299-1730　編集　03-5299-1890
URL http://www.chuko.co.jp/

印　刷　三晃印刷
製　本　小泉製本

Published by CHUOKORON-SHINSHA, INC.
Printed in Japan　ISBN978-4-12-206675-5 C1115